二战经典战役丛书

鏖兵大洋

二战三大海战

二战经典战役编委会◎编译

中国铁道出版社有限公司
CHINA RAILWAY PUBLISHING HOUSE CO., LTD.

图书在版编目（CIP）数据

鏖兵大洋：二战三大海战/ 二战经典战役编委会编译. — 北京：
中国铁道出版社，2017.1（2022.1重印）
（二战经典战役）
ISBN 978-7-113-22325-0

Ⅰ.①鏖… Ⅱ.①二… Ⅲ.①第二次世界大战战役—海战—史料
Ⅳ.①E195.2

中国版本图书馆CIP数据核字（2016）第211965号

书　　名：鏖兵大洋——二战三大海战
作　　者：二战经典战役编委会

责任编辑：刘建玮　　　　　　　　　电　话：（010）51873005
装帧设计：艺海晴空
责任印制：赵星辰

出版发行：中国铁道出版社有限公司（北京市西城区右安门西街8号　邮编100054）
印　　刷：永清县晔盛亚胶印有限公司
版　　次：2017年1月第1版　2022年1月第2次印刷
开　　本：787mm×1092mm　1/16　印张：19.5　字数：435千字
书　　号：ISBN 978-7-113-22325-0
定　　价：69.80元

01 BATTLE

第一篇　海战·大西洋/1

02 BATTLE

第二篇　海战·中途岛/99

03 BATTLE

第三篇　海战·莱特湾/193

01
BATTLE

第一篇 > 海战·大西洋

第1章
CHAPTER ONE

幽灵，出没
在斯卡帕湾

★随后赶来的英国护卫驱逐舰展开了报复行动，向U-29号展开了深水炸弹攻击。一枚接一枚的深水炸弹在U-29号附近爆炸了。潜艇被振动得猛烈地左右摇晃，所幸的是没有受到严重损害。U-29号最终逃脱险境，平安返回基地。

★"皇家橡树"号战列舰在连续的爆炸声中呈40度大倾斜，桅顶折断，大炮不由自主地下旋，一头扎向水中。舰体逐渐被大海吞没，包括舰长在内的833名官兵未及逃离，全部遇难。

No.1 邓尼茨的目标

1939年9月3日夜晚，德国，基尔港。

夜空布满了浮云，把星星和月亮遮挡起来，水天之间一片昏暗。一艘停泊在港湾的供应舰随着阵阵秋风轻轻摇荡着。在供应舰的军官舱里，德国潜艇司令卡尔·邓尼茨，神情忧郁，凝视着波澜起伏的海面，陷入沉思之中。

刚刚接到海战指挥部下达的"立即开始对英作战"的命令。海军又要重振雄风，和老对手英国皇家海军决一雌雄，潜艇部队开始派上用场了。邓尼茨始终认为，海战的重点在于潜艇战，潜艇战的重点在于经济战，也就是说，尽一切可能打击和消灭盟国的商船队，打垮盟国（尤其是英国）的经济，从根本上使敌人屈服。他算计过，如果要确保大西洋海战的胜利，至少需要300艘潜艇，他设想把潜艇的1/3用来攻击敌舰，1/3来往于战场和基地之间，1/3留在基地待命，这样，在前线作战的潜艇就能始终保持在100艘左右，这个规模的潜艇足以切断英国的海上贸易通道，掐断英国的命脉，迫使其不战而降。

但是，希特勒否决了他的计划。这个波希米亚歹徒只宠爱巨舰大炮，视"俾斯麦"号战列舰如掌上明珠，对潜艇这种小玩意儿有点看不上眼。他严令邓尼茨，必须按照战前国际条约规定的条款作战。潜艇只能在检查完毕，安排好海员离船之后，才能击沉那些运送作战物资的商船。希特勒虽然名义上向英、法宣战，但还不愿意公然与这两个国家发生冲突。然而，接下来发生的一件事令他感到十分恼火。

在赫布里底群岛附近海域，U－30潜艇艇长林普少校发现在海上航行的船队中，有一艘船离开船队通常运行的航线，不但没发出规定的信号灯，而且还采取之字形路线航行，因而判断它为军队运输船。

林普艇长毫不犹豫地下令攻击该船。鱼雷命中了，该船载着船上128条生命沉入海底。而不幸的是：该船并非军队运输船，而是从英国伦敦开往美国的客轮"亚瑟尼亚"号，死者大部分是平民百姓，其中有22名美国人。英国愤怒了，美国震惊了，指责德国无视于国际法，从事无限制的战争。德国政府否认了这桩事件。

"亚瑟尼亚"号事件发生后，希特勒对潜艇的活动作了进一步的限制。他立即下令，今后对任何客轮，无论它属于哪一国，是否有护航舰保护，潜艇都不得将其击沉。

9月23日，由于海军总司令雷德尔提出请求，希特勒允许击沉那些已被下令停止航行，但仍使用无线电与陆地联系的商船。第二天，在雷德尔的鼓动下，希特勒又取消了不能攻击法国船队的命令。

自此之后，对潜艇作战的限制措施逐一被取消：9月30日取消了对北海作战的限制；10月2日取消了对英、法海岸作战的限制；10月17日，凡是被认为属于敌人的舰只，潜艇可以随心所欲地将它们击沉；10月19日，凡是在西经20度海域以内实行灯火管制的船只，潜艇可以完全不顾战时攻击舰只的规定予以击沉。

纳粹德国海上战争的舞台，已逐渐扩大了。而这正是以邓尼茨为首的德国海军首脑们盼

↑ 与部下研究作战计划的德国潜艇部队司令邓尼茨（中）。

望已久的。

9月14日，英国航空母舰"皇家亚克"号正航行在苏格兰西北部的赫布立群岛附近的海面上。

德国U－39号潜艇正好在此与之相遇。按当时的规定，敌国的航空母舰属于潜艇的主要攻击目标之一，因此艇长格拉斯少校立即下令发射鱼雷。然而鱼雷提早爆炸，结果只对航空母舰打了个"擦边球"。

就在这时，一艘担任护航任务的英国驱逐舰及时赶来，投下深水炸弹炸沉了U－39号潜艇，并俘虏了艇上的全体乘员。

9月17日，U－29号潜艇静静守候在英吉利海峡西侧的海中，潜望镜探出海面四处张望着。不久，潜望镜中出现了1艘万吨级的客轮。同时，还发现了一架护卫飞机正在客轮的上空盘旋飞行。

艇长修哈尔德少校下令跟踪这艘客轮。客轮突然改变了航线，速度很快。由于在水中航行速度缓慢，U－29号潜艇被远远地甩开了。

目标就要消失在视野之外。修哈尔德准备命令潜艇浮出海面，并以全速前进跟上客轮。突然，修哈尔德在潜望镜的左舷水平线上发现一艘更为庞大的航空母舰。

这是英国皇家海军的"勇敢"号航空母舰。U－29号潜艇小心翼翼地尾随在"勇敢"号后面。大约2个小时之后，航空母舰进入了鱼雷有效射程之内。恰在此时，航空母舰突然改变航线，在U－29号潜艇的眼前暴露出长长的侧腹，这正是U－29号最好的攻击角度。

修哈尔德对准航空母舰连发3枚鱼雷，同时紧急下潜，以防止护卫驱逐舰的攻击。U－

29号的3枚鱼雷都命中了"勇敢"号航空母舰，舰上的518名官兵沉入了海底。

随后赶来的英国护卫驱逐舰展开了报复行动，向U－29号进行了深水炸弹攻击。一枚接一枚的深水炸弹在U－29号附近爆炸了。潜艇被振动得猛烈地左右摇晃，所幸的是没有受到严重损害。U－29号最终逃脱险境，平安返回基地。

邓尼茨终于可以扬眉吐气了。U－29号的告捷，使德国军政要员们认识了潜艇的真正价值。

如今，邓尼茨把目标对准了英国皇家舰队的斯卡帕军港。

No.2 折断的"皇家橡树"

斯卡帕湾对于德国海军来说，是一个耻辱的标志。它位于苏格兰北方的奥克尼群岛，四周群山环抱，是一片面积为340余公顷的深水良港。它东面与北海相通，西接大西洋，地理位置十分重要，是一个富有战略意义的锚地。湾内的斯卡帕军港是英国海军的主要基地之一。

要袭击斯卡帕军港困难很多。斯卡帕湾的海流湍急，在彭特兰湾流速达10节。由于潜艇的水下最高速度仅有7节，这意味着潜艇无法逆流而进。而斯卡帕军港入口处戒备森严，整个军港的防卫十分周密。

1939年9月11日，邓尼茨从第2航空队收到一份补充的情报，他们已拍摄了斯卡帕、弗洛塔以北地区的、绥萨与里沙之间海峡内的轻、重型英国军舰。此外，他又从U－16号潜艇得到关于巡逻、灯塔和海流的情报。U－16号艇长建议，最好从霍克沙海峡乘启闸之机闯进斯卡帕湾。于是邓尼茨要求第2航空队设法拍摄关于该港各入口设防情形的照片。

经过对材料的仔细研究之后，他得出如下结论：

1. 穿越雷克沙海峡的障碍是办不到的。穿越绥萨海峡和克勒斯特朗海峡的企图，也是徒劳。

2. 霍姆海峡完全被沉船所阻塞。在其南面直到兰勃·雷姆只是一条约15米宽的水道，水深1米，其两旁较浅，两岸没有居民。当水势缓慢时乘夜由水面穿越确有可能。最大的困难乃是航海。

邓尼茨决定让U－47号艇长普莱恩少校来执行这个任务。因为普莱恩技艺高超，胆大心细。

6天后，U－47号潜艇驶出基尔港。它横穿北海，日夜兼程地向奥克尼群岛驶去。与以往出海作战不同，普莱恩没有向水兵们透露此行的目的地和要执行的任务。

10月13日清晨，普莱恩艇长把U－47号潜艇静悄悄潜入海中之后，才向艇上的全体人员揭开了谜底，交待了此次出航的作战任务。

傍晚时分，U－47号潜艇浮出了水面，急速地向斯卡帕湾航行。

U－47号潜艇在水面上缓缓前进。不一会儿，柯克水道豁然在目。原来，斯卡帕湾共有7个入口，除了柯克海峡之外，其余的6个入口全都设有防潜网、防潜棚和水雷场，并有警戒舰艇封锁，潜艇无法通过。根据德国海军的侦察，只有柯克海峡防范不甚严密。这是因为柯克海峡本身就是一道天然的屏障：海峡水道狭窄多变，水流汹涌异常，水下遍布巨大险峻的岩石，是一个易守难攻的险要之地。为了以防万一，英国人还在海峡内凿沉了3艘旧船，为海峡设置了一道人工屏障。按照计划，普莱恩是要从柯克海峡突入斯卡帕湾。

3艘沉船互为依托，鼎足而立，横扼在海峡的咽喉。普莱恩下令直驶两船之间宽30余米的水面。操舵员熟练地操纵潜艇在两船之间穿插。潜艇成功地绕开了第一艘沉船，继续向湾内缓缓地移动。借着涨潮的潮流，第二艘沉船眼看也要绕过去了，不料潮水打旋，将艇猛向右推，艇体触地颤抖起来。潜艇随时都有搁浅的危险。

普莱恩当机立断，下令左舵停机，右舵低速运行，以使艇向左转，脱离开浅岸，恢复原舵位。

潜艇费了九牛二虎之力才从旋流中解脱出来，渐渐地离开了海底，回到它狭窄的航道上。

终于，U－47号潜艇深入到斯卡帕军港。时间是10月14日0时27分。

潜艇在水中缓慢地移动，大约走了3.5海里，普莱恩没有发现任何目标。他转舵向左，绕了一个大圈，驶向梅茵岛。

蓦地，前方出现了一个暗淡的影子。渐渐地影子越放越大，露出了英舰独特的三脚桅和大炮塔。后面约1海里处，还有1艘舰。普莱恩暗暗窃喜：这是2艘战列舰，一艘显然是"皇家橡树"号，而在后面的那艘肯定是"力伯斯尔"号。

普莱恩果断地下达了一连串的攻击令。

3枚鱼雷呼啸着飞向目标。仔细观察，其中1枚鱼雷命中了"皇家橡树"号战列舰。

尽管"皇家橡树"号战列舰被鱼雷命中，但它却没有造成任何损伤。

第一次攻击完毕后，普莱恩下令潜艇后撤一段距离。鱼雷兵继续忙碌着装填鱼雷，准备再次攻击。普莱恩艇长在潜艇上伫立，紧张地观察着海湾的动静。

午夜1点16分，U－47号潜艇再次进入发射阵地，进行了第二次鱼雷发射。3枚鱼雷又射向"皇家橡树"号战列舰。

随着三声巨响，在一片火光中，水柱夹着浓烟冲向空中，被炸坏的战列舰碎片四处飞溅，有些碎片还散落在U－47号的周围。

"皇家橡树"号战列舰在连续的爆炸声中呈40度大倾斜，桅顶折断，大炮不由自主地下旋，一头扎向水中。舰体逐渐被大海吞没，包括舰长在内的833名官兵未及逃离，全部遇难。

直到这时，斯卡帕军港内的其他英国军舰才大梦初醒，急忙启动舰艇寻找入侵的潜艇。

普莱恩艇长下令机务员把发动机全部打开，以最快的速度调头向柯克海峡逃遁。

突然，一艘英国驱逐舰正不断用探照灯向海面照射，并向U－47号潜艇紧追而来。驱逐舰猛然改变航向，在距U－47号潜艇很远的地方投下了深水炸弹。

U－47号潜艇凭着来时的经验，飞快而灵巧地绕过沉船和险礁，顺利地驶出了柯克海峡。

10月17日清晨，U－47号潜艇抵达威廉港。码头上，军乐队奏起了凯旋曲，德国海军总司令雷德尔元帅和邓尼茨亲自赶来迎接，并向普莱恩颁发一枚一级铁十字勋章，同时颁发给全体乘员每人一枚二级铁十字勋章。

在表彰普莱恩和U－47号潜艇的同时，雷德尔元帅还正式宣布：邓尼茨由准将晋升为海军少将。

希特勒当即批准邓尼茨建造潜水艇的计划。潜水艇造船厂由3个发展到16个，潜水艇建造速度由每月4艘增加到20～25艘。同时，他让邓尼茨放手大干，同意他采取"先发制人，进行无限制潜艇战"的战术。

从此，在广袤浩淼的大西洋上，一场空前规模的商船袭击战拉开了帷幕。

↓普莱恩得胜归来，邓尼茨握手表示祝贺。

第2章
CHAPTER TWO

希特勒与
"巡洋战"

★12月13日清晨，哈伍德指挥的分舰队位于距蒙得维的亚大约350海里处。哈伍德下令舰队排成单路队列，"阿哲克斯"号轻巡洋舰在前，"亚几里斯"号轻巡洋舰居中，"埃克塞特"号重巡洋舰殿后，以14节航速向东北方向行驶。

★"海军上将施佩伯爵"号发出了一声惊天动地的爆炸声，38毫米厚的钢板被炸裂得粉碎，舰休猛烈颤抖，熊熊烈焰在空中飞舞，浓烟从甲板的破口往上直窜。战列舰像一幢高大的建筑物顷刻塌陷，被波涛汹涌的大海吞没。

No.1 丘吉尔搬进了海军部

1939年9月3日，英国首相府。

当天下午，丘吉尔就来到了海军部他原来的办公室。丘吉尔知道，在目前战争危机的严重情况下，英国海军对国家的生死存亡能起到关键的作用。此时英国的水面舰艇的兵力有多少呢？英国对德宣战时，共有战列舰12艘、战列巡洋舰3艘、航空母舰8艘（舰载机500架）、重巡洋舰15艘、轻巡洋舰49艘、舰队驱逐舰119搜、驱逐舰64艘、扫雷舰和岸防舰45艘。

丘吉尔暗暗思忖，凭皇家海军的实力，对付德国的水面舰艇易如反掌。皇家海军只要将重兵屯于本土，封死北海，就能捆住德国海军的手脚。可德国神出鬼没的潜艇，虽然数量不多，却像水中的泥鳅，你捉不到它，它却能看到你。如果让商船碰上，可就只有被动挨打了。

丘吉尔从战争一开始就意识到了潜艇对大西洋生命线的威胁。

9月4日，丘吉尔主持召开了海军部的第一次会议。这次会议作出恢复英国商船航行护航体制的决定。当时护航制度也正在建立。所谓护航制度，系专指反潜艇护航而言。

护航运输队是指有战列舰、航空母舰、巡洋舰和护航军舰护送的远洋商船队。战争一开始，英国海军就和加拿大海军组成联合护航运输队。在蒙特利尔、魁北克、哈利法克斯、锡德尼和圣约翰等地组建了海上运输指挥部。

为了能够在战时随时接到信息、指挥部队和做出决策，丘吉尔还把自己的住宿搬进了海军部大楼。

丘吉尔上任后，就视察了英国沿海各基地的舰队，并向军官们谈论防止德U潜艇和飞机袭击的重要意义。就在他视察结束，于9月18日晚乘火车返回伦敦时，他接到在尤斯顿车站迎接他的海军部第一海务大臣德雷·费德海军上将的报告，英国的"勇敢"号航空母舰和"皇家橡树"号战列舰被德国海军击沉。

德国海军的行动比英国海军快了一步。丘吉尔立即决定让新闻界报道这一沉船事件，同时决定尽早向下院通报最初几周的海战情况。

"皇家橡树"号被U－47号潜艇击沉后，虽然使希特勒蔑视潜艇的观念有了很大转变，但"水面舰艇决胜"的传统观念在他头脑里根深蒂固，所以希特勒依然全力支持雷德尔的"巡洋战"。

德国的出海口不畅，为了避免大型水面舰只被英国皇家海军堵在门前出不去，雷德尔赶在战前先走了两步棋。一是将战列巡洋舰"海军上将施佩伯爵"号和"德意志"号派到了大西洋上，伺机截杀英国及其盟国的护航运编队；二是充分做好出兵占领挪威的准备。

"海军上将施佩伯爵"号战列巡洋舰在战争开始后，采取声东击西、灵活机动的战术，3个月内在南大西洋先后击沉"克莱门特"号、"阿什利"号等9艘英国运输船，总吨位达5万吨，对英国海上交通线造成严重威胁。

"德意志"号也身手不凡，在大西洋东游西窜，扰得皇家海军心神不安。"德意志"号在吸引了大量敌兵力的同时，还悄悄截杀了3艘商船，已安全返回德国本土。

↑ "海军上将施佩伯爵"号舰长兰斯多夫。

此时，"海军上将施佩伯爵"号正在南大西洋行驶着。东方一轮红日冉冉升起，蓝蓝的海面上，轻轻掀动着白色的浪花。

"海军上将施佩伯爵"号在南大西洋频频得手，数次得到海军总司令部的表扬。舰长兰斯多夫并不满足，还要捕获更大的猎物，但令他想不到的是，自己的战舰已被英国海军悄悄盯上了。

英国海军部于10月5日抽调28艘大型军舰为骨干，组建了8个搜索群派往南大西洋海区，其中由哈伍德准将指挥的分舰队以福克兰群岛为基地，担任南大西洋西部一带的巡逻和警戒任务。

经过近两个月的搜索，哈伍德终于捕捉到德国"海军上将施佩伯爵"号的踪迹。

12月13日清晨，哈伍德指挥的分舰队位于距蒙得维的亚大约350海里处。哈伍德下令舰队排成单路队列，"阿哲克斯"号轻巡洋舰在前，"亚几里斯"号轻巡洋舰居中，"埃克塞特"号重巡洋舰殿后，以14节航速向东北方向行驶。

6时14分，一名瞭望哨发现遥远的海面上升起了缕缕青烟，距离10海里。哈伍德即令"埃克塞特"号前去察看情况。

"埃克塞特"号离队北驶，不久发回电报："目标为一艘德国袖珍战列舰。"

哈伍德立即下达命令："'埃克塞特'号转向西行，绕到德舰的右舷；'阿哲克斯'号和'亚几里斯'号向东驶，绕到德舰的左舷占取有利阵位。"

哈伍德举目眺望，各舰大炮转动，战旗在桅顶和桁端高高飘扬。3艘英国巡洋舰加速航进，就像3只雄狮，一起向德舰直扑过去。

No.2 "海军上将"自沉海上

"海军上将施佩伯爵"号战列舰是以"一战"时一位海军上将的名字命名的。1914年11月，海军上将施佩伯爵率领德国分舰队，在智利科罗内尔岛附近海面击沉了两艘英国军舰。为了纪念这位将领，德国海军将1936年建成服役的一艘袖珍战列舰命名为"海军上将施佩伯爵"号。该舰是作为袭击商船的战舰设计的。标准排水量12,500吨，最高航速26节。以15节航速行驶时，续航距离10,000海里。它装有两座三联装279毫米主炮，可发射300公斤炮弹，射程15海里。另外，它还装有8门150毫米副炮和6门104毫米炮。可以说，任何一艘单独的英国巡洋舰都不是它的对手。

兰斯多夫并不把英舰放在眼里。因为"海军上将施佩伯爵"号火力很强，而且具有一定装甲防护力，英国几艘巡洋舰的总火力虽然超过德舰，但却没有装甲防护能力。而且，德舰舰炮的射程和口径都要超过英舰。因此，虽然英舰的数量多，但双方战斗力的差距并不大。

他沉着应战，等到英舰刚刚进入射击距离，果断地下达了攻击令。

一阵猛烈的齐射，如闪电雷鸣。兰斯多夫目不转睛地观察着弹着点，只见英舰前方水柱升腾，两次齐射炮弹都打近了。

这时，英舰开始还击，一发发炮弹猛泻到"海军上将施佩伯爵"号的周围。顿时，"海军上将施佩伯爵"号四周水柱林立。

兰斯多夫看到，"阿哲克斯"号和"亚几里斯"号距离尚远，火力威胁不大；而"埃克塞特"号的距离较近，舷侧重炮火力凶猛，威胁较大。他当即命令"海军上将施佩伯爵"号掉转炮口，用全部6门279毫米主炮，集中轰击敌重巡洋舰。

又是一阵猛烈的齐射，炮弹在"埃克塞特"号船舷爆炸，弹片溅落到甲板上，将右舷舱面上的鱼雷兵全部炸死。一颗穿甲弹击中了B炮塔，将炮塔炸飞到空中。"埃克塞特"号驾驶台被毁，战舰失去控制，向右摆头。

但是，顽强的"埃克塞特"号没有停止战斗，它用尾炮向"海军上将施佩伯爵"号射出了一枚枚203毫米炮弹，其中有一枚恰好击中了"海军上将施佩伯爵"号的首楼。

这时，"阿哲克斯"号和"亚几里斯"号像雄狮一样向德舰猛扑过来，将一发发炮弹猛泻到德舰的主甲板上。"海军上将施佩伯爵"号38毫米厚的装甲舰舷被撕开了好几个口子，火控系统瘫痪。

兰斯多夫赶紧调整火力，一门279毫米主炮和一门150毫米副炮转向左舷，迎击两艘英舰。"埃克塞特"号则趁机逼近，向德舰右舷连续发射了4枚鱼雷。

"海军上将施佩伯爵"左右受敌，被炮弹击中的首楼，黑烟卷着火蛇漫天乱舞。舰的主通道和食品库被炸得一片狼藉，36名官兵阵亡，尸首横卧，血水在甲板上流淌着。

兰斯多夫不敢恋战，急忙下令施放烟幕，转舵逃跑。它边打边撤，射出的一颗279毫米炮炮弹击中了"阿哲克斯"号，将该舰的4门152毫米炮全部炸哑。

但是，"阿哲克斯"号仍不顾一切地猛冲过来，在9,000米的距离上，又发射了4条鱼雷。

← "海军上将施佩伯爵"号中弹，船身上冒出滚滚浓烟。

这时，"埃克塞特"号舱内浓烟滚滚，大火冲天，舰体严重右倾，歪歪斜斜地掉头回驶。

"海军上将施佩伯爵"号没有追击，赶紧掉转前主炮，轰击冲到它鼻子底下的巡洋舰"阿哲克斯"号。

一颗重磅炸弹击中了"阿哲克斯"号，打断了它的主桅，使其被迫拉开距离，退出了战斗。

这场海战，双方打了个平手。两艘英舰受创，哈伍德少将被迫指挥舰队退出战斗。德舰"海军上将施佩伯爵"号伤痕累累，已无力再战，兰斯多夫只得指挥战舰脱离战斗接触。

英舰的身影在海面上消失后，兰斯多夫急忙走下舰桥，查看军舰的伤势，"海军上将施佩伯爵"号中了两颗203毫米炮弹，破损严重。

兰斯多夫十分沮丧地垂下脑袋。现在，他的战舰急需补充燃油和修理破损。返回德国似无可能，他的行踪已经暴露，对手决不肯轻易放过。他踌躇再三，决定先去附近的中立国乌拉圭的蒙得维的亚港。

这时，英舰并没走多远。当"海军上将施佩伯爵"号向西行驶时，两艘英舰尾追而来，与"海军上将施佩伯爵"号若即若离。哈伍德眼瞅着这艘身负重伤的战舰缓缓驶入蒙得维的

一 令德国引以为傲的"海军上将施佩伯爵"号最终选择了自沉。

亚水道，显然，它想去中立国乌拉圭的蒙得维的亚港。

哈伍德决定：停止昼间战斗，跟踪监视敌舰，瞅准机会于夜间接近敌舰干掉它。同时，他命令英国"坎伯兰"号重巡洋舰立即从福克兰群岛赶来。

英国海军部派遣载有60架飞机的"皇家方舟"号航空母舰和装备有6门381毫米大炮的"声望"号战列舰赶到蒙得维的亚助战，封锁普拉塔河口，阻止德舰出航大西洋。

"海军上将施佩伯爵"号在蒙得维的亚港刚刚抛锚，乌拉圭、德国、英国和法国的代表便唇枪舌剑，在谈判桌上展开了激战。

德国代表兰曼指出："战舰必须在港口修好破损才能恢复航海性能，希望能延长在蒙得维的亚港停留的时间。"

英、法代表针锋相对，立即提出抗议，他们提醒乌拉圭政府："按照有关国际法的规定，交战国的舰只在中立国港口停留的时间不得超过24小时。"

兰曼反驳道："根据伦敦宣言第14条，军舰受损和坏天气两种情况除外。"

英、法代表则坚持说："'海军上将施佩伯爵'号只是受了点轻伤，完全可以出海。"

当时，乌拉圭政府虽然态度倾向盟国，但又不愿与德国公开闹翻，因此，它建议成立一个小组来调查德舰的伤势。调查小组经过调查后得出的结论是："海军上将施佩伯爵"号确实不能马上出海，但在港内修理3天后就可航行。

德国代表对这一结论表示强烈抗议，而乌拉圭政府却顺水推舟，接受了这个方案。

12月15日，兰斯多夫获悉英国"坎伯兰"号重巡洋舰从福克兰群岛赶来，加入了"阿哲克斯"号和"亚几里斯"号的行列。3艘英舰已全部聚集在港口以外，将蒙得维的亚港封了个严严实实。

兰斯多夫向柏林报告了这一情况。不久，他收到了雷德尔的回电，随即派人和乌拉圭政府交涉，希望延长停留时间。

17日傍晚，德国的要求遭到拒绝。乌拉圭政府通告"海军上将施佩伯爵"号，必须于18日下午6时驶离港口，不然该舰将被扣留至战争结束时止。

兰斯多夫绝望了，他让一艘德国油船和两艘租用的拖船靠上战列舰，接走了绝大部分船员。"海军上将施佩伯爵"号只留下几个人。

18日傍晚，夜幕刚刚降临，"海军上将施佩伯爵"号在拖船和摩托艇的引导下，缓缓向港外移动。

当"海军上将施佩伯爵"号西行3海里后，兰斯多夫下令关闭主机。他走下舰桥，来到底层检查放置炸药的舱室。

检查完毕后，兰斯多夫和留舰人员登上拖轮，离开了战舰。8时44分，他揿动开关。

"海军上将施佩伯爵"号发出了一声惊天动地的爆炸声，38毫米厚的钢板被炸裂得粉碎，舰体猛烈颤抖，熊熊烈焰在空中飞舞，浓烟从甲板的破口往上直窜。战列舰像一幢高大的建筑物顷刻塌陷，被波涛汹涌的大海吞没。

"海军上将施佩伯爵"号的沉没，是对德国海军"巡洋战"战略的打击。

第3章
CHAPTER THREE

"狼群"咆
哮在大海上

★普莱恩下到鱼雷舱里，仔细检查了鱼雷的去航深度。之后，他下令发起第二次攻击，几枚鱼雷接连发射出去，深度离水面3~5米不等。好歹有一枚爆炸了，遗憾的是，它是在偏离了航路以后撞上断崖才爆炸的。

★"狼群"通常昼伏夜出，白天潜入水下，夜间发起攻击。"狼群"一旦发现猎物便紧紧咬住不放，要想用开它或驱散它都非常困难。当然，要想成功的使用"狼群战术"，潜艇必须具有良好的无线电通讯能力，艇长们必须经过严格的训练。

No.1 "独　狼"

德国海军总司令部，雷德尔神情黯然，"海军上将施佩伯爵"号的自毁和兰斯多夫的自毙，对他来讲，如当头一棒。元帅似乎一夜之间，衰老了很多。

德国潜艇对英国海军舰艇的攻击屡屡得手，固然有其叫绝之处。但是最令人刮目相看的，还要数德国潜艇对盟军商船进行袭击的顽强精神了。

在这种对商船的作战方面，大多数德国潜艇艇长都创下了赫赫战绩。虽然他们不像U－47号的普莱恩、U－29号的修哈尔德、U－30号的林普等那样被广泛地宣传，但是也大多圆满地完成了任务。

邓尼茨放出的这些"独狼"，虽然数量不多，但是它们狠毒有余。U艇的官兵们好像是上了瘾的吸毒者，明知有生命危险，依旧视毒如命。他们唯一感到安慰的是：击沉一只又一只商船，就能使英国早日投降。

U－48号的艇长修尔杰少校，前后共击沉敌船10万吨，是最初获得骑士十字勋章的艇长。在初期作战中，修尔杰艇长攻击了两艘伴有护卫舰的货船，将其中的一艘击沉了。

一天，一支有25艘舰船的英国护航运输队驶入U－48的伏击圈。修尔杰下令对其中两艘货船进行攻击，一只货船当即被鱼雷击沉。

敌方的护卫舰立刻进行反击，U－48号被迫急速潜航。

30分钟后，修尔杰艇长再度上浮到海面，他看到英军的"栅达兰"号军舰正在迎面扑来。

修尔杰立即跳下舰桥，飞快地窜入甲板升降口，大声命令：

"潜航！"

海水涌进压载舱，空气很快被排尽，潜艇开始潜航。为了使艇首尽快下潜，艇员们都集中到潜艇前部，簇拥在艇首的发射管前。

当海水刚刚淹没U艇的指挥塔时，一连串猛烈的爆炸声便传了过来，U艇艇首立刻向下垂落，艇员们冷不防被向前推去。

潜艇还没恢复到水平状态，又传来了驱逐舰接近的马达声，接着便响起了潜艇探测器的音波碰到潜艇艇体后被弹回所发出的声响。艇员们紧张地屏住呼吸，大气都不敢出。

潜艇探测器是英国于20世纪30年代发明的一种超声波的水直回音装置。

英舰的第一枚深水炸弹投了下来，U－48号受到爆炸的冲击而剧烈地震动起来。

艇员们惊魂未定，第二枚深水炸弹又投了下来，这回比第一枚投得更近，U－48号摇晃得更加厉害，不停地抖动。

修尔杰沉着地下令改变航线，进一步下潜，缓慢地前进。20分钟之内没有出现任何意外的情况，他以为逃出了险境。想不到接连而来的第三枚深水炸弹来得更近了，破坏了舰内的深度计及通信装置，还好耐压舰体没有遭到破坏。

修尔杰急令潜艇沉到海底，关闭柴油推进机和一切发音装置。

海面的英国驱逐舰仍在寻找U－48号的踪迹，因为潜艇上的乘员还能够听到军舰发动机的声音，敌舰似乎正来往于海面上追寻。

过了一会儿，深水炸弹又展开了集中攻击，在U艇的前后左右接连爆炸，艇内的陶瓷洗脸池和厕所的台座被震坏了，有些灯泡因猛烈的震动而破碎，指挥塔上的回转针被震断。

U艇像缩头乌龟一样，在海底一直等到天黑，才把潜艇浮到60米的深度。前进约4公里之后，浮到了安全的海面。

德国潜艇这类惊心动魄的经历，在开战初期的几个月是经常碰到的，也是屡见不鲜的事。不过在攻击船队方面所创下的战果，已经足以安慰潜艇部队官兵所经历的恐怖，弥补潜艇自身的损失。

从第二次世界大战开始到1939年底，计有114艘盟国商船被潜艇所击沉。到1940年1月，被潜艇击沉的商船数为40艘，总吨位共达11.1万吨，战果数量再度上升，2月份便达到了45艘，11.7万吨，潜艇又进入了最活跃的时期。

潜艇战果辉煌，战绩直线上升。邓尼茨感到潜艇单独作战毕竟威力有限，开始考虑采取"狼群"战术来对付大西洋上的护航队，而以较小的潜艇来攻击英国和斯堪的纳维亚各国以及和波罗的海各国的交通线。为此，他想把潜艇部署在挪威诸港口的附近。对大西洋和北海的潜艇下达的作战命令已经起草好了。

1940年3月4日，邓尼茨接到海军总司令部的下列指示："立即停止所有潜艇的出航。已在海上的潜艇不得在挪威海岸附近活动。所有潜艇尽快做好战斗准备。不规定备战的等级。"

第二天，邓尼茨从柏林海军总司令处打听到了上述命令的军事计划内容。希特勒要用迅速的、双管齐下的手段分头登陆占领挪威和丹麦。对挪威，登陆地点选定了纳尔维克、特隆赫姆、卑尔根、埃格尔宋、克里斯田散和奥斯陆。用于占领头4个港的军队完全由军舰运输，用于占领克里斯田散和奥斯陆两港的军队则由军舰和运输舰载运。此外，又以飞机运载军队进入斯塔范格尔、克里斯田散和奥斯陆。

有种种迹象表明敌人也在策划以军事行动侵犯挪

↑邓尼茨和他的"狼群战术"，让盟军头疼不已。

21

威。正是这些迹象最后导致希特勒决定先下手为强。

挪威于德国好比是进入大西洋的咽喉，德军一旦占领了挪威，就可以摆脱围于北海的"笼子"，进而拿到大西洋入场券。

对于德国U艇来说，有了挪威的港口作为前进基地，可以大大缩短它们到大西洋的航程。

然而，德国U艇在挪威海战中的表现却令希特勒大失所望。

在这场海战中，31艘德国潜艇统共对英国战列舰、巡洋舰和运兵船发起攻击36次，却无一次成功。主要原因是鱼雷精确度差，磁性引爆装置失灵，造成发射出的鱼雷不是打不中目标，就是整个一个"哑炮"。

4月15日黄昏，在挪威海岸附近游弋的U－47号潜艇，上升到潜望镜的深度寻找猎物。忽然，普莱恩发现在这狭窄的海湾海面停着6艘大型英国运输船，旁边还有几艘驱逐舰，很显然，英国部队正准备从这里登陆。

普莱恩立即下令潜入海底，等夜幕降临时再开火。

晚上10时，U－47艇悄悄浮上海面，离运输船和驱逐舰大约700米到1,400米的距离，运输船与驱逐舰正好在鱼雷攻击射程内。看来，它们是瓮中之鳖，绝无生还之机了。

4枚鱼雷朝着排列密集的船队直冲过去。

没想到的是，鱼雷发射出去好一会了竟没有听到爆炸的声音。原来鱼雷没爆炸，英军甚至就没发觉潜艇的存在。

普莱恩下到鱼雷舱里，仔细检查了鱼雷的去航深度。之后，他下令发起第二次攻击，几枚鱼雷接连发射出去，深度离水面3～5米不等。好歹有一枚爆炸了，遗憾的是，它是在偏离了航路以后撞上断崖才爆炸的。

这次攻击不仅失败，还引起了皇家海军驱逐舰的注意。两艘英国驱逐舰掉头朝U艇驶来。

U－47号赶紧掉头逃离现场。这时，驱逐舰也不失时机地咬住了潜艇，向潜艇发射了一连串深水炸弹。U－47号的机舱受到了破坏。

普莱恩急令下潜到深水处，关闭所有马达，只听头顶水面上驱逐舰的引擎"隆隆"作响，不停地施放深水炸弹。

U－47的柴油引擎被炸坏。眼看潜艇就要成为"活棺材"了，普莱恩沉住气，指挥潜艇一动不动。

驱逐舰攻击了一阵，不情愿地退回去了。

遭受到这场灾难后的第三天，普莱恩艇长又与英军驱逐舰"威斯派特"号相遇。

两舰艇间只相距800米，普莱恩不失时机地下令发射了两枚鱼雷。结果两枚都相继错过了目标才爆炸。英国驱逐舰从惊慌失措中醒悟，猛追了上来。这次，U－47艇逃身有术，一看大势不妙，早早地就跑掉了。

艇员们就像泄了气的皮球，士气受到了极大的打击。这些"窝囊的鱼雷"白白错过了两次机会，功没立成，还差点让他们丢了命。

U－47又发现了一支向北航行的英国船队。可是，普莱恩已经对鱼雷完全丧失了信心，他眼睁睁地看着这支船队渐渐消失在地平线，转而退回了基地。

普莱恩艇长连续不断的几次失败，暴露出开战初期德国海军鱼雷的技术缺陷。

1940年6月以后，德国潜艇部队将原来配备的磁气发火式鱼雷，暂时改为击发发火式鱼雷。

6月10日，挪威沦陷。事实上，这只是德国陆军和空军的胜利，对德国海军来讲却是一个大败仗。英国皇家海军将德国的30艘舰船全部歼灭，其中包括10艘驱逐舰。德国舰队只剩下一艘8英寸口径大炮的巡洋舰、两艘轻巡洋舰和4艘驱逐舰。

猖獗一时的德国U艇毫无建树，反而损失6艘潜艇。

可是到了1940年夏天，形势发生了急剧的变化。

No.2 "狼　群"

6月22日，法德在贡比涅森林签订停战协定，法国投降。

此时此刻，大半个欧洲已经落入希特勒的魔爪之中，唯一可以和纳粹德国抗争的，只有英吉利海峡对岸的大英帝国。面对德国空前庞大的战争机器和希特勒的战争威胁，漂泊在海上的英国危在旦夕。

在法国宣布投降的当天晚上，一列德国军用列车缓缓驶入了洛里昂，在警卫们前呼后拥的护卫下，邓尼茨洋洋得意地走下列车，来到刚刚落成的德国海军潜艇前线指挥部。

当邓尼茨得到法国投降的消息后，不由得欣喜万分，盼望已久的时刻终于到来。他将可以在大西洋上集结足够数量的潜艇，来施展他的"狼群战术"，他的"狼群"将在海上使德意志帝国的宿敌——英国流尽最后一滴血。

第二天，邓尼茨召开了一次作战会议。他要求U艇艇长们主要在夜间从水面状态攻击护航运输队。在夜间的海面上，驱逐舰很难发现U艇低矮的指挥塔，如果打开探照灯，反而会暴露自己的位置。而夜空却可以把油轮和货船高耸的船身清楚地反衬出来，成为U艇的活靶子。

邓尼茨提倡的"夜间水上攻击"战术，提高了潜艇的使用效力，使它们可以借着夜幕这一天然的保护屏障，在大西洋上突袭商船，连连得手。

1940年7月至1941年5月，大西洋海战进入第二阶段。德国潜艇部队的士气由于上述种种原因而大大上升，出现了不少掠杀商船有功的"英雄"。德国参战的20艘潜艇中，两艘击沉了4万多总吨位的敌船，5艘击沉了3万总吨位的敌船，6艘击沉了2～3万总吨位的敌船。其中战果最大的是U-47号潜艇，它击沉了5.5万总吨位的敌船。

虽然邓尼茨下达了对英国商船船员"格杀勿论"的命令，但是，有的德国潜艇艇长还是尽量使他们的行为符合人道。袭击商船后，他们或是搭救船员驶往安全港口，或是向英国发电，通知击沉的英国商船的位置。

↑潜艇中，德国潜艇兵正在紧张地忙碌着。

    1940年7月8日夜晚，德国U－99号艇在爱尔兰和苏格兰之间的北海海峡浮出水面，监视哨警觉地扫视着海面。

    艇长奥托·克里奇默尔少校斜靠在指挥台围栏上，嘴上叼着雪茄，悠闲自得地吸了起来。

    1940年6月底，U－99号潜艇驶离威廉港，穿北海，过赫布里底群岛，到达了预定巡逻区。过去几天，克里奇默尔只用了两枚鱼雷，便分别击沉了一艘加拿大货船和一艘瑞典货船。

    突然，瞭望哨向克里奇默尔低声报告："有情况。"

    克里奇默尔扔掉了雪茄，举起双筒望远镜。果然，远处地平线上，一支英国护航运输队分作两行，正在3艘驱逐舰的护卫下向西行驶。

    克里奇默尔命令U－99号潜艇全速行进，两小时后赶到了护航运输队的前面，占据了有利阵位。他命令U艇下潜到潜望镜深度，等候船队的到来。

    一艘驱逐舰迎面驶来。他正要增大下潜深度，敌舰又突然改变航向，从艇尾方向开走了。紧接着，商船队分左右两翼，驶到了U艇的上方。

    克里奇默尔不用瞄准就能进行鱼雷攻击了。鱼雷射出后，90度扇面以内都是极好的目标。

"嗖嗖",两枚鱼雷飞出发射管。人们屏住呼吸,静候着鱼雷爆炸的巨响。

时间一秒一秒地过去了,海面上风平浪静,没有发生任何事情。

克里奇默尔的眼珠子瞪得溜圆,气得火冒三丈,"真晦气!又是他妈的哑弹。"

他下令尾发射管发射鱼雷,但是,鱼雷同样没有爆炸。他又瞄准了一艘大货船,进行第三次攻击,这才勉强击中目标。

克里奇默尔收回了潜望镜,下令:"停止战斗,紧急下潜!"

恰在这时,水听器内噪音大作,他料定潜艇暴露,敌驱逐舰正劈波斩浪,高速追来。

潜艇刚下潜到45米处,四周就响起一片深水炸弹的爆炸声,潜艇被震动得猛烈摇晃起来。

一颗深水炸弹在近舷爆炸。潜艇猛烈地摇晃起来,将控制室内一切可以移动的部件全部颠倒。它一股劲地下跌,一直滑到了大约110米的深度。

英舰声呐发出的呼呼响声令人胆战心惊。水听器传来的螺旋桨声震耳欲聋。接着,噪音消失,四周再次响起深水炸弹爆炸的巨响。

U-99号潜艇艇体来回晃荡,艇员们赶忙抓住一旁的支撑和管路,以免摔倒。

潜艇好不容易恢复了平衡,受损还不十分严重,只是航速大减。U-99号在水下最大航速只有八九节,即使全速行驶,比水面舰艇仍要慢得多。

克里奇默尔一筹莫展,期待敌驱逐舰失去目标接触,或者投光了深水炸弹。

英舰连续攻击了两个多小时,一颗深水炸弹在近舷爆炸,排开的海水将潜艇艇壳压得嘎嘎直响。艇内氧气补给中断,克里奇默尔命令艇员躺倒,以减少氧气消耗,同时戴上呼吸罩。在一段时间内,呼吸罩通过一种化学碱,可以净化艇内逐渐污浊的空气。

6小时后,攻击停止。克里奇默尔离开了控制室,到艇上各部门检查情况。蓄电池组的电能眼看就要耗光,潜艇一旦失去速度,他就只有两种选择了:使用压缩空气,让艇浮出水面,和驱逐舰拼个你死我活;或者,让潜艇坐沉海底,甘冒艇壳被深水压破的风险。他选择了后者。

7月9日凌晨,U-99号潜艇在下潜18个小时之后,终于破水而出。

克里奇默尔急冲冲地打开了升降口盖,抓着扶梯登上了指挥台。柴油机启动了,风扇将清新、冰冷的空气抽入艇内,更换着各个舱室的污浊气体。艇员们争先恐后地钻出了潜艇,他们横七竖八地躺倒在湿淋淋的甲板上,贪婪地大口大口地呼吸着夹杂着海水咸味的空气,好像要把满腔的晦气都倾倒出来似的。

U-99号在返航的途中还一路大开杀戒。7月12日,它鬼鬼祟祟地逼近了一艘希腊货船,将其一举击沉;随后,它又引导一架德国轰炸机,炸毁了苏联货船"默里萨尔"号。3天后,它又用鱼雷将英轮"沃德布里"号拦腰炸成两截。

至此,克里奇默尔才心满意足,下令收兵回营,驶向法国的洛里昂。

尽管德国潜艇已经走出了低谷,但邓尼茨的眉宇间却流露出一丝愁容。克里奇默尔这一仗已经暴露了单艇作战的弱点。首先,单艘潜艇在大洋上难于搜索和发现英国护航运输队;

其次，单艘潜艇难以与数量上占优势的护航军舰相抗衡。U－99号潜艇倒是发现了护航运输队，可是，它只击沉了一艘商船，就被护航军舰逼得东躲西藏，险些丧命。

1940年6月份，潜艇击沉的商船数为25万吨，大大少于盟国抵港商船数。潜艇作战，还得下大力气。

看来采用潜艇群战术势在必行。

经过长时间的苦思冥想之后，一个崭新的潜艇攻击战术在邓尼茨的脑海中逐渐形成了。邓尼茨把他的新战术命名为"结群战术"，这种新的战术要求将海上的潜艇编成统一的作战群，艇群成一个扇面展开在交通线上，以求得尽可能高的发现概率，首先发现目标的潜艇将使用无线电将目标的方位和航向、航速报告岸上的指挥中心，指挥中心向所有的潜艇下达集结的命令，并指定一个经验丰富的艇长担任指挥，这样任何一艘潜艇发现目标都等于所有的潜艇发现了目标，而联合攻击的艇群将有足够的鱼雷给被发现的任何海上编队造成致命的打击。由于这种攻击战术与草原上的狼群攻击羊群的战术十分相似，因此人们后来又把它称作"狼群战术。"

"狼群"通常昼伏夜出，白天潜入水下，夜间发起攻击。"狼群"一旦发现猎物便紧紧咬住不放，要想甩开它或驱散它都非常困难。当然，要想成功地使用"狼群战术"，潜艇必须具有良好的无线电通讯能力，艇长们必须经过严格的训练。

现在时机已经成熟。邓尼茨决定尽快实施"狼群"战术。

No.3 "狼群" 肆虐大西洋

1940年5月英国正处于危难之机，丘吉尔正在思考如何摆脱危局的良策。仅仅依靠英国自身的力量难以抵挡纳粹德国的虎狼之势，必须争取新的强大的盟友。没有持久、可靠的同盟国的支持，只凭英国孤军奋战，总会有精疲力竭的一天。再三权衡下，丘吉尔向罗斯福求援。

罗斯福看透了英国已无力维系其在美洲的海外殖民地，与其听凭纳粹夺取，不如把它们变成美国防御的前沿基地。这符合美国的利益，料想英国也不致反对。罗斯福想出了"基地换军舰"的办法。

1940年7月24日，罗斯福总统致电丘吉尔首相，商议签署一项关于用美国驱逐舰交换英国在美洲的若干殖民地以组建美国海军基地的协议。

丘吉尔接到电报后，意识到，这是一次不等价交换：美国的驱逐舰"既陈旧而且效能又低"，而英国在西半球的军事基地对美国有巨大的战略好处。但他是一个现实主义者，德军即将入侵的严峻现实，使英国迫切需要这批驱逐舰，而那些基地只是对美国才有战略价值。正是基于这样的考虑，丘吉尔冒着可能承担"卖国"的风险，忍受着内心种种屈辱及不快，接受了这"不平等交易"的建议。

　　在罗斯福和丘吉尔的共同努力下，英美两国就基地换军舰的问题，经过反复磋商后，于9月2日最终签署了正式协议。协议规定：英国把在巴哈马群岛、牙买加群岛、安提瓜岛、圣卢西亚岛、特里尼达岛和英属圭亚那等地的海防空军基地的主权，转让给美国99年，以换取美国在第一次世界大战期间及战后不久建造的50艘旧式驱逐舰。纽芬兰的阿根夏和百慕大基地也给了美国，但这是无偿的，不是该协议正式范围所规定的。

　　英国人不仅得到了急需的战争武器，更重要的是，自法国沦陷后，一直孤立无援、背水一战的英国重新获得了新的盟友——美国。

　　英美签署协议的消息传到德国首都柏林后，引起了德国军政界的极大不安。9月6日，希特勒批准雷德尔使用潜艇同英国商船"进行最残酷的战争"。这就意味着将以前有关实施潜艇战争的一切限制全盘废除，某些美国商船可能被"偶然地"击沉。

　　邓尼茨放出的"狼群"张开了血盆大口，同英国商船开始"进行最残酷的战争"。1940年9月以后，德国潜艇在北海海峡附近海域大施淫威，卷起了一阵又一阵袭击商船的浪潮。9月20～22日，英国H－X72护航队遭到德国5艘U艇的攻击。11艘船被击沉，两艘被击伤。刚组成的第一支SC护航队也未能逃脱"狼群"的魔掌。

　　1940年10月16日夜里，一钩弯月在云中穿梭，时隐时现。一支编号为SC－7的英国护航运输队正在大洋上破浪前进。

　　经过3天的航行，SC－7护航运输队已经到达了北大西洋的洛卡尔沙洲附近海域，离他们的目的地只有一半航程了。这是一支由34艘舰船组成的慢速护航运输队，其中30艘商船，

满载着各种工业原料，4艘护卫舰只分成两列，在夜幕中缓缓地向前移动着。

担任编队队长的是阿巴斯，他是一个老资格的皇家海军军官，此时，绝大多数船员和护卫舰的水兵们都已进入梦乡。连续几天的飘泊和对德国U艇的提防已使他们疲惫到了极点。可他们万万没想到，他们的舰队正一步步闯入了德国潜艇的狼群阵中。

部署在洛卡尔沙洲西北海域的U－48号潜艇发现了SC船队的，邓尼茨接到报告后，喜出望外，立即在图上标出SC－7护航队的位置、航向、航速、船数和护航兵力，随即命令无线电通讯兵通知U－38号艇、U－46号艇、U－99号艇、U－100号艇、U－101号艇和U－123号艇迅速赶赴作战水域，围歼英国船队。

U－48号艇艇长布莱克·劳特少校他下令：

"一号管发射！"

两枚鱼雷如离弦之箭，直奔百米外的目标扑去。接着，U艇掉头撤离。

"轰轰"两声巨响打破寂静的海空，两枚鱼雷分别击中目标，顷刻间，两艘船便沉入水底。

阿巴斯船长被爆炸声惊醒了，他还没起床，一名水手就前来报告："编队的侧前方遭到德国潜艇袭击。"

阿巴斯立即走上舰桥指挥台，两艘船正在燃烧着，火光把海面照得通亮，船队像炸了群的羊，惊恐得四处奔逃，他急忙下令："护卫舰，立即出击。"

惊醒的护卫舰在海面四处搜索，寻找潜艇的下落。忽然，一艘护卫舰捕捉到U－48艇向司令部报告战况的无线电讯号。不等U艇潜到水下，就怒气冲冲地朝它追来。

U－48艇慌忙紧急下潜，水听器里传来护卫舰螺旋桨可怕的噪音。深水炸弹接二连三地在它的上方海水里爆炸。

此时，U－48艇已潜到200米的深水处，而深水炸弹的爆炸深度只有120米，因而有惊无险。

待英国船队认为潜艇已被赶跑，恢复队形，继续向前行驶后，U－48像只贪婪的大灰狼，又恋恋不舍地跟在船队的后面，等候"狼群"的到来。

10月18日日落时分，"狼群"先后抵达作战水域。克里奇默尔指挥的U－99号潜艇，打算再次溜到船队中间，随心所欲地朝商船发射鱼雷。U－46号、U－100号、U－101号、U－123号潜艇则准备左右夹击，从两翼下手。U－48号潜艇也甩掉了猎手，正风风火火，从尾部方向直追而来。陷阱已经布好，只等英国人往里钻了。

入夜，凶恶的"狼群"终于出击了。

U－46号潜艇率先发起攻击。10分钟内，瑞典货船"康瓦拉里亚"号大倾斜，船员分乘两条救生艇弃船而走。

船眼看就要下沉了，阿巴斯只好下令弃船。同时，他通过无线电分别下令：

"船队规避！"

这道命令适得其反，原来一字长蛇阵向前航行的船队变得一团糟，所有的商船都在力图规避攻击，几艘新船干脆脱离了编队，自行加速逃走。

护卫舰在海面上来回穿梭搜索潜艇，可惜，当时舰上还没有装备雷达，监视哨的肉眼无法透过夜幕发现这群行踪诡秘的"野狼"。而这群"狼"却可以随心所欲，在船队中时而潜入水下，躲避军舰的搜索和攻击；时而浮出水面，对毫无抵抗力的商船大打出手。

这几艘U艇像一群饿狼分食到手的猎物一般，一拥而上，四处下手。

U-123号艇趁乱击沉了两艘装运木材和钢锭的货船。

U-48号艇鱼雷手瞄准"阿塞里安"号，发射了一枚鱼雷。奇怪的是，"阿塞里安"号货舱安然无恙，它后面的一艘大货船却被击中，很快便从水面上消失。

其他U艇也都饿狼扑食般地向船队发起猛攻。满载着铁砂石的英国货船"克里科克"号一头栽进海底；一艘大货船喷涌着蒸汽掉了队……

护卫舰面对众多U艇的攻击，东窜西扑，疲于奔命。

随着连绵不断的爆炸声，一艘接一艘的商船从海面上消失，水面上遍布各种物品、船体的碎片、尸体。一片片的燃油在海面上飘浮散开。

整整一夜，17艘商船被德国潜艇送入了海底，SC-7运输队折损过半。

19日，天刚放亮，德国的潜艇又躲入了水下，眼看着残存的SC-7运输队已经驶近英国海岸，德国人这才恋恋不舍地停止了攻击。

3艘潜艇鱼雷耗尽，不得不返航比斯开湾，其余几艘潜艇接到指挥部的指令，转而攻击刚刚发现的HX-79号护航运输队。

HX-79号护航运输队是一支由45艘舰船组成的高速编队，它所装载的是英国急需的作战物资，因此其护航舰艇的实力也远远超过了SC-7，计有：两艘驱逐舰、1艘扫雷舰、4艘驱潜快艇和3艘武装拖网渔船，凭借较高的航速和众多的护航舰艇，英国人自以为万无一失，放心大胆地通过大西洋直驶英伦三岛。

此刻，一只狡猾的"老狼"正悄悄地盯上了HX-79舰队。这就是U-47号潜艇，舰长是那位大名鼎鼎的普莱恩。

普莱恩发现HX-79号运输队后，并不急于攻击，而是一面跟踪前进，一面不断将英军的位置报告岸上指挥部。凭借着高超的航海技术和坚忍的毅力，普莱恩连续跟踪这个高速编队一天一夜，终于引导刚刚完成攻击任务的4艘潜艇，找到了新的目标。

19日到20日，一连两个夜晚，在普莱恩的指挥下，U-38、U-47、U-46、U-48和U-100号共5艘潜艇，对HX-79护航运输队实施了连续攻击，船队被迫解散各自逃生，一夜之间12艘商船沉没，两艘受伤。

对于邓尼茨来说，他的"狼群"战术终于收到了理想的战果，他为自己的艇长们在如此短暂的时间里，熟练地掌握了作战的技巧而感到满意。

现在德国潜艇在大西洋拼命追杀英国商船，使英国皇家海军措手不及。英国商船的损失骤然上升。在一次会议上，英国大不列颠舰队司令坎宁安勋爵一针见血地指出："当入侵英国证明为不可能时，邓尼茨却看到了能使这个国家屈服的唯一途径。他实施慢性绞杀的战略——击沉我方商船——是十分冷酷无情的。他始终看得很清楚，大西洋是唯一能使德国获胜的战场。卡尔·邓尼茨可能是英国自罗退耳以来所面临的最危险的敌人。"

第4章
CHAPTER FOUR

覆没的
"俾斯麦"号

★当船队行驶到冰岛西南部海域时，正在这一带活动的德国U—47号潜艇发现了目标。艇长普莱恩上尉用无线电通报了情况。邓尼茨当即命令在附近海域活动的德国U—70号和U—99号潜艇，火速赶往目标所在海域。

★可是哪里是安全地域呢？吕特晏斯想到两条：第一要逃到潜艇封锁线的背后去，英舰队来追击，会有水下潜艇抵挡一阵子；第二逃到德国陆上机场能保护的海域。他从海图上看了一阵子，最后决定朝圣纳泽尔方向航行。

↑ 视察潜艇部队的邓尼茨。

No.1 短暂的"快乐时光"

　　德国潜艇部队实施"狼群"战术以来，给英国的运输船舶造成非常严重的损失，英国的大西洋运输线几乎中断。元首三番五次地夸奖潜艇部队。为了不辜负元首的期望，必须加大对英国海上运输的破坏。

　　邓尼茨早就有了用潜艇和飞机协同进行海上破坏的想法，但在战争初期，潜艇和飞机的协同是不可能的，因为德国最远程的飞机也飞不到英国西面的潜艇战场上去。

　　由于征服了法国北部使德国能把空军基地设到大西洋沿岸，邓尼茨于1940年6月份要求空军对大西洋上的潜艇战予以支援。

　　从法国北部基地出发，可以进行空中侦察，由此来发现敌方船队所在和在爱尔兰周围区域去发现敌护航兵力的分布情形。

　　邓尼茨认为，在空潜配合中，飞机的任务在于找到敌船队和其他有价值的目标位置，并和它们保持接触，而且万一因夜晚而中断接触，要求于第二天早上恢复接触。

由于海军支配的空军兵力极其单薄，具有一定续航力的飞机缺乏，以致不时只有单机出击，而且只能到达爱尔兰西南的地区。其结果，是自1940年7月到12月间，德军不能发动一次有任何成绩的联合作战。

现在占领大西洋海岸已经5个月了，潜艇司令部还没有取得应有的空中支援，也不能组织自己的空中侦察。

想到这里，邓尼茨回到办公桌前，提笔给海军总司令部草拟了一份备忘录。

1. 潜艇用于侦察是毫无价值的。它的视野半径太小了，它不能迅速地侦察一片巨大的海区。无论如何，以潜艇从事侦察总是舍长求短而浪费其作战能力。假如潜艇不必一连数周地守株待兔而有空中侦察为它指引，则其成效要大得多了。每一兵种都有自己的侦察手段，而潜艇竟成例外。

2. 空军可以经过远程的空中侦察把敌航运的位置与运动的情报提供给我们，我们便可以组织潜艇按图索骥发动攻击。

3. 空军还可以进一步对潜艇集中处的附近地区进行尽可能的全面的侦察，把一切有价值的目标报告过来，这样就不仅处于潜艇攻击半径以内的目标不至遗漏，并且任何敌船都不能通过潜艇作战地区而不被察觉。

4. 空潜配合的可能性还不限于侦察方面。白天里飞机可以和目标保持接触，以待潜艇前来，或者用信号引导潜艇驶向目标；一旦和目标失去接触，飞机于次日又可重新获得。我们所需的是尽可能密切的战术协同和协力作战。

5. 完成这些任务将不至妨碍空军对商船的攻击。航空兵愈是攻击，则敌愈混乱，从而对于潜艇部队愈有利。凡为潜艇所守候的地区往往都是航运交会之地，因而便提供空袭这良好的机会。虽然潜艇就在附近，但不会限制飞机的活动。潜艇唯一的要求就是飞机不要轰炸潜艇，即使空军明知那是敌方潜艇也不要轰炸。

6. 这种协同的形式可以和空军部队直接商量有效起见必须注意下列两点：

a. 要有适当的兵力以供机动；

b. 关于指挥和节制要权责分明。

侦察活动必须由海军来担任指挥。发现目标之后，必须由海军来组织协同，但不限制空军指挥它的战术自由。换句话说，搜索的区域和使用飞机的数量要由潜艇司令部决定以保证执行的效果。

在希特勒的支持下，德国潜艇的数目不断迅速增加。在1941年的第1季度，每月生产10艘新潜艇，以后增加到每月生产18艘潜艇。潜艇的型号和性能也都改进了，大致有两种：一种是500吨型潜艇，巡航航程为11,000海里；一种为740吨型潜艇，巡航航程达15,000海里。

希特勒欣然同意了邓尼茨的请求，1941年1月7日，他亲自将一队远程轰炸机调配给邓尼茨。

德国U艇由于艇体低，即使从最高的指挥塔上瞭望，可视距离也很有限，可是有了飞机就

→ 战斗中的"俾斯麦"号。

如虎添翼。在辽阔海面上空的飞机老早就可以发现敌目标，并引导潜艇到目标附近进行攻击。

此时，英国海军部正在开会，主要分析大西洋作战形势。英国海军部下令扩充并重新部署空军海防总队，采取了海军与空军协同反潜作战的战术。当时，英国皇家海军还没有自己的航空兵，于是由英国空军总部成立了海岸轰炸航空队，计划到1941年6月该队增加到15个中队约220架飞机，其中包括英国"山达兰"式飞机和57架美国"卡塔利纳"式巡逻机。该航空队于1940年12月4日编入英国海岸司令部。1941年4月15日，该队转属英国海军部，并改组为海军航空兵。

英国空军海岸轰炸航空队加强了空中巡逻。不过，在大西洋上仍有数百里宽的海域，其海域中线大致位于格陵兰岛通往亚速尔群岛的方向上，由于英国空军海岸轰炸航空兵的飞机作战半径不足以达及而形成了空中巡逻的空白区。

为填补这一空白，英国开始在一些大型商船上加装了弹射器并部署了飞机。这些飞机的任务是赶跑德国的远程侦察机并使用深水炸弹等武器攻击德国潜艇。这些飞机飞离商船后是无法回收的，完成任务后只能降落在商船附近的海面，然后由海员把飞行员营救到商船上去。

为了帮助英国，17名美国海军飞行员被秘密派往英国海岸司令部空军中队。他们名为"顾问"，实为驾驶美制PBY"卡塔利纳"式巡逻机的飞行员。

这些飞机成为英国护卫船队的得力助手，给U艇造成极大的威胁。它们一旦发现德国U艇，立即通知护航船队改变航线，同时向U艇发起攻击，投放深水炸弹。

英国的反潜技术在对付U艇的夜间战方面也初露锋芒。1941年1月，英国部分海军护卫舰和海岸航空队的飞机上安装了一种操作简便的雷达。护卫舰上还装备了新研制的无线电方位测定装置，它能捕捉到U艇发出的电波，并据此来判断U艇的位置。这样一来，护卫舰不再是"夜盲"了，即使在夜晚也能发现U艇，进行攻击。

1941年3月6日，大西洋中部海区。

当夜幕刚刚降临的时候，一支代号"OB-293"的英国护航运输队，满载着为驻非洲英军提供的急需的作战物资，在8艘驱逐舰的护航下，向非洲驶去。

当船队行驶到冰岛西南部海域时，正在这一带活动的德国U-47号潜艇发现了目标。艇长普莱恩上尉用无线电通报了情况。邓尼茨当即命令在附近海域活动的德国U-70号和U-99号潜艇，火速赶往目标所在海域。

U-47号潜艇是一艘德国潜艇部队中屡建战功、赫赫有名的"王牌潜艇"。大战开始时，普莱恩曾率U-47号潜艇一举击沉英国皇家海军战列舰"皇家橡树"号。在此后的一系列作战中，普莱恩率领U-47号潜艇又击沉了许多同盟国商船，他因此又获得了一枚"橡叶勋章"，成了德国的"国民英雄"，走到德国任何地方，都有人向他脱帽致敬。除他以外，德国潜艇部队中U-99号艇长克里施玛尔少校和U-100号舰长斯普克上尉也是击沉10万吨（吨位）以上船舶的"王牌潜艇"的指挥官。

U-70号和U-99号潜艇正从东面向护航运输队逼近。U-70号潜艇的艇长好不容易赶上一次与两艘"王牌潜艇"并肩作战的机会，他希望与他的同行一样建立奇功。所以，他迫不及待地向艇员们发布进入战斗状态的命令：

"鱼雷发射器准备发射！"

他聚精会神地盯住英国护航运输队尾部的几艘商船。U－70号潜艇进入战斗航向，鱼雷发射器业已准备完毕。距目标越来越近了，艇长焦灼地等待着，1,000米，800米……潜艇抵近目标，鱼雷对准了"猎物"。

"鱼雷发射器，放！"艇长发出了攻击指令。

"嗖！嗖！"两条鱼雷从艇首呼啸而出。

只听"轰"的一声巨响，鱼雷击中一艘商船，冲天的火光把海面照得通红。

U－99号潜艇也毫不逊色，连续向目标发射了几枚鱼雷。不一会功夫，英国护航运输队就损失了几艘商船。

担任护航任务的英国驱逐舰迅速作出反应，不顾一切地冲向德国潜艇。

克里施玛尔和斯普克两位艇长正洋洋得意地望着一片忙乱的英国舰队。突然，两艘英国驱逐舰冲来，他们顿时慌了手脚，赶忙命令潜艇紧急下潜，以躲避驱逐舰的报复性攻击。

急红了眼的英军舰长们，岂肯放过这两艘潜艇，驱逐舰用声呐套住了目标，深水炸弹像雨点般投向潜艇的下潜海域。

"轰！轰！轰！"炸弹在海里的爆炸声不停地响起。U－70号潜艇当即被炸沉入海底，只在海面上留下了一摊摊油迹。

U－99号潜艇被炸得失去平衡，被迫浮出水面。克里施玛尔艇长急忙率艇趁着夜色拼命逃窜，好不容易逃脱。

在一片混战中，U－47号潜艇始终没有露面。原来，普莱恩一直尾随在"OB－293"护航运输队的后面，准备伺机下手。不料，被他召来的U－70号和U－99号潜艇先下了手，还没等普莱恩反应过来，就遭到了英国驱逐舰的报复。

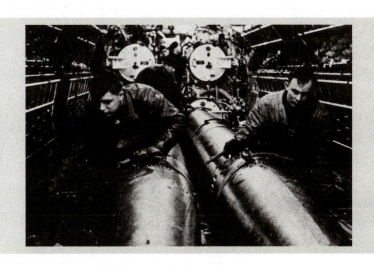

← 德军潜艇鱼雷兵真在检查鱼雷。

好在U-47潜艇没有过早暴露目标。普莱恩心想，难道就此罢手撤回基地吗？不行！被自己召来的2艘潜艇落到如此下场，我"王牌潜艇"岂能草草收兵，这样空手而归，不受到上司的训斥，也会让同行看笑话。普莱恩决心趁英国护航运输队不注意，打它个措手不及。

次日清晨4时24分，一场暴风雨突然降临，狂风卷起一堆堆巨浪，恶狠狠地扔向在海上漂泊的运输队。

没想到，警觉的英国"黑獾"号驱逐舰的雷达兵发现了U-47号潜艇。很快，驱逐舰投下的深水炸弹摧毁了U-47的推进器。

"黑獾"号仍穷追猛打，直到舰上深水炸弹全部快用光。U-47号的末日终于到来了，这艘德国"王牌潜艇"再也没有浮出海面。

3月中旬的大西洋上，气候逐渐转暖，阳光照射在辽阔的海面上，泛起一片金光。

德国U-110号潜艇像幽灵般在海洋上四处游荡，不时浮出海面四处张望，看是否能捕捉住"猎物"。

3月16日中午时分，艇长林柏少校让潜艇浮出水面，几名水兵爬出舱外，准备伸伸懒腰，晒晒太阳。

林柏举起望远镜，向四处认真观望。突然，在远方海天一线处冒出了浓浓的黑烟。林柏少校看罢不禁喜上眉头：这下子可逮住英国护航运输队了。

他立即回到舱内，通过电台联系上了在附近的U-99号和U-100号潜艇。由于昼间容易暴露目标，这些"老狼"们不便下手，只是远远尾随在英国护航运输队的后面，准备天黑后再动手。

U艇跟踪的目标是一支代号"HX-112"的英国护航运输队。

黄昏时分，担负警戒任务的英国5艘驱逐舰和两艘护卫舰开始向周边海域搜索。不久，舰上的声呐捕捉到U-100号潜艇。3艘驱逐舰立即围了上去，用深水炸弹进行猛烈的攻击。

此时，克里施玛尔少校趁英军警戒舰艇攻潜之际，率领U-99号潜艇乘虚而入，突入船队中间，用鱼雷攻击商船。只见几艘商船火光冲天，商船急忙向驱逐舰只发出求救信号。

正忙于攻击U-100号潜艇的英军舰只接到求救信号后，急忙停止攻潜赶去救援。U-99号潜艇在击沉6艘商船后，趁乱偷偷地溜走了。

U-100号潜艇乘机脱离险境，但艇长斯普克不甘心空手而归，又率艇跟上了护航运输队，他决心杀个回马枪。

第二天凌晨，斯普克率舰悄悄浮出海面，占据了有利阵位，进行了水面状态攻击。他知道这时候下手是最好的时机，因为凌晨时分正是船员们最麻痹的时候。

斯普克万万没有想到，英国驱逐舰已经盯上了他的潜艇。英军驱逐舰又一次围攻上去。这一回U-100号潜艇可就没那么幸运了，潜艇还没来得及下潜就中弹了。

说时迟，那时快，一艘英国驱逐舰高速冲了上去，锋利的舰首将这艘曾击沉同盟国15.9万吨位商船的"王牌潜艇"拦腰斩断，斯普克上尉和全体随员们当即丧命。

不久，英国"徘徊者"号驱逐舰的声呐发现了潜藏在海底企图蒙混过关的U－99号潜艇，一连串的深弹炸得U－99号潜艇失去了控制，被迫浮出了水面。克里施玛尔艇长成了皇家海军的阶下囚。

在短短不足一个月的反潜战中，德国损失了3名王牌艇长，其在大西洋的潜艇损失率上升到20%，严重遏阻了德国春季潜艇战攻势的锋芒。

No.2 传说之舰的沉默

德军"俾斯麦"号是一艘超级战列舰，长224米，宽36米，排水量4.2万吨。两舷中甲板下装甲厚度330毫米，主甲板装甲厚度分别为101.6毫米和50.8毫米。它装有8门381毫米主炮，12门150毫米副炮，16门105毫米高炮和40门机关炮。此外，它还装有6具533毫米鱼雷发射管，4架水上飞机和两部弹射器。最高航速29节，舰员编制2,000人。

"俾斯麦"号充分体现了德国"巨舰大炮"主义，他们企图用它在大西洋上称霸。

和"俾斯麦"号同行的"欧根亲王"号是一艘重巡洋舰，它的命名是为了纪念18世纪原奥地利哈普斯堡王朝的一位将军。战时，有人说它的排水量为1万吨，实际上，它的排水量超过了1.4万吨。它装有8门203毫米主炮，12门104毫米副炮，12具533毫米鱼雷发射管，4架水上飞机和1部弹射器。最大航速32节。

1941年5月19日，"俾斯麦"号和"欧根亲王"号由两艘驱逐舰与几艘扫雷舰开道，悄悄驶出了格丁尼亚港。

吕特晏斯率舰队出波罗的海，穿过卡特加特海峡和斯卡格拉克海峡，然后转向沿挪威海岸北上。21日黎明，舰队溜进了卑尔根港东南的科尔斯峡湾。

同日，英国本土舰队新任司令约翰·托维海军上将收到海军部发来的电报说，英国特工人员发现一支德国舰队出海了。另有情报说，在格陵兰岛附近发现了德国侦察机。他立刻意识到，这些侦察机一定是为德国军舰探路的，军舰十有八九是想打入北大西洋。

他当即采取行动，加派"诺福克"号重巡洋舰前往丹麦海峡。同时，还派出侦察轰炸机直飞挪威海岸，去打探德舰行踪。

德国舰队隐藏在浓雾弥漫的科尔斯峡湾锚地内。一架英国飞机勇敢俯冲，钻出雾障，拍下了峡湾。几小时后，情报军官对放大的航空照片进行了判读：敌兵力为一艘"俾斯麦"级战列舰和一艘"希佩尔"级巡洋舰。分析是准确的，"希佩尔"号是"欧根亲王"号的姊妹舰。

办公室里，托维俯视着在他面前展开的一幅大海图，上面标出11支护航运输队的航线。他作出了决断：如果德舰躲进挪威峡湾，虎视北大西洋的护航运输队，现在必须抽出重兵，时刻监视其动向；如果德舰想突破封锁，闯向北大西洋，他就必须倾其全力，围歼强敌。

他派霍兰德海军中将任先遣队司令，率"胡德"号战列舰和"威尔士亲土"号战列舰前往丹麦海峡，支援"萨福克"号和"诺福克"号。

"胡德"号满载排水量4.21万吨，航速31节，装有8门381毫米主炮，可与"俾斯麦"号抗衡；"威尔斯亲王"号刚刚服役，它排水量3.8万吨，航速30节，装有10门356毫米主炮。另外，还有几艘驱逐舰跟随。

托维还派"阿里休斯"号、"伯明翰"号和"曼彻斯特"号3艘轻巡洋舰前去搜索法罗群岛和冰岛之间的水域；让"胜利"号和"反击"号脱离护航运输队，赶到斯卡帕湾和主力部队会合，以随时照应两支先遣部队。

5月22日，海上气候十分恶劣，乌云翻滚，碧海苍茫，水天浑然，能见度很差。英国海军仍然派出一架侦察机，对"俾斯麦"号跟踪侦察，冒着德国舰队高炮的猛烈反击，沿挪威西海岸尾随敌舰队，发现敌舰队驶出海湾，随后再也找不到目标，那架侦察机被击伤而坠入大海。

当晚，托维率领本土舰队驶出了斯卡帕湾。这时的兵力编成为："胜利"号航空母舰、"加拉蒂"号、"奥罗拉"号、"肯尼亚"号、"赫尔米厄尼"号巡洋舰和7艘驱逐舰。23日，待"反击"号战列巡洋舰和几艘驱逐舰入列后，他即率队加速西行，企图抢占冰岛和奥克尼群岛之间的中心位置，截杀德舰。

此时，吕特晏斯的舰队正在向西推进。23日晨，德舰跨过了北极圈，沿冰岛北线行驶。

傍晚，他的舰队进入丹麦海峡。大海上空黑沉沉的，风雨交加，冷风刮过，又卷起团团雪粒。

海峡最窄处宽约180海里，格陵兰岛一侧流冰拥塞，冰岛一侧布有水雷场。吕特晏斯率舰小心翼翼地向前行进。他不敢怠慢，通知"俾斯麦"号舰长林德曼和"欧根亲王"号舰长布林克曼，作好战斗准备。

"俾斯麦"号大炮转动，725公斤穿甲弹被推进炮膛。在战列舰的顶部，测距兵瞪着雪亮的眼睛。

22时15分，瞭望哨发现远处有一团模糊的影子。吕特晏斯当即命令主炮转向左舷，准备射击。

"开火！"他果断地下令。

"嗖！嗖！嗖！""俾斯麦"号上3颗重磅炸弹喷涌而出。

吕特晏斯举起望远镜，一动不动地死盯着远方的英国巡洋舰，他看到英舰的周围升起了一道道白色水柱。

突然，英舰舰尾窜起一团黑烟。吕特晏斯判断，敌舰可能忙着护航，不愿恋战。他走到驾驶台前告诉林德曼：这片水域没有重兵把手，战列舰应继续南下。

可是，他万万没有料到英国本土舰队已经倾巢出动，霍兰德海军中将正带领"胡德"号和"威尔士亲王"号，率先从左侧斜杀过来。

根据托维的命令，霍兰德准备前往丹麦海峡占取阵位。一收到"诺福克"号和"萨福克"号巡洋舰的电报，航海官就在海图上绘下了德舰的位置。他下令"胡德"号和"威尔士亲王"号加速至27节，取295度航向，直奔冰岛雷克雅未克西南300海里水域，打算在天亮前截住德舰。

↑ 英国"胡德"号战列舰。

5月24日，天刚刚放亮，英国"胡德"号重巡洋舰和"威尔士亲王"号战列舰，在冰岛与格陵兰之间水道与德国舰队突然相遇。"胡德"号警报大响，并向"威尔士亲王"号发出发现敌舰的灯光信号。"胡德"立即向敌舰开火，"俾斯麦"号也迅速还击，双方展开了激烈的炮战。

经验丰富的吕特晏斯断定"胡德"号是旗舰，就命令所有船只集中火力攻击"胡德"号。第一次齐射，就有两发炮弹命中"胡德"号，甲板上燃起大火。"胡德"号负伤后仍然追击敌舰，死死咬住，继续射击。

英舰队拥有8门381毫米炮和10门356毫米炮，火力上占有明显优势。但是，临战态势对德舰队有利。德舰由北向南，可用全舰火炮齐射；英舰由东向西，头对德舰，只能用首炮还击，这差不多减少了一半火力。战斗激烈异常，"胡德"号又调出首炮轰击"欧根亲王"号，结果使火力更加分散。

5时57分，霍兰德命令舰队转向，以便尾炮开火。这时，"俾斯麦"号进行了第二次齐

↓ "俾斯麦"号战列舰的一角。

射，一颗重磅穿甲弹再次击中"胡德"号，引起高炮弹药箱爆炸，甲板上顿时成了一片火海。"威尔士亲王"号赶紧转向，躲开了"胡德"号的航迹。

接着，"俾斯麦"号进行了第三次齐射。一颗炸弹竟撕开"胡德"号的厚装甲，穿透6层甲板，沿着没有防护的狭窄通道，一直落到炮塔底下的弹药舱里。300吨高爆炸药被引爆，顷刻间引起大爆炸，"胡德"号断成两截，瞬间沉入海底，1,421名官兵，除3人生还外，其余全都以身殉国，其中包括先遣舰队司令霍兰德海军中将。

"俾斯麦"号又转移炮口，重点又朝向"威尔士亲王"号。双方炮战打得天昏地暗。暴风雨般的攻击，使"威尔士亲王"号有些招架不住，幸好两发重型炮弹命中"俾斯麦"号，钻进它的油库爆炸，致使大量黑色的燃油流向大海。

"威尔士亲王"号也受了伤。一颗炮弹击中舰桥，舰桥内的人员非死即伤；一颗炸中了火控指挥室，将它的后壁戳了一个大洞。利奇舰长盲目还击，只有少数几次瞄准了目标。

6时13分，他下令施放烟幕，避开强大的对手，撤离了战场。

"俾斯麦"号且战且退，向西南而逃。吕特晏斯得意地立在舰桥上，命令手下军官立即向他报告军舰受伤情况。几分钟之后得到回音：中了两颗356毫米炮弹，一颗击中2号锅炉舱，一颗击中2号燃油库。

吕特晏斯将军点点头，命令手下立即抢修。

"俾斯麦"号占了便宜之后，指挥官心里又喜又惊，喜的是"俾斯麦"号战列舰不愧是德国王牌军舰，经得起打击，而且性能很好，火炮精良，几个回合就把"胡德"号敲掉了。但是，吕特晏斯马上眉头紧皱，他预料英国人不会善罢甘休，一定会动用最精锐的海上之师，来找"俾斯麦"号算账。在整体力量对比上德国的确不如英国，特别是德国没有航空母舰，空中没有保护伞，眼下唯一的办法，是赶紧逃到一个安全地方躲一阵再说。

可是哪里是安全地域呢？吕特晏斯想到两条：第一要逃到潜艇封锁线的背后去，英舰队来追击，会有水下潜艇抵挡一阵子；第二逃到德国陆上机场能保护的海域。他从海图上看了一阵子，最后决定朝圣纳泽尔方向航行。

7时30分，"俾斯麦"速度减至28节，恰好遇到海上风暴，海面上卷起的海天白浪，时而把战舰埋进浪谷，时而把它推向浪峰。经过几个小时折腾之后，机电部门向吕特晏斯报告：由于遭遇暴风雨，按现在的速度，恐怕到圣纳泽尔的油料不够，被打坏的2号燃油库的大洞，没有办法堵住了。

吕特晏斯一听，感到情况不妙。他想如果减速就甩不掉英舰的追踪，若继续以现在的速度航行又到不了圣纳泽尔港。他看了一会海图，决定改变航向，朝布勒斯特港而去，他认为去那里要比去圣纳泽尔港近120海里。

英国皇家海军铁了心，付出再大的代价也要围歼"俾斯麦"号。丘吉尔含着雪茄烟，日夜守在最高指挥部，几乎每一个小时他都要海军作战指挥部向他报告一次情况。两艘尾随的巡洋舰不断报来"俾斯麦"号的行踪，英国海上几支舰队拉开了一张巨网，从四面八方朝"俾斯麦"号围拢过来。

托维坐镇"乔治五世亲王"号，从东北方向，朝"俾斯麦"号追击，大约离德舰队150海里，他率领的舰队有一艘战列巡洋舰、一艘"胜利"号航空母舰、4艘轻巡洋舰，还有10艘驱逐舰。

在"俾斯麦"号独自东进的时候，托维海军上将连续收到了"诺福克"号和"萨福克"号拍来的报告。一张巨网在收缩。

"俾斯麦"号的东面也有一支英舰队，它以一艘战列舰为主；北面有一支舰队，由3艘巡洋舰组成；南面也有一支舰队，由两艘巡洋舰、两艘战列舰组成；西面还有一艘战列舰。此外还有一支强大的舰队，它以"皇家方舟"号航母为核心，由数艘战列舰、巡洋舰和驱逐舰组成，也奉命从直布罗陀北上。当时，实际上已经形成了包围圈，"俾斯麦"号无论朝哪个方向逃窜，都难逃英舰队的攻击。

为了使德舰减速，让它进入英舰大炮的射程，托维命令几艘巡洋舰掩护"胜利"号加速先行。

22时10分，"胜利"号距"俾斯麦"号大约120海里。这一海域日照时间长，视线很好。"胜利"号舰长命令几架飞机出击。

"胜利"号转向迎风行驶，在几架管鼻燕式战斗机的掩护下，9架箭鱼式鱼雷攻击机顶着疾风冒雨起飞。

23时27分，机群透过云层，终于发现了"俾斯麦"号。英机试图穿过云层直冲下来，但翻滚的阴云忽开忽合，笼罩着"俾斯麦"号。英机几次进入，又拉了出来。

经过几分钟的试探，英机群冒着敌舰的炮火，降低高度，冲进火网，在离目标只有半海里时，投下了鱼雷。这两架飞机投雷时被敌舰的炮弹命中，坠海身亡。但是另一架箭鱼式鱼雷攻击机，又独自向"俾斯麦"号右舷方向发起攻击，两枚鱼雷朝向黑乎乎的庞然大物，在波涛中一跃一伏地前进，突然轰隆一声巨响，一枚鱼雷命中"俾斯麦"右舷腰部。

天渐渐黑了，英机群已经无法实施攻击，只好返航回到"胜利"号航母上。

对一般战舰来说，只要中了一枚鱼雷，情况就会很糟。可是"俾斯麦"号王牌战列舰，防护装甲力惊人，其舷外有防鱼雷装置，因此，一枚鱼雷在其右舷腰部爆炸后只是伤其皮毛，撕破一点皮。

不过，吕特晏斯还是感到处境不妙。箭鱼式的攻击表明，托维的本土舰队就在附近水域，而"俾斯麦"号燃油短缺，又受到创伤，不能高速行驶。只要甩掉敌舰，就什么都好办了。

突然，他想起自从击沉"胡德"号后，"俾斯麦"号就收到了"诺福克"号和"萨福克"号的雷达回波。由于他们害怕遭到潜艇伏击，走的是Z字航线。当它们处在Z字的两端时，"俾斯麦"号上的雷达回波就消失了，何不用这种方法对付英舰呢！

25日3时6分，雷达屏幕上只出现了"萨福克"号的回波。"萨福克"号刚驶到转折点，吕特晏斯突然下令右舵，让"俾斯麦"号也走Z字航线，然后向东航行。

"萨福克"号和"诺福克"号的雷达荧光屏上突然一片空白。舰长们慌忙向托维报告。托维具有丰富的航海经验，他判断德舰可能突然改变航向，造成雷达跟踪不上。于是，他命令各部队全力搜索，力求尽快重新捕捉到"俾斯麦"号。

其实，"萨福克"号和"诺福克"号右舵，离开原航线，向西南搜索，结果和"俾斯麦"号背道而驰。托维也率舰一直向南追赶，到8时，"乔治五世亲王"号向南行进了100海里，但仍不见敌舰踪影。

26日上午10时，一架英国远程轰炸机发来电讯，"俾斯麦"号正向布勒斯特港疾驶。不幸的是，这架跟踪的轰炸机，被"俾斯麦"号防空炮火击落，跟踪再度中断。但英国统帅部已经判明"俾斯麦"号在逃的方向，时间已经不多，德舰再前进600公里，就进入德国机群保护圈。英军必须在有限时间内追上敌舰，将其击沉在德机作战半径之外，这样制空权才能掌握在英国舰队的手中。英统帅部下了死命令，一定要斩断敌舰逃路，不惜代价歼灭"俾斯麦"号。

这时，"皇家方舟"号航母离"俾斯麦"号的距离最近，它高速追赶，几架鱼雷攻击机起飞，很快找到了那条油污的航迹，发现了"俾斯麦"号。此时德舰还未进入德机群保护圈，它全速前进，妄图逃进保护圈。英一艘巡洋舰逼近"俾斯麦"号，并不断向统帅部报告方位。

傍晚7时，15架箭鱼式鱼雷攻击机从"皇家方舟"号上起飞，从不同方向，攻击"俾斯麦"号，试图阻挡它的航路减慢它的航速。

英军飞机与"俾斯麦"号的战斗打响了。箭鱼式攻击机钻出云层，冒着炽烈的炮火，从两舷同时猛攻。

"俾斯麦"号上炮声震耳欲聋。小口径机关炮、104毫米高炮劈劈啪啪。战列舰忽左忽右，规避着英机投下的一条条鱼雷。

吕特晏斯站在舰桥内，观看炮手和英机较量。在"俾斯麦"号右舷前方半海里处，一架飞机中弹起火，一架负伤逃跑，另外两架钻进了云层，在高空盘旋。当它们穿云而下，再次冲向巨舰时，结果又遭到炮手迎头痛击，一架转向飞走，一架冒着浓烟坠海。

飞机从空中消失了，炮手也停止了射击。忽然，吕特晏斯又听到了轰鸣声，几架飞机一拥而上，勇猛地逼近了"俾斯麦"号。

吕特晏斯见状，急令"俾斯麦"号大转弯，但为时已晚，一枚鱼雷击中舰尾。

"俾斯麦"号舰体剧烈震动了一下，紧接着，战舰像迷途的羔羊，偏离了原航向。半小时后，机电部门长报告了伤势：左螺旋桨被炸坏，碎片卡住了舵机，舵舱大进水。

这一枚鱼雷给了"俾斯麦"号致命的一击，使它操纵方向失灵，完全失去航速。

夜间的轮番袭击开始了，成千上万的炮弹，从四面八方飞向德舰。

↑中弹起火的"俾斯麦"号。

英国战列舰，用大型穿甲弹靠近德舰射击，想要在其水线下的舰体上钻眼，以加速它的沉没。而驱逐舰则冲到它的跟前施放鱼雷，以迫使其停止射击而投降。

此时，"俾斯麦"号离布勒斯特港只有640公里，它只要向前航行200公里，就能逃脱致命的打击，但此时它已经无能为力。吕特晏斯失去了逃往法国海岸的一切希望。当夜，他以"莱茵演习"舰队司令的名义，向柏林拍发了诀别电：我舰无法操纵，已被"声望"号诸舰包围……我们将战至最后一弹。

德国统帅部对此感到万分惊慌，紧急调动潜艇和远程轰炸机前去援救，然而距离太远，难解燃眉之急。"俾斯麦"号终于要受到上帝的惩罚了，它覆灭的日子已经不远。

27日，天刚大亮，最后围歼"俾斯麦"号的战斗就打响了。英国两艘战列舰用巨炮射击，炮声震天动海，好像要撕裂天空，震碎海底。"俾斯麦"号仍垂死挣扎，尽管舰上主炮仍在顽抗射击，但此时英方舰队已占绝对优势。

炮战半小时之后，"俾斯麦"号上主炮终于变哑，从舰尾到舰首，从甲板到驾驶台，百孔千疮，浓烟滚滚，整个舰体开始向左倾斜。

吕特晏斯和林德曼伫立在舰桥内，两人眼窝深凹，神情沮丧，对全速追来的英国舰队，一筹莫展。但他们仍要求官兵们顽强抵抗，部分炮火还击。

突然，英一艘驱逐舰冲到"俾斯麦"号的翘首底下，在炮火的死区朝它施放鱼雷，并把所有炮弹倾泻到"俾斯麦"号的舰翘上。

10时15分，"俾斯麦"号舰上的大炮全部变哑，舰桅断落，大火浓烟吞噬着舰体。

10时25分，"多塞特郡"号巡洋舰从东驶来，朝它的右舷连射了两枚鱼雷，然后绕到左舷，再射了一条鱼雷。主甲板上，数百名舰员四处逃窜，纷纷跳海。"俾斯麦"号开始下沉。

10时40分，超级战列舰"俾斯麦"号一个鲤鱼翻身，希特勒的"王牌"军舰终于卷入了北大西洋冰冷的波涛。

6月1日深夜，"欧根亲王"号重巡洋舰在海上晃荡了几天之后，提心吊胆地驶进了布勒斯特。"莱茵演习"最后以纳粹惨败而告终。

第5章
CHAPTER FIVE

硝烟席卷美洲

★鉴于新斯科舍半岛——纽芬兰海区的潜艇战效果不佳,邓尼茨将其他满载燃料的中型潜艇从比斯开湾派往哈利法克斯以南海域。这些潜艇沿美国东海岸一路扫荡下去,一直推进到纽约和哈特腊斯角附近海域。

★入夜,驱逐舰发现了两艘形迹可疑的船只,舰长们又以为这是两艘伪装成商船的德国潜艇,好在有了白天的教训,美国海军的驱逐舰不敢轻易开火,待驶近一看,不禁暗暗吃惊,原来这是两艘脱离了主航道航行的同盟国的商船。

No.1 开战，美国与德国

1941年12月7日，日本偷袭珍珠港。

12月11日，美国和德国几乎同时宣布：两国进入交战状态。

法国洛里昂。德国海军潜艇部队指挥部。

邓尼茨坐在宽大的办公桌前，正仔细地认真地看着一份由雷德尔海军元帅签署的电报，电文是："日本盟国对美国宣战，元首命令取消所有限制潜艇打击美国和泛美安全区内舰船的决定。"

德国潜艇部队在大西洋进行潜艇战已经一年多了，尽管由于希特勒战前忽视潜艇部队的建设，德国潜艇部队的能战潜艇数量大大低于邓尼茨的期望值，但是邓尼茨采取了灵活机动的潜艇战法，还是给英国的大西洋运输线造成了严重的破坏，这是邓尼茨感到欣慰的得意之举。令他感到不安的是，由于英国在大西洋采取了较为严密的护航体制，近几个月来，潜艇战战绩持续下降，邓尼茨意识到该是必须选择新的"幸运之海"的时候了。

12月16日至25日，德国的5艘潜艇告别了比斯开湾，怀着邓尼茨对他们从未有过的信赖和希望，充满着战斗激情，向着遥远的"处女海"，缓缓地驶去……

1942年1月13日夜，邓尼茨的5艘潜艇安全进入美国东部沿海。艇长们从潜望镜看去，美国东部沿海几乎是一片和平景象。迟钝的美国人尚未从日本人的袭击中完全清醒过来，更料不到德国的潜水艇已经像久久没有觅到食物的饿狼一般闯入了羊圈里。

白天，德国潜艇在距离商船航道几海里处下潜到50～150米的深度。黄昏时，它们又将潜艇抵近海岸，乘黑夜上浮到水面，在川流不息的商船之间穿梭往返进行袭击。

1月18日夜，天空阴云密布，空气显得有点沉闷，海面上弥漫着刺鼻的海腥味。北卡罗来纳州的哈特勒斯角附近，商船仍像往常一样，在航道上穿梭往来。

突然，在航道外侧不远处，海面下缓缓地跃出一个黑色的怪物，隐隐可见上面涂着"U－123"的标记。这是一艘由哈德尔根上尉率领的德国潜艇，它正像幽灵一般，在黑色的海面上，悄然窥视着猎物。

不久，哈德尔根艇长从望远镜里看到一艘悬挂美国国旗的万吨级货轮，亮着灯慢慢地移来，他当即指挥潜艇悄悄地迎了过去。艇首吐出一枚鱼雷，像利箭般扑向货船，顷刻间，随着"轰"的一声巨响，货船渐渐地沉入海底。很快，这里又恢复了夜的平静。

随后的几个小时里，尽管先后有3艘商船在潜艇的鱼雷攻击距离外通过，后面不过只跟着1艘小小的岸防巡逻艇，但哈德尔根觉得目标吨位太小，不值得用宝贵的鱼雷去攻击。他在寻找更有价值的目标。

接着，他发现进出港湾的商船航道都用灯光浮标作了明显的标记，所有商船都在浮标左侧行驶。发现这一秘密，真令哈德尔根高兴不已。机不可失，他的潜艇沿着浮标线前进，进入了商船的锚地。立刻，他发现了更多的目标。哈德尔根感到美国船只就像一群束缚在羊圈中的无助的羔羊，可以随意宰割，这远远超过了他最丰富的想像力。

哈德尔根简直忙不过来了，他又击沉了一艘货船。当他看到有5艘商船灯火辉煌，正排成一列从后面开来，领头的是一艘8,000吨的油船。他立即命令艇员，用甲板上的火炮向油船射击。猛烈的炮弹击中目标，引起了冲天大火，火光辉映下的德国潜艇，更显得狰狞万分。哈德尔根又用鱼雷击沉了另外几艘货船。

当U－123潜艇撤离这一海区后，只留下一片爆炸声与哭嚎声以及血与火交织的地狱般惨烈的世界……

与此同时，邓尼茨的潜艇中队指挥部又收到了在美国东海岸其他海域活动的潜艇艇长们告捷的电报。

正如邓尼茨所预料的那样，派往加拿大沿海新斯科舍半岛——纽芬兰海区作战的ⅦC（517吨）潜艇，却遇到了前所未有的困难。邓尼茨在使用潜艇兵力方面是十分审慎的，他对ⅦC潜艇的作战能力曾进行了精细的计算。认为活动半径较小的这种中型潜艇，其续航力不足以维系离美国东海岸更远的南部和西部海区的作战行动，但适宜于在新斯科舍半岛附近的航运区作战，而且剩余的燃料足够它在那里停留较长时间，甚至可在必要时采用高航速作战。

天公不作美。新斯科舍半岛——纽芬兰海区的天气异常恶劣，雾、大雪、风浪和寒冷严重影响了潜艇的作战活动，致使鱼雷难以命中目标甚至操作失灵。

鉴于新斯科舍半岛——纽芬兰海区的潜艇战效果不佳，邓尼茨将其他满载燃料的中型潜艇从比斯开湾派往哈利法克斯以南海域。这些潜艇沿美国东海岸一路扫荡下去，一直推进到纽约和哈特腊斯角附近海域。

德国人总是千方百计地延长潜艇的活动半径。中型潜艇在以往对付英国护航运输队作战时，需要经常保持高速运动。因而，那时节省燃料并非它们的行动准则。但现在在美国海域作战就不得不考虑燃料问题给潜艇远洋作战带来的影响。邓尼茨的艇长们纷纷拿出了自己的看家本领，因为遥远的美国海区让他们神往，他们迫切需要到那里去。

在大洋上航行时，机电长们试用各种方法，按各种速度，以尽一切可能节省燃料，就是一点一滴也好。当顶着西袭的风暴航行时，艇长命令下潜，潜艇在水中不仅没有减速，反而节省了燃料。艇员们也想尽办法，依靠自己克服困难。德国潜艇的舱室在正常情况下就比其他国家的潜艇拥挤。如今，艇员们放弃仅有的一点"舒适"空间，把舱室装得满满的，就连床铺也堆满食品箱，部分淡水柜也装满了燃料。从艇首舱至艇尾舱，到处都拥挤不堪，连个坐的地方也没有，艇员只能在狭缝中生存。

德国潜艇在美国东海岸仍然疯狂地施虐着，潜艇艇长们的胆子越来越大，他们已不满足于夜晚的攻击，即使是白天，他们也敢攻击商船，甚至披着阳光在水面状态进行攻击。

当德国潜艇在美国东海岸大肆进行活动的同时，邓尼茨又把触角伸向了更为遥远的加勒比海。

在邓尼茨看来，加勒比海有两个防御特别薄弱的地方。一个是荷属库拉索岛和阿鲁巴岛附近地区，这两个岛每日出产汽油6,000多万加仑和各种石油产品；另一个是特立尼达岛附近地区，大批从南美北行或去南美的商船均经过此处，全部运输铁矾土的货船也经过此岛航行。于是，他把5艘大型潜艇派往这些地区。德国潜艇在加勒比海击沉了大量的油船。一时间加勒比海成了海员们谈虎色变的死亡之海。

No.2 针锋相对

德国潜艇在美国东海岸的肆意破坏活动极大地刺激了美国国会议员们脆弱的神经。他们意识到美国的海军已非昔日和平的乐园，"狼烟"遍布，哪里还能寻到一片净土。于是，这些权贵们纷纷改变初衷，由罗斯福的反对者，转成为拥护发展美国海军，支持对轴心国作战的坚定的"斗士"。

在大西洋方向，英国盟友们仍举步维艰，正迫切希望美国人能伸出"救世"之手，早日将不列颠帝国从邓尼茨的"狼群"威胁中解救出来……一边是受到日本严重侵害的美国远东利益，一边是美国传统利益的要害所在——欧洲。但美国有限的兵力不允许将兵力平分用于两个战略方向。

为此，美海军总司令金把很大的精力投入了对付德国潜艇的斗争中。为了有效地保卫美国近岸的交通运输线，他进行了一系列不懈的探索。

美国海军东海疆区司令阿道法斯·安德鲁斯，是一位美国海军中声望很高的老资格将军。他是罗斯福总统的老朋友，同时也是海军上将金的老同学。一位职权很大的倔强老头。假如他扣留了某一艘军舰，这艘军舰也就归他管辖，而不再属于大西洋舰队了，只有海军总司令金上将才能将这艘军舰要回去。

在金的授意下，安德鲁斯中将在他的阵区内组织了一次旨在检验驱逐舰防潜巡逻能力

的作战行动。

1942年4月1日20时，美国海军东海疆区的两艘驱逐舰"汉布雷顿"号和"埃蒙斯"号由纽约港出发向南航行，在离商船航线1～2海里的两侧海域进行纵向的反潜搜索。

4月2日中午，在距两艘驱逐舰前方数海里处航行的挪威商船，发出了发现两艘潜艇的求援信号。"汉布雷顿"号和"埃蒙斯"号的两位舰长，当即命令加速前进。

不料，当驱逐舰距离商船只有数百码时却遭到了挪威商船的炮击，炮弹不时从驱逐舰上空掠过，有的炮弹则落在舰舷两侧的海内，引起了冲天水柱。

驱逐舰的舰长吓了一身冷汗，经过反复无线电呼叫，才结束了这场"闹剧"。原来，挪威商船的船长，早已被德国潜艇搞得风声鹤唳、草木皆兵，错把美国的驱逐舰当成了德国的潜艇。

入夜，驱逐舰发现了两艘形迹可疑的船只，舰长们又以为这是两艘伪装成商船的德国潜艇，好在有了白天的教训，美国海军的驱逐舰不敢轻易开火，待驶近一看，不禁暗暗吃惊，原来这是两艘脱离了主航道航行的同盟国的商船。

不久，"汉布雷顿"号和"埃蒙斯"号驱逐舰又接到一艘美国油船发来的发现德国潜艇的报告，驱逐舰加足马力赶了过去，但也没有发现德国潜艇的踪迹。随后几天的航行中，驱逐舰在温布耳浅滩和卢奥特角地区，又接到一些商船发来的发现潜艇的通报，但经紧张的反潜搜索后，结果却是一无所获。

4月5日凌晨，"汉布雷顿"号和"埃蒙斯"号又收到了"比德韦耳"号商船遭受鱼雷攻击的通报，两艘驱逐舰立刻驶往出事海域，尽管日出前一直在这个地区巡逻，但仍没有和潜艇发生声呐接触……

如果说，安德鲁斯中将的驱逐舰巡逻试验带给海军上将金的不过是一种失败的经历，那么美国海军组织的检验大西洋的护航运输队却无疑是成功的。这些从正反两个方面留给海军上将金更多的回味与深刻的思索。

在金的努力和罗斯福总统的亲自干预下，美国海军东海疆区于4月18日正式公布了在整个美国东海岸实施灯火管制的命令，陆军东海岸防御指挥部负责岸上强制性地实施。从而避免了更大的无谓牺牲。

几个月来的反潜斗争实践使金清楚地看到一个事实："反潜作战如同捕捞巨大的水母一样，极力想用两只手抓住它是徒劳无益的，如果四面围攻就能获得一定的成果。"而要想有效地对付潜艇，没有航空兵是不行的。

长期以来，美国陆军几乎控制了美国所有的陆基军用飞机，但却从未考虑过执行反潜任务的必要性。美国飞行员们没受过海上飞行、保护航运以及对诸如潜艇之类的小面积目标进行轰炸的训练。

这并不是因为没有远见，而是历史的产物，更是人们囿于历史陈规的必然。美国1920年颁布的军事拨款法，规定陆军管制陆空军，海军管制海空军。因而，所有的美国军用陆基飞机，除近程侦察飞机外，都为陆军所控制，而海军得到的只是水上飞机。当英国人的经验业已证明航空兵反潜的重要性时，美国人仍我行我素，德国潜艇却在大西洋沿岸给美国人带来了最惨重的损失。

1942年3月，海军中将安德鲁斯的报告宣称：除驻在诺福克的一个中队"卡塔林纳"式水上飞机以外，美国东海疆区没有其他飞机能够担任近海的经常巡逻和保护商船航运的任务。海军航空兵飞机，大都是一些不大的"OSZU－3"型和"SOC－3A"式单发动机飞

↓沉沉暮色中，缓缓前行的美军舰队。

机，这样的飞机载弹在空中飞行不超过3小时。为保障反潜防御，迫切需要四发动机的岸基重型轰炸机。

为此，海军上将金不得不向马歇尔请求支援。马歇尔将军对老朋友的请求大开"绿灯"，提供了一切可能的支援，并特别颁布了一项指示，规定"东海岸防御指挥部指派参加海上战斗活动，保护航运和对潜防御的全部陆空军，在作战关系上隶属于美国东海疆区司令海军中将安德鲁斯指挥。"

这样，能够担负美国东海疆区对潜防御的飞机已达300余架，其中海军航空兵的飞机由以往的80余架，增至近100架。海军上将金估计，为了保卫美国东海岸、墨西哥湾和加勒比海，至少需要500架装有雷达的中型和重型轰炸机。他知道，为了胜利地同德国的潜艇进行斗争，需要渊博的学术，丰富的经验，充沛的精神力量和大量的经费开支。他还要学会在战斗中等待。不管怎样，他毕竟已将战争初期的混乱局面扭转过来，他要用飞机和军舰，去对付那些疯狂的潜艇。

一场激烈的空潜战即将拉开帷幕。

1942年3月1日，纽芬兰海域。美国东海疆区、"YP-82"航空中队的威廉·提普尼中尉驾驶一架"洛克希德·赫德逊"式飞机，正在作例行的侦察、巡逻飞行。

不久，在雷斯角附近的海面发现了从水下刚刚冒上来的德国U-156号潜艇。提普尼中尉一面用无线电向上级报告敌情，一面操纵飞机迅速抢占了有利的攻击阵位。

接着，提普尼使用深水炸弹开始攻击德国的潜艇。随着"轰隆隆"的爆炸声，一股股海浪将潜艇掀起，随即潜艇又落入一片浓浓的水雾之中。

提普尼把飞机拉起后，不待德国潜艇有片刻的喘气功夫，又操纵飞机再次进入攻击阵位，向潜艇进行猛烈射击。

不料，狡猾的敌人负隅顽抗，潜艇上的德国水兵用甲板的火炮进行抗击。提普尼中尉只听到近距离一声巨响，接着飞机开始剧烈抖动起来。原来，潜艇发射的炮弹击中了"赫德逊"式飞机的一个副油箱，引起了一阵黑色浓烟，呛得提普尼喘不过气来，副翼也无法操纵了。

见此情景，提普尼中尉不敢恋战，慌忙调整飞机姿态，退出了战斗。

提普尼中尉的这番攻击，虽然没有直接命中德国潜艇，但已使德国艇长吓出了一身冷汗。正当他暗自庆幸，准备操纵潜艇下潜之时，提普尼中尉的紧急报告和攻潜赢得的宝贵时间终于起了作用。在附近海区巡逻的两架美国海军的飞机几乎同时赶来了。

格林中尉的飞机率先开始攻击。格林大胆地将飞机下滑至距水面约9米高度时，紧靠着德国潜艇艇首投下了深水炸弹。他是一名飞行技能娴熟，大胆而果断的飞行员，用他的话说，这叫做"骑在敌人头上拉屎"。

德国潜艇拼命地回击，密集的弹雨将格林中尉的飞机打得千疮百孔，炮塔被打坏，信号弹舱也燃起了大火，带着硫磺气味的浓烟呛得格林睁不开双眼，他不得不拼命拉起飞机，向着海岸飞去。

格林中尉的勇敢精神激励着罗斯中尉，他驾驶着另一架飞机，又向德国潜艇投下了一串串复仇的炸弹。

德国潜艇艇长这一次是真的害怕了。以往和美国人交手，美国人总是"适可而止"地吓唬一下子就跑了，而这次碰上的天敌却好像不共戴天，一个个玩命儿似地咬住自己不放，全然不顾飞机被击中爆炸的危险，看来再也不能低估美国人的勇敢和力量了。

然而，一切已难以挽回，罗斯中尉击中了德国潜艇，潜艇已不能下潜，但是仍在抵抗，大有鱼死网破的架势。从开始攻击到此时已经过去了20分钟，罗斯中尉的飞机也受了伤，不得不驾机离开恋恋不舍的"狩猎场"。

战斗中断了一小时以后，梅森上尉驾驶一架"赫德逊"式飞机飞来，看着摇摇欲坠的德国潜艇，他不顾敌人的炮火，准确投下了深水炸弹。对于已受伤的U－156潜艇来说，这是最不堪忍受的致命一击。不久，这条曾在美洲海岸骄纵一时的德国潜艇，带着它的艇员们，带着深深的创痛和无奈，缓缓地沉浸在这片冰冷的海域。

此役，尽管美国东海疆区的海军航空兵也损坏了3架飞机，但毕竟，这是美国海军在美洲海岸第一次击沉德国潜艇。不仅为以后的空潜战提供了宝贵的经验，更重要的是，它大大鼓舞了美国海军反潜战的士气，增强了打击德国潜艇的信心。

第一艘击沉德国潜艇的美国军舰是"罗珀"号驱逐舰。

4月13日夜，当"罗珀"号这艘老式驱逐舰在诺福克海军基地外侧海域，以18节航速进行巡逻警戒时，舰长霍斯少校接到舰上观察部门报告："距我舰2,469米，发现潜艇。"舰长一面命令将舰速加快至20节，一面命令各部门作好攻潜作战准备。

一时间，舰上铃声大振，水兵们飞快地跑上各自的战位，雷达紧紧地套住了潜艇，深水炸弹也作好了发射的准备……

当驱逐舰距目标约700码（640米）时，德国潜艇发射鱼雷进行抗击，只见鱼雷带着与海水碰击所发出的"哩唆"声向驱逐舰逼近，霍斯舰长指挥军舰进行了紧急规避。

好险！鱼雷几乎紧擦着舰舷蹿了过去。

驱逐舰距德国潜艇约274米时，霍斯舰长命令，用探照灯照射目标。顿时，一道令人炫目的光束罩在德国潜艇上，"罗珀"号上的水兵们在探照灯的照射下已能非常清楚地看清目标，就连潜艇艇首附近的"U－85"字样也清晰可辨。

说时迟，那时快，"罗珀"号驱逐舰的火炮和机枪一齐向敌潜艇打去，在德国潜艇正准备紧急下潜的时候，一串炮弹击中潜艇的水线部分。接着，驱逐舰用深水炸弹进行了攻击。

第二天，发现了被击沉的U－85潜艇，海面上漂浮着29具德军死尸。

在以后的多次战斗中，美国海军又先后击沉了数艘德国潜艇。尤为一提的是，击沉德国王牌潜艇U－701潜艇的战斗。

5月20日，U－701号潜艇从法国洛里昂出发，带着邓尼茨的亲笔命令驶向美国东海岸。

↓德军潜艇全速撤离战场。

这是一条500吨级的潜艇，舱内装满了水雷，邓尼茨交给艇长施月贝格上尉的手令，是让他们到美洲海岸布雷。

5月12日，U—701潜艇抵达美洲海岸。按计划，潜艇利用暗夜，在切萨皮克湾入口处布下了由15颗水雷组成的雷阵。

该雷阵严重破坏了进出诺福克港的航运，直到有一艘油船触雷沉没后，美国海军才发现了这一雷阵。一时间，以往运输繁忙的诺福克港被迫中断使用，往来的商船也避而远之。尽管如此，在扫除这一雷阵之前，美国仍有一艘油船、一艘运煤驳船和一艘武装拖网渔船触雷沉没，美国海军的"班希里奇"号驱逐舰和一艘油船触雷受损。

6月16日，U—701潜艇在离卢克奥特角以南15海里处，向一艘向南行驶的商船发射了两枚鱼雷，幸而并未击中。

紧接着，在随后的四天里，U—701潜艇又成功地避开了一艘海岸警卫队的警戒舰的攻击。由于海岸警卫队的水兵们训练水平很低，缺乏反潜经验，更缺乏反潜作战的坚定毅力。当警戒舰发现德国潜艇时不是抵近攻击，而是距离很远时，就开始漫无边际地胡乱使用深水炸弹攻潜，致使U—701潜艇得以顺利逃脱了一次惩罚。

6月19日拂晓，诡秘的U—701潜艇又在哈特勒斯角地区悄然上浮，直接靠向毫无戒备的美国海岸警卫队的一艘"YP—389"号巡逻船。

德国潜艇在近距离内，用火炮和机枪进行攻击。巡逻船进行了反击，不幸的是，船上70毫米火炮发生故障不能射击，投下的深水炸弹也因水浅而没有爆炸，巡逻船只能被动挨打，结果，被击沉的巡逻船成了"恶狼"的又一个牺牲品。

在以后的一周内，U—701潜艇发现了两个护航运输队，它用鱼雷攻击了队中的一艘英国油船。护航运输队的警戒舰使用深水炸弹进行了驱赶，潜艇受了轻伤，但又一次逃脱了死亡的命运。

6月28日中午，U—701潜艇又攻击了有两艘海岸警备艇和3架飞机掩护的万吨级"威廉·洛克菲勒"号油船，油船受了重伤。尽管整个反潜警戒舰群和飞机对潜艇进行了反击，但由于缺乏必要的反潜装备，效果很差。就在当日夜里，尝到甜头的U—701潜艇，又悄悄上浮到水面，对飘泊在海面等待救援的"威廉·洛克菲勒"号油船进行了致命攻击，击沉了这艘巨轮。

U—701潜艇像一个幽灵，困扰着这一地区，它又像一只狡猾的恶狼，随时准备乘人不备、扑击无助的"羔羊"。然而，恶有恶报。

7月7日中午，美国海军航空兵哈里·凯恩驾驶一架"洛克希德·赫德逊"式飞机，在北卡罗来纳州彻里角地区进行日常反潜巡逻时，意外地发现离蒙德浅滩30海里处有一艘潜艇。

不待德国潜艇下沉，凯恩少尉低空投下3个深水炸弹，当即潜艇被炸沉。

这就是那艘德国海军的U—701舰艇。当潜艇沉入水中14～18米时，艇长匆忙下令弃艇逃生。有18名艇员逃出潜艇，其中11名离艇后被汹涌的海浪吞没，剩下的7人，顺着墨西哥湾海流向北飘流50多个小时后，被美国海军的飞艇发现，给他们投下一个橡皮船和一包食品，不久，美国海岸警卫队的船只将他们全部捕获。

第6章
CHAPTER SIX
北极线上的搏杀

★从这一天的午后至深夜，德国潜艇一直疯狂地追逐、攻击这支船队。商船队的护卫舰只也不示弱，一旦发现潜艇踪迹便穷追不舍。终于，护卫舰"黛安萨斯"号咬上了潜艇U－379号，并用深水炸弹将其击伤，逼它浮上水面，然后将它击沉。

★暴风雨突然袭来，迫使他们在怒吼的波涛中折腾了好几天。燃料不够，没有动力使潜艇垂直浮出海面，二次电池也无法充电，潜艇舱里既不能照明更不能烹调食物。艇上乘员已被风暴、饥饿折磨得头昏眼花了。

No.1 警报，前方"黑洞"

1942年5月11日，德国代号"梭子鱼"的潜艇群尚未完全组织好，欣施海军中尉率领的U－569号潜艇在驶往预定的巡逻幕阵位的途中，于大环形航线海区发现了一支向西南航行的英国护航运输队。闻此情况，邓尼茨感到预定的巡逻和侦察幕已不需要了，当即命令就近的另外5艘潜艇发起攻击。

第一天夜里，"梭子鱼"潜艇群击沉了7艘船只，接着几天，因天气恶劣，能见度差，只能偶尔辨认出英国护航运输队。为了尽量准确地重新捕捉护航运输队，邓尼茨命令"梭子鱼"潜艇群组成一个侦察幕，但由于一艘德国潜艇掉了队，造成了一个空隙，护航运输队悄悄地从中溜掉了。

5月下旬，"梭子鱼"潜艇群在纽芬兰以南600海里补充油料后，鉴于美国海区潜艇战效果不佳，邓尼茨又命令"梭子鱼"潜艇群折返向东，继续在英国运输队可能的航线上寻歼舰船。它们接连发现了三支向西航行的英国运输队，击沉了其中的5艘船只。

与此同时，德国潜艇在直布罗陀至弗里敦航线上又先后攻击英国护航运输队，取得了一系列成果。

所有这一切，似乎都证明了邓尼茨的推断，即英国的护航运输队正在利用大环形航线取捷径航行，而潜艇攻击护航运输队的前景也是相当乐观的。

根据这些作战经验，结合美洲海区潜艇战的形势，邓尼茨毫不犹豫地得出这样的结论：在美国沿岸的任何潜艇战已不再有利可图。

7月19日，邓尼茨发布命令，把潜艇战的重点再次转移到北大西洋海上运输队的航线上。

7月份的最后一周，一个潜艇集团试图攻击被发现的两个船队，但均告失败。究其原因，是因为准备攻击时遇到暴风雨，之后又碰到持续多雾的恶劣天气。

这件事过去没多久，U－593潜艇又发现了从加拿大出发向东航行的SC－94船队。U－593号一直跟踪到8月5日，这时，获知情报后从附近海域赶来的其他U艇也靠拢了过来。

这支船队的护艇兵力是：1艘驱逐舰、6艘高速护卫舰。在"狼群"发起攻击前，海面上弥漫起浓雾，有几艘商船渐渐远离了船队，驱逐舰赶忙奔向前去召回这几艘离队的商船。趁着驱逐舰离开的机会，"狼群"大肆向船队发动攻击。商船"斯巴"号被炮火击中燃起大火。这段期间，大雾始终掩护着潜艇，让护航舰队无可奈何。

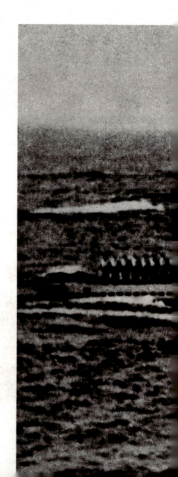

6日的午后，大雾突然间消失了。U-210号艇长雷姆凯少校上浮到便于观察的海面。这时，驱逐舰"阿西尼波音"号和高速护卫舰"黛安萨斯"号一起猛扑过来。

U-210号见势不妙，立即迅速下潜。就在这时，一串深水炸弹砸了下来，U-210号受到重创，再也无法下潜。雷姆凯少校只好任潜艇浮在水面，启动德塞尔发动机试图尽快逃离现场。

还没跑出多远，9公里之外的驱逐舰"阿西尼波音"紧紧地追了过来。很快，双方都进入了彼此的火炮射程之内。

一发炮弹命中了U-210号的指挥塔。U-210号潜艇也不甘示弱，用大炮顽强还击，将驱逐舰击中起火，使该舰1人死亡，13人受伤。

这时，驱逐舰和潜艇已很接近，火炮再也发挥不了威力。驱逐舰便摆头向潜艇冲去，试图依靠其坚硬的外壳和吨位上的优势将潜艇撞沉。雷姆凯少校赶忙闪开，潜艇紧贴着驱逐舰的右舷躲了过去。

接着，雷姆凯少校试图挣脱险境，但均告失败。潜艇终于被急速回转的驱逐舰撞着。从潜艇旁斜冲过去时，驱逐舰又从舰尾投下一串深水炸弹，使本已遭重创的U-210号更是伤

↓ 穿梭于大海上的德国潜艇编队。

痕累累。雷姆凯少校和乘员们不得不放弃潜艇，任它挣扎着葬入波涛之中。

U-210号上的幸存者被随后赶来的盟军护卫舰"黛安萨斯"号救起。而"阿西尼波音"号也受了重创，不得不离开商船队，单独返回基地。

3天之后，又有5艘高速护卫舰赶到，与原来的护卫舰队一起担负为商船队护航的任务。剩下的4艘德国潜艇只得小心翼翼地同商船队周旋。

8月8日午后，天气晴朗，能见度较高。德国潜艇抓紧良机再次对船队发起攻击。

几分钟之内，它们用鱼雷击沉了5艘商船。商船队立即出现了恐慌和混乱。有3艘商船的船员甚至惊慌失措，以致将这3艘轮船熄火，弃船转移到救生艇。其中两艘船的船员在稍稍镇静下来后，才发现船只并未受到鱼雷攻击，于是再度折回，启动船只重新航行加入到船队中。第3艘轮船"拉多杰其"号的船员则完全弃船。"拉多杰其"号在无人驾驶的情况下，在大海上随波逐浪地漂荡了好几天，最终还是被潜艇击沉。

从这一天的午后至深夜，德国潜艇一直疯狂地追逐、攻击这支船队。商船队的护卫舰只也不示弱，一旦发现潜艇踪迹便穷追不舍。终于，护卫舰"黛安萨斯"号咬上了潜艇U-379号，并用深水炸弹将其击伤，逼它浮上水面，然后将它击沉。

由于盟国护卫舰积极反击，3艘德国潜艇遭到了被击沉的厄运。然而，盟国船队又接二连三被击沉4艘商船。

8月9日，邓尼茨从其他水域调集潜艇支援作战。盟国方面也赶紧派增援兵力奔赴现场。双方都在紧张地调兵遣将，这一天没有发生战斗。

8月10日早晨，盟国船队进入其陆基飞机的作战半径内。由于盟国援军姗姗来迟，在陆基飞机尚未飞抵船队上空时，德国潜艇又发动了一次攻击，击沉3艘商船。盟军飞机抵达战场后，潜艇被迫潜航，刚才还硝烟四起的海面这时归于平静。有鉴于此，邓尼茨不得不发出停止攻击的命令。

在这次战斗中，潜艇共击沉了12艘商船，总吨位达56,000吨。与此同时，在南方的盟国商船航线上，其他潜艇群也创下了相当可观的战果。

北大西洋亚索列斯群岛位于直布罗陀海峡的空中警戒圈外，也在以英国本土为基地的空中巡逻机的作战半径以外，故有"黑洞"之称。德国潜艇在此海区创下了耀眼的战绩。

8月14日，潜艇群攻击了盟国的SL-118船队，接着又袭击了SU-119船队，共击沉5艘商船，总吨位42,000吨。

9月中旬，邓尼茨第一次在大西洋集结了20艘潜艇，企图伏击英国的SL-100护航运输队。由于这次潜艇群兵力空前强大，邓尼茨对战果翘首以待，希望获得更大成功。然而天公不作美，当SL-100护航运输队行驶至拉斯角东南约200海里海面时，强劲的西风变成了风暴，德国潜艇难以继续攻击，只有采取有利的航向和航速来抵御风暴的袭击，此役，仅击沉3艘商船。

英国海军部第一次官庞德海军上将，从大西洋海区护航运输队的报告中很快就意识到，德国潜艇已再度开始对海上运输队进行预期而有组织的攻击。这一切无疑证实了他在7月份对大西洋战役可能发展的情况判断结论。尽管他极力想扭转这种不利的局面，但是由于种种原因，他又只能陷于无奈之中。

庞德上将明白，同盟国最大的困难首先是普遍缺乏运输船只，这就需要加快船只周转时间；其次是缺乏护航船只。不错，护航舰的数量是在增长，但增长还不够快，赶不上各地对护航任务的需求。因而，他认为，在海上加油问题和空中掩护半径解决以前，同盟国护航系统别无他法，只能使用大圆周航线，力图采取小规模战术规避行动来减少潜艇攻击的损失。用他的话说，"明知大西洋中部因得不到空中掩护而形成了巨大的'黑洞'，也只能往里钻。"

不过，庞德上将还是给丘吉尔首相写了份报告，请求增派能够在中大西洋巡逻的重型轰炸机，并加快反潜装备的发展。

No.2 "狼群"与"乳牛"

从1942年7月至9月这段时间内，在北大西洋，作战行动连续不断，很少有较长时间的停息。英、美海军和德国潜艇之间处在不间断战斗中。随着德国潜艇数量的增加，从10月初起，邓尼茨可以使用两个潜艇群在大西洋的东部和西部各组一道巡逻幕。邓尼茨计划让这两个潜艇群在英国护航运输队到达"潜艇作战区"之前就与其保持接触，而"潜艇作战区"仍选择在同盟国岸基飞机难以到达的大西洋中部的公海上。

邓尼茨让他的助手们把预期的同盟国护航运输队的航线认真地标绘在海图上。他们在对有关护航运输队航行的各种信息进行比较验证以后，才配置潜艇巡逻幕。德国潜艇的巡逻幕基本配置在同盟国护航运输队白天可能通过的海区。邓尼茨认为，白天同盟国护航运输队溜过巡逻幕的可能性较之夜间要小得多。如果白天没有发现"猎物"，晚上，潜艇巡逻幕就采用与估计的同盟国护航运输队相同的航速向护航运输队的航向前进，次日天刚亮则迎着预期的护航运输队驶去。邓尼茨希望能以这种办法尽量在离敌护航运输队"出发线"较近的海区截击护航运输队，最大限度地利用没有敌空中警戒兵力的作战海区。

10月10日，为捕捉从美国出发的向东航行的盟国船队，大群潜艇潜行到了纽芬兰海域。其中一支"狼群"埋伏在"黑洞"的末端，静候着从雪利港驶出的SC-104船队，但直到深夜也没有看到它的踪影。

10月11日，下午，一艘德国潜艇幸运地重新发现了那艘小型护卫舰，潜艇一面召唤其他潜艇，一面紧追不舍。傍晚，追踪着护卫舰的航迹，德国潜艇群终于找到了英国SC-104护航运输队。

原来，这是一支包括47艘商船的大型船队，担任护航任务的仅有两艘驱逐舰和4艘护卫舰。

随后的两个夜晚，暴风减弱了，但波涛仍汹涌澎湃，护航运输队机动和对潜观察都十分困难。德国潜艇群趁机发起攻击，特罗耶尔中尉指挥的U-221号潜艇，击沉了7艘商船，其中一艘是万吨级的"南方快车"号油船，它是为护航舰艇补给燃料的。其余的德国潜艇除击沉1艘商船外却没有更大的战果。

战后，邓尼茨颁布命令，破格晋升特罗耶尔为海军少校。

10月15日夜晚，驱逐舰"派堪特"号发现了U－691号潜艇，在该艇还未来得及下潜时，便将其击沉。

驱逐舰"费姆"号盯上U－353号潜艇，用深水炸弹对其攻击，U－353号被击伤后浮上水面，全艇乘员被迫弃艇逃生。

在U－353号沉没前，"费姆"号的几名官兵到该艇中搜查，缴获了大量的资料、手册等，盟军因此而从中获得了许多极宝贵的情报。

10月份以来，潜艇作战一直很顺利，击沉的舰船数目也很可观。只要发现了盟国船队，或者破译了对方船队与基地之间的密码通信，潜艇便可以随时出击。即使在天气恶劣的几个星期里，潜艇也能超常发挥技术战术水平，不间断地展开对商船队的攻击，有时甚至还能陷船队于事先布置的潜艇伏击圈里。

10月26日，当潜艇在大西洋上寻找向西航行的盟国船队时，偶尔发现向东航行的HX－212船队正在接近潜艇警戒线的中央。邓尼茨亲自指挥这次行动，电令警戒线中央附近的潜艇先行后退，再让侧翼的潜艇迅速向船队靠拢，这样使商船队陷入潜艇群的包围之中。

这时，暴风雨已经过去，潜艇可以顺利地运用鱼雷发动攻击了，更为有利的是，海面上仍有风浪，使得盟国护航舰只上的雷达图像模糊不清，潜水探测器也不能准确地捕捉到潜艇的位置。

10月28日夜，潜艇协同作战一齐向船队攻击，结果击沉7艘商船。

两天后，一艘潜艇在纽芬兰沿海发现了正在向东航行的S－C107船队，立刻将这一情况向德国潜艇司令部做了报告。

邓尼茨当即调集7艘潜艇悄悄地跟踪船队，只待时机成熟便杀出来发动袭击。遗憾的是，这块海域还在纽芬兰陆上基地飞机的控制范围内，潜艇受到空中牵制不能

↓在海面上等待救援的德军潜艇官兵。

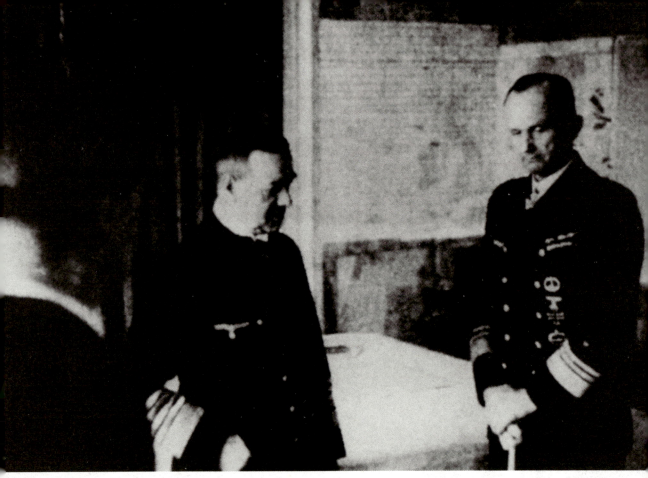

↑在一起商谈作战计划的德海军总司令雷德尔（中）与邓尼茨。

贸然对船队实施攻击。

潜艇如此小心翼翼地行动，也摆脱不了噩运，U－509号和U－658号在追踪过程中竟被加拿大飞机所击沉。

直到11月10日，这支船队才驶出陆基飞机的控制范围。潜艇群立刻迫不及待地展开攻击。仅在两晚之间，潜艇就击沉15艘商船。

船队进入以冰岛为基地的警戒飞机的控制范围后，盟国飞机赶来救援并炸沉了U－32号潜艇，潜艇群这才撤出战斗。

在南方马得拉岛的外海，德国潜艇对盟国的SL－125船队进行攻击，获得了巨大的成功。经过7个夜晚的攻击，潜艇共击沉13艘商船，而自身没有受到任何损失。

原来，这是盟国精心策划的一次行动，目的在于将SL－125船队作为诱饵，将德国潜艇调虎离山，以配合盟军的北非登陆作战。因此，SL－125船队付出惨重代价是在所难免的。

在德国潜艇肆无忌惮地猎杀SL－125船队的同时，盟军庞大的运输船队与登陆舰队正浩浩荡荡地奔向直布罗陀海峡，北非登陆作战从此开始实施。

SL－125船队既然被当作诱饵使用，也就做好了被潜艇攻击的准备。然而正是因为作出了巨大的牺牲，才使得参加北非登陆作战的舰船队免遭潜艇的袭击。盟军在北非登陆成功，说明了德国统帅部对形势的判断是完全错误的，盟军的这一行动使他们大感意外。

11月8日，当邓尼茨得知美军已在摩洛哥沿岸登陆时，立刻下令在直布罗陀海峡和凯布贝尔蒂群岛海域的所有潜艇都开赴到摩洛哥沿海；在北大西洋活动的潜艇，除了燃料不足的外，则都集中到直布罗陀海域。

11月11日，各艘潜艇都已到达所指定的海域。尽管盟军在登陆场附近有驱逐舰、护卫舰和飞机警戒，再加之陆地上还架设了雷达，海空防卫都极为严密，潜艇还是展开了勇猛的攻击。

11月11日这天，U－173号潜艇率先突破盟军警戒防御线，以鱼雷击中3艘舰船。

11月12日黄昏，U－150号潜艇沿登陆场附近的近岸海面潜行，偶尔使用潜望镜侦察海面，以此方法寻找战机，击沉了3艘运输船。

邓尼茨不情愿在直布罗陀外海使用潜艇，尽管直布罗陀外海的舰船很多，但它的海空警戒也很严密，潜艇很难有所作为，甚至有不少潜艇在展开行动之前，就遭到很惨重的袭击。

11月中旬，海军总司令部命令邓尼茨将20艘潜艇配备到直布罗陀海峡外海，并补足在地中海受到损失的潜艇。邓尼茨对此立刻提出强硬的反对意见。海军总司令部终于与邓尼茨达成妥协，配备到直布罗陀海峡外海的潜艇由20艘减为12艘。至于地中海方面，则不管损失多少，只补充了4艘。

现在，盟军把兵力集中到了北非方面，并为运输船和补给船提供充分的护卫兵力，这样就减少了在大西洋各船队的护卫舰艇，给了德国潜艇袭击船队一个极好的机会。这个节骨眼上，邓尼茨接到了海军总司令部的上述命令。

邓尼茨认为在护卫舰艇兵力集中时动用潜艇硬行攻击，是扼杀潜艇所具有的最大潜力，是一种发了疯的妄想。如果说是要给敌方以闪电式的打击，阻止他们的作战行动，那又另当别论了。

邓尼茨对形势的分析得到认可后，海军总司令部变更了一部分命令。即：把原来要配备到直布罗陀去的潜艇，改为配备到亚瑟群岛西方的大西洋中部，阻止盟军对非洲登陆行动的增援。

这一行动由于没有能够保证获得成功的合理依据，因此直到12月6日，潜艇只击沉了4艘船只。到了12月23日，海军总司令也认为潜艇作战对阻止盟军登陆北非毫无帮助，便下令中止了这项潜艇作战任务。

虽然如此，由于燃料不足的缘故，到11月初仍无法抵达摩洛哥沿岸的数艘潜艇，以及被免除前往直布罗陀外海的8艘潜艇，仍然从事着对商船队的攻击。

11月17至18日，一群"海狼"在攻击ONS－144船队，击沉了4艘商船和1艘高速护卫舰。由于燃料短缺，"海狼"们集中起来，等待接受"乳牛"（"乳牛"为大型输油潜艇）的燃料补给。

这时，暴风雨突然袭来，迫使他们在怒吼的波涛中折腾了好几天。燃料不够，没有动力使潜艇垂直浮出海面，二次电池也无法充电，潜艇舱里既不能照明更不能烹调食物。艇上乘员已被风暴、饥饿折磨得头昏眼花了。

暴风雨过去后，"狼群"为了与"乳牛"再次接触，不得不使用无线电联系。没有电力，更没有充电的燃料，"狼群"是无法潜航了，如果发出的无线电波不但没唤来"乳牛"，反而把敌方的驱逐舰招引来了，"狼群"就只有自认倒霉，被活活当作"靶标"。他们惶惶不安地等待着"乳牛"的到来。

终于，救星般的"乳牛"来了，"狼群"匆匆吸足燃料补给，又急急忙忙向比斯开湾基地出发了。

12月7日，邓尼茨命令"莽撞者"和"装甲车"两个艇群共20余艘潜艇，在东行的ＨＸ－217大西洋护航运输队进入大西洋"黑洞"时，进行攻击。英国的这支护航运输队由25艘商船和5艘护卫舰组成。

12月8日清晨，天还未亮的时候，德国先期到来的潜艇发现了护航运输队。尽管第120中队的一架"解放者"式飞机，在远离冰岛基地1,200公里外，为商船提供近程掩护，德国潜艇还是用鱼雷击沉了一艘商船。

此后不久，英国皇家空军少校布洛克驾机赶到，继续提供近程掩护。布洛克知道附近有潜艇，因而特别警惕地进行搜索。

天色阴沉，能见度不太好，接着下了一场冰雹，气候更糟了，给搜索工作带来了难以想像的困难。但布洛克和他的机组仍围绕护航运输队进行大面积搜索，希望能发现德国潜艇。幸运的是，布洛克立刻又交上了好运。布洛克发现机翼左侧下方，商船队的后面，有一艘在水面高速航行的潜艇，正全速追赶护航运输队。布洛克立即用携载的6枚深水炸弹进行了攻潜，很快，潜艇消失了。

1个小时以后，布洛克又发现两艘潜艇正发疯般地追赶护航运输队。布洛克驾机对准其中的一艘潜艇，用仅存的两枚深水炸弹进行了攻击，没有看到击中的迹象，很快，两艘德国潜艇都下潜了。

经过这么长时间的航行和战斗，布洛克和他的机组人员早晨就没吃上饭的肠胃更感到饥饿，他们仍继续巡逻。一名机组人员在机舱内用电炉烧好牛排和土豆作为午餐。布洛克端坐在座舱内，把盘子摆放在膝盖上，飞机进入自动驾驶仪飞行状态，他准备好好享用这份难得的佳肴。

不料，透过机首的玻璃，布洛克又发现了一艘在水面高速行驶的德国潜艇，布洛克暗骂："这帮德国鬼子真是不知死活，连个饭也不让我安生地吃，非给它点厉害不可！"

他赶忙抓住操纵杆，同时发出了战斗警报。盛着牛排和土豆的盆子从布洛克的膝上滑了下去，洒得他一身都是油污，布洛克听到后面机舱里也响起了一阵盘子落地的响声。全体人员都跳了起来，各就各位。布洛克驾机向潜艇俯冲下去，用加农炮和机关炮进行猛烈扫射，吓得那艘潜艇急忙下潜，躲到水下去了。

此后，德国的潜艇不断涌入这片海域，布洛克和他的机组不断发现目标。往往还来不及完成一次攻击，来不及在飞行日志上记录下全部细节，另一艘潜艇又出现了，布洛克又不得不再进行一次攻击。每次他都用加农炮射击，迫使潜艇不敢在海面露头。

如此反复较量，在整整5个多小时内，布洛克先后发现8艘德国潜艇，对其中7艘进行了攻击。随着飞机续航时间已达最高极限，布洛克才恋恋不舍地告别他的"舞台"，驾机返回位于冰岛雷克雅未克的空军基地。

布洛克离开以后，第120中队的伊斯特德少校驾机赶来接班，继续担负空中掩护任务，他又发现5艘潜艇，攻击了其中4艘。

这样，布洛克和伊斯特德非常成功地完成了掩护护航运输队的任务，他们共发现13艘潜艇，攻击了其中11艘，粉碎了敌人用狼群战术对护航运输队可能的合同攻击。这次作战是潜艇部队在1942年于北大西洋的最后一次对英船队的攻击。

No.3 加勒比的"海盗"

这一年，不仅有很多大规模的作战，而且也有数不清的小规模的作战，潜艇一直活跃在辽阔的海域。

在加勒比海方面，商船仍旧做单独航行，这极有利于潜艇对其展开攻击。尤其在古巴与海地之间的海峡，更是"狼群"狩猎的好去处。可到了8月，此海域也采取了船队航行的方式。

空中警戒虽很严密，但潜艇艇长们能凭着久经海战的丰富经验，大胆机智地钻进船队里面，连航空雷达也发现不了。这就像牧羊人只知道羊群外面有狼，而想不到羊群里就藏着狼一样。1942年8月，盟国舰船被"狼群"击沉了15艘。

在辽阔的海域，潜艇战也以好望角最有希望。邓尼茨认为只要把"狼群"派到那儿作战，战绩一定非常可观。不过，好望角足有1万多公里，必须依赖"乳牛"供给燃料与补给品。

最初被派到好望角的，是由小型C潜艇及"乳牛"组成的"波拉贝亚狼群"。8月中旬，"狼群"从基地出发，在南大西洋补给，不久之后抵达好望角。

最初的袭击作战没有成功。在"狼群"抵达好望角之前，英国海军部敌方潜艇情报处凭着直觉，认为"狼群"可能会窜到南方活动，便很快改变了舰船从好望角出发的航线。而邓尼茨则断定好望角的航线上将有大批的舰船，等待着"狼群"去捕捉。因此当"狼群"匆匆赶来时，舰船却从另一条航线溜之大吉，"狼群"只有望着空荡荡的大海喘息。"狼群"的任务是要吃掉"羊"（盟国舰船），从此好望角就有一群"狼"在四处"狩猎"了。

在ⅠⅩ型C潜艇抵达开普敦外海的同时，新型的ⅠⅩ型D2潜艇也到了。战前，ⅠⅩ型D2潜艇的设计是以炮弹轰击为主要火力的大型巡洋潜艇。经过改装，艇载的主要武器由大炮换成了鱼雷，其排水量为1,365吨，续航距离为5,850公里，是最适合于远距离作战的潜艇。

ⅠⅩ型C潜艇发现舰船时，发挥了自己的威力，到10月底，已经击沉24艘舰船。

分布于世界各地的潜艇，都先后创造了相当辉煌的战果，使盟军如坐针毡。它们不仅在

北大西洋的主要航线上取得了巨大的战果，同时，使盟军的护卫兵力从主战场上分散到了其他海域。

德国潜艇司令部总是技高一筹。每当盟军集结护卫兵力时，他们就暂时停止攻击，待盟军放松后减少兵力时，他们便立即以迅雷不及掩耳之势的动作展开攻击。这种作战方式使潜艇占尽了上风。

轴心国潜艇在1942年，共击沉盟国舰船1,160艘，625多万吨。如果再加上潜艇以外的兵力所击沉的舰船数，则可高达779万吨。这期间，德国损失87艘潜艇，不过，这只占已服役的潜艇的18%。除此之外，德国尚有393艘的就役潜艇，而其中的212艘可以随时参战。

比起1941年初只有249艘潜艇服役，91艘能随时应战的情况，1942年底显然有了很大改善。这一年，盟国的造船量只达到了700万吨，因此，在盟国与轴心国之间的"吨数战争"（盟国造船量的总吨位数与轴心国击沉盟国舰船量的总吨位数的竞争）中，轴心国处于优势地位。

从战争进程看，一直到1942年底，两大阵营都还没有达到在海洋上拥有压倒优势，从而在全球海洋上称霸的决定性阶段。

↓ 正驶往大西洋海域的一支盟军护航舰船队。

第7章
CHAPTER SEVEN
突然的挫败

★盟国要想在欧洲展开反攻，则必须保证源源不断的物资补给从北美运抵英国。而要保证船队航运的安全，就必须消除德国潜艇对大西洋的威胁。根据这种情况，盟国海军十分重视对潜艇"狼群"的作战，将海军兵力集中用于对商船队的护航和歼灭"狼群"方面。

★由于风暴太大，"劳布格拉夫"潜艇群没能及时赶到指定位置。到3月15日傍晚，SC－122运输队已经到了巡逻线以东海域。在这以南的航线行驶的HX－229运输队也越过了潜艇巡逻线的南端。

↑卡萨布兰卡会议上，美国总统罗斯福与英国首相丘吉尔就盟军作战计划进行了磋商。

No.1 得不偿失的间接攻击

　　1943年伊始，连绵不断的恶劣天气，使盟军的飞机无法在海上巡逻，大西洋航线上的空中警戒陷于全面停止的状态。

　　1943年1月，盟军解放了摩洛哥。1月14日，美国总统罗斯福与英国首相丘吉尔在该国首都卡萨布兰卡举行会谈，商讨盟军作战计划。参加会谈的还有美国的马歇尔将军、海军金上将，阿诺德将军；英国的陆军上将布鲁克爵士、海军上将庞德爵士、空军上将波特尔爵士；美国总统私人顾问霍普金斯、租借物资管理委员哈立德和英国的蒙巴顿将军等。

　　1943年1月24日，卡萨布兰卡会议结束。

会议产生了两个主要的结果：

同盟国要求德国"无条件投降"。这是一个政治意义上的重要结论。

英美两国一致同意，大西洋方向上的反潜作战将成为今后一年中的首要作战任务，这是一个军事上的重要结论。

对盟国海上运输的最大威胁是德国的潜艇，这是非常明显的事实。

盟国要想在欧洲展开反攻，则必须保证源源不断的物资补给从北美运抵英国。而要保证船队航运的安全，就必须消除德国潜艇对大西洋的威胁。根据这种情况，盟国海军十分重视对潜艇"狼群"的作战，将海军兵力集中用于对商船队的护航和歼灭"狼群"方面。

德国潜艇部队还算是走运。因为盟军对于打击德国潜艇决心已定，但在打击方向和方式上却犯下错误，他们试图以飞机从空中攻击比斯开湾潜艇基地的方式达成目的。

不久之后，盟军获悉这种狂轰乱炸潜艇基地的方式，并没有给潜艇造成什么实质性的打击，U艇们仍频繁地出现，一如既往地实施着对盟国商船队的攻击。盟军于是转而实施所谓的"间接攻击"，即轰炸基地周围的设施与城市，试图通过切断基地与外界的联系来降低潜艇的战斗力。

从1月中旬开始实施的这种"间接攻击"，在某种程度上摧毁了潜艇基地四周的设施及市镇，然而对打击潜艇本身却收效甚微，结果变成了投入巨大、浪费严重但效果很小的空中轰炸。

No.2 偏爱德国的胜利女神

1943年1月，德国海军上层发生了一次很大的人事变动。雷德尔元帅于1月30日正式向希特勒提出辞职，希特勒立即照准，并下令由邓尼茨接任他的职务。

邓尼茨在接受这一职务时提出，他仍旧担任潜艇部队司令之职。他深信自己身兼两职对于德国打赢战争具有重要意义。他想扩大U艇的战果，并想把握战争的进程。

虽然邓尼茨知道自己所面临的任务很重要，也很艰苦，但他仍为能担任这一职务而兴奋不已；邓尼茨希望能随着自己职务的提升，影响能力也有所扩大；在过去的几年中，作为潜艇部队司令的邓尼茨不得不经常忍受德国的政治领导和国防军统帅部所坚持的大陆主义的态度，尽管雷德尔海军元帅多次进行规劝，但这些人仍没有认识到海洋对于德国的重要性，海军也没有及时和充分地得到为完成战争中举足轻重的作战任务所必需的兵力武器。邓尼茨打算改变这种局面。

邓尼茨在接任海军司令前，就开始着手进行潜艇的技术改进和战术的改革。1942年，德国生产出被称为"乳牛"的大型输油潜艇，在海上为潜艇加油。这种输油潜艇载油430吨，可使12艘中型潜艇在海上逗留的时间增加4个星期，或使5艘大型潜艇的逗留时间增加8个星期。有了这种"乳牛"，德国潜艇可以深入大西洋的任何海区、作战能力和参战率均有较大增长。

邓尼茨上任后，立即抓紧组织新型"瓦尔特"潜艇的批量生产。这种以燃气轮机为动力的新型潜艇，水下时速可达23海里。潜艇还装备了"T-5"式电动和自导鱼雷，射程可达594米，时速25海里。每艘潜艇都装备了可伸缩的通气装置，可一直在水下续航，使盟军雷达测位器不易搜索到。在潜望塔四周装备了保护物质，以干扰雷达的探测。潜艇的防空武器也得到了加强。

邓尼茨在研究了盟军的护航战术后，又对"狼群战术"作了进一步改革。将潜艇部署在大西洋、加勒比海、墨西哥湾海区，将原来在222海里至300海里正面的大艇幕作战改为3道至4道小艇幕，依次展开在航线上，由航空兵担任搜索，引导潜艇攻击目标。

邓尼茨企图通过一系列的调整改革，重新找回昔日在大西洋交通线上潜艇战的辉煌。

德国潜艇又在北大西洋对船队航线展开了攻击。一次，ＨＸ-224高速航行船队遭到攻击，有3艘被击沉。在被潜艇救起的英国海军军官之中，有一个在无意之中透露说，继ＨＸ-224船队之后两天，将又有一个船队经过这里。这是极有价值的情报。

两天之后，根据英国军官提供的情报，德国20艘潜艇在北大西洋"恭候"船队到来。不一会，奇迹出现了，远处由63艘满载重要军用物资的舰船组成的船队，如英军官说的那样，浩浩荡荡地向潜艇警戒线冲过来，船队的四周，至少有12艘以上的舰艇护卫兵力。

战斗一拉开就进行得非常激烈。有3/4的潜艇遭到深水炸弹的攻击，3艘沉没、两艘受伤。英船队损失更为惨重，13艘满载重要军用物资的商船被击沉海底。通过这次战斗，可以看出英国船队的护卫舰队训练素质低、作战能力不强。一场恶战下来，居然是潜艇占有优势。

2月21日，ＯＮ-166船队遭到攻击，4天之内丧失了14艘商船（8.5万吨）。这时另一支ＯＮ-167船队也被发现，立刻遭到潜艇更为猛烈的攻击。

在都利尼达德附近的海域，摩亚少校的Ｕ-124号攻击了一支船队，先后共击沉4艘（2.356万吨）盟军商船。

2月27日，ＨＸ-227高速航行船队受到攻击，被击沉1.4万吨。之后，ＳＣ-121船队也遭了殃，丧失了13艘舰船，6.2万吨。这些数字再加上其他零零碎碎的战果，1月份的总"战果"为39艘，20万余吨；2月份为63艘，35万余吨。

能获得这些"战果"的大部分因素，归功于德国海军总司令部代号

↑德海军总司令雷德尔向希特勒提出辞呈。

为"B"的部门。每逢潜艇临战前，"B"部门总是能及时地倾全力破译出盟军船队使用的密码，并将密码内容迅速通告潜艇，使潜艇对船队的攻击做到有的放矢，连续创下巨大战果。

英国海军也对潜艇司令部的无线电波，做出了倾尽全力的破译工作。这种间接的战斗，犹如猫捉老鼠游戏一样有趣。例如，当盟军获知了潜艇所在地，及时改变船队航线时，侦察到这种无线电波的德军"B"部门，立刻会指使潜艇绕到船队的前列。而盟军的无线电又破译了潜艇的行动，船队又会再次改变航线。就这样一会儿是潜艇等船队，一会儿是船队躲潜艇，最后谁战胜谁，那就是英德两军破译机构之间的较量了。谁先赢得信息、赢得时间，谁就在这场较量中占优势并取得胜利。

为此，德英两军对这项工作都投入了极大的精力、智力、才力，他们各自都挑选出类拔萃、精明强干的优秀人才担任这种复杂、事关重大的情报侦察工作。

3月5日，SC－122运输队从纽约出发。途中遇到风暴袭击，该队60艘船只中的6艘商船不得不于3月8日驶入哈利法克斯港口。同日，由40艘船只组成的HX－229运输队也出发了。

为SC－122运输队护航的有两艘驱逐舰、1艘护卫舰和5艘驱潜快艇，为HX－229运输队护航的有4艘驱逐舰和1艘驱潜快艇。两支船队分别沿格陵兰和冰岛的北航线，向东行驶。

这时，船队指挥官接到与他们反向航行的ON－170运输队的护航飞机和舰艇的电报，说在这个地区发现并听到德国潜艇的无线电信号。指挥官当即决定将这两支运输队转入南部航线，并通过无线电给运输队指挥官下达了指示。

不幸，这些改变航线的命令均被德国"B"部门破获。邓尼茨如获至宝，立即开始调兵遣将。他下令"劳布格拉夫"潜艇群从能见度极差的纽芬兰和格陵兰间的海域撤出，快速前往占领横越在SC－122运输队新航线上的有利位置。他修正了"粗暴者"和"压迫者"两个潜艇群的航向，命令11艘潜艇组成的"压迫者"号潜艇群前往HX－229号运输队的航线开战。

　　由于风暴太大，"劳布格拉夫"潜艇群没能及时赶到指定位置。到3月15日傍晚，SC－122运输队已经到了巡逻线以东海域。在这以南的航线行驶的HX－229运输队也越过了潜艇巡逻线的南端。

　　要不是返航的U－653号潜艇无意中在侦听装置上听到了HX－229船队商船发出的宽带噪声，这两支运输队想必可以避免这场临头大祸。

　　邓尼茨一接到U－653号艇的报告，就向现场派遣了"劳布格拉夫"狼群中的8艘潜艇、"粗暴者"狼群中的6艘潜艇和整个"压迫者"狼群，命令它们赶在已被发现的HX－229运输队的前面建立一道巡逻线。

↓准备起飞战斗的英国轰炸机，此刻正在进行装弹。

大风暴狂啸不停，由东向西席卷着北大西洋海面。洋面上波涛汹涌，一浪高过一浪。为SC-122护航的一艘反潜拖网船"坎波贝洛"号被浪峰掀翻，船底朝天；商船难以保持在运输队中的位置，两支运输队中都有单个或成群的船只掉队。

3月16日中午，"劳布格拉夫"潜艇群中的几艘潜艇发现了从HX-229运输队中掉队的船只，寻迹追踪，很快发现了这支运输队。从夜间23时至次日早晨6时，德国U-603号潜艇、U-758号潜艇、U-435号潜艇、U-91号潜艇和U-600号潜艇利用夜幕的掩护，从不同方向逼近运输队，发起水面攻击。结果击沉6艘商船，重创4艘。U-91号潜艇仍不放过受伤的商船，它钻入水下，对所有受重创的船只以最后一击，使它们沉入大海。

同日晚上，北面的"粗暴者"潜艇群发现了SC-122号运输队。U-384号潜艇和U-631号潜艇一阵攻击，4艘商船被击沉。

在随后的三天里，德国潜艇群像一群群饿狼扑入两支船队，撕咬着孤助无力的"羊羔"。有限的护航舰在海面上疲于奔命，可是"狼"和"羊"都太多了，它们顾此失彼，应接不暇，商船接二连三地被击中或被击沉。

19日黎明时，"解放者"式远程轰炸机从960公里外的冰岛和北爱尔兰的基地起飞赶来，对德国潜艇发起攻击。U-384号潜艇当即被炸沉，U-338号、U-441号和U-631号潜艇受重创，其他潜艇见势不妙，赶紧潜入水下。商船得救了，船员们一片欢呼，热烈地向飞行员们挥动双臂，打出表示胜利的V字形手势。

这时，两支运输队也汇拢到了一起。一些护航舰只从冰岛全速赶来，护航舰增加到了18艘，其中有英国、加拿大和美国的驱逐舰、英国的护卫舰和海岸炮舰、英国和加拿大的驱潜快艇以及美国海岸警卫队快艇。因而，尽管风暴停止，月光明亮，德国潜艇却没有机会再攻击商船了，除了U-666号艇击沉一艘商船外，其余7艘潜艇都被护航舰的深水炸弹赶跑了。

看来作战前景不佳，邓尼茨命令潜艇在20日的拂晓时停止攻击，向西撤走。

这场战斗是德国潜艇对盟国护航运输队的作战中规模最大、最成功、击沉商船数最高的一次作战。两支船队共90艘商船中，被击沉22艘商船14.6万吨位和1艘护卫舰，被重创9艘船只。邓尼茨和他的艇员们士气大增，深信大西洋海战他们已稳操胜券。

德国间谍机构也紧锣密鼓地配合，密令安插在各地的间谍，不择手段，搜集有关盟军护航运输队的情报。在巴西萨尔瓦多港，有一个神秘的酒吧女郎，金发碧眼，秀丽苗条，人称"美人鱼"。BT-6护航运输队一艘商船的大副跟这位"美人鱼"一见钟情，没几天就如胶似漆，难舍难分了。

3月1日，BT-6护航运输队离港不久，就被德国潜艇跟踪，击沉一艘商船。以后几天，更是一路坎坷，多灾多难，总也甩不掉德国U艇。船员们异常恼火地说："简直像是鬼魂附体！"待该船队到达目的地时，所剩商船已寥寥无几。事后，据英国情报机构调查，原来，那位迷人的"美人鱼"是个德国女间谍，专靠结识盟国船员来套取情报。

钟摆明显偏向德国，形势对盟军大为不利。3月上旬，盟军有41艘船共22.99万吨被击

↓一枚盟军的深水炸弹，在大海上爆出一朵巨大的浪花。

沉；中旬，又有44艘船共28.2万吨位被击沉。3月份的损失很可能大大超过1942年11月份盟军船只的最高损失率。

而且，更令人不安的是，过去大多被击沉的商船是单独航行的船只，编成运输队后损失率大大下降。可是3月上、中旬被德国潜艇击沉的85艘船只中，至少有67艘是在有护航舰的运输队中被击沉的，其中41艘是在北大西洋航线上。这意味着，通过改变航线来规避德国潜艇的战术已毫无意义了。由于德国作战潜艇日益增多，邓尼茨在北大西洋部署了120艘潜艇，改变航线只意味着从一群潜艇的魔掌落入另一群潜艇的魔掌。

英国海军部在评价德国潜艇部队的这一战果时，得出如下的结论：

"在1943年3月最初的20天之内，德国致力于封锁连接新世界与旧世界的交通线，如今，眼看着他们就要恶狠狠地把它切断了。"

撇开被击沉的舰船数量不说，盟军也免不了有一种被狠狠打击了一下的痛疼感，因为组成船队航行的舰船，竟有2/3被潜艇击沉。

就在柏林满怀喜悦之情，眼巴巴地期盼大西洋的战局把轴心国引上胜利之路时，大西洋的钟摆突然以令人惊讶的速度朝相反的方向摆动。

No.3 "群狼" 蠢蠢欲动

1943年3月底，对屡屡得胜、骄横于大西洋的德军潜艇来说，突然出现了不祥的阴影。盟国海军新式武器——航空母舰在大西洋上亮相。

盟国的船队护航舰队配置了航空母舰。这样一来，航空母舰舰载飞机就能够阻止潜艇群对船队的攻击了。1941年，盟国在地中海水域曾使用改装母舰"奥达西第"号护卫船队，结果却被潜艇击沉。现在，在大西洋上的船队护航舰队也要配备航空母舰。

自从在大西洋出现了航空母舰，潜艇的活动便屡遭母舰舰载飞机的攻击，盟军以最快的速度把天空的"间隙"填满了。到了3月底，盟军以数艘护卫舰艇编成了一支独立的支援舰队。

这支支援舰队与航空母舰，在编成之初参加了登陆北非的"火把"作战行动，这项作战结束，立即被转移到大西洋，参加大西洋的对潜作战。这些兵力对潜艇构成了巨大的威胁。

这时候，英国海军又想出一招妙计，那就是在谷物运输船、油轮上设置飞行甲板，装载3至4架号称"刀鱼"的攻击机（二次世界大战中，英海军最具代表性的复叶攻击机）。此种"刀鱼"攻击性很强，并能飞回改装的母舰甲板上。因此，比起1941年夏季的商船母舰（装载着"暴风雨"战斗机及发射台）来，对潜艇的威胁更大。

3月过去后的两个星期，大多数潜艇为了补给休整，返回了基地；并准备将这段时间潜艇没有在大西洋活动的"空白"，在4月中旬补满。因此，当潜艇返回战场时，北大西洋聚集了许多不曾有过的潜艇，它们在基地加足油后，试图再创昔日的辉煌。

一场惊心动魄的激战在大西洋展开了。

3月26日傍晚，SC－123运输队前面的几艘舰船从赞尔韦尔角东南，驶入德国"安康"潜艇群的中间。U－663号和U－564号潜艇几乎同时发出了"与敌接触"的信号。

其他潜艇的命运也不比U－663号艇好多少，它们还没有来得及发出有关该运输队的航向和速度方面的新信号，就被支援舰队的舰艇一个个地赶入海底。SC－123号运输队安然突破了潜艇巡逻线。

袭击HX－230护航运输队的德国"鲇鱼"潜艇群也同样碰了壁。支援舰队抵达作战现场后，HX－230船队的护卫舰没有了后顾之忧，可以专心对付U艇，不许它们靠近商船。随后赶来的支援舰队把那些虎视眈眈的"狼"一气儿就给赶跑了。

进入4月后，德国在北大西洋航线上的潜艇数量达到了整个海战的顶点。邓尼茨动用60艘潜艇部署成4条延伸的巡逻线：由16艘潜艇组成的"燕八哥"潜艇群潜伏在冰岛的西南方向，等待ONS－5运输队，由18艘潜艇组成的"啄木鸟"潜艇群在纽芬兰东北海域搜索SC－127号护航运输队；在"燕八哥"潜艇群南面的是新成立的"山鸟"潜艇群，其组成全部是刚刚下水的潜艇，此时正开往西南方向，以迎击HX－235运输队；第四个"画眉鸟"潜艇群由13艘新潜艇和毫无经验的水兵编成，该潜艇群配置在西班牙和比斯开湾以西直布罗陀航线上，以截击为避开德潜艇而转航的运输队。

邓尼茨的这一布局，将其所知道的英美在大西洋的每条护航航线都遮拦住了。

英国布莱奇德情报机构已取得了对德国B部门的优势，邓尼茨的兵力部署很快成为公开的秘密，一清二楚地标在英国海军部的作战图上。盟国的运输队都安全地通过了危机四伏的"狼群"陷阱。只有ONS－5号运输队与"狼群"遭遇了。

ONS－5护航运输队有43艘运输船，3艘驱逐舰、5艘护卫舰和两艘担负救护的武装拖网船。4月22日驶离英国克莱德河口，分11路纵队逆风前进，取偏北的航线避开德国潜艇经常活动区，横渡大西洋开往加拿大、美国等港口。

4月28日，位于"燕八哥"潜艇群巡逻线员北端的U－650号潜艇，发现了正要擦边而过的船队，立即通报给它的伙伴。空守多日的潜艇，个个都像饿急了眼的狼，迅速向目标集结。

可惜天不作美，突然变了脸。大风拉起黑沉沉的云幕，海上翻腾着惊涛骇浪，浪峰高达10多米，忽而将船只抛向峰顶，忽而将船甩入浪底。由于能见度差，潜艇未能发现运输队。

黄昏时，潜艇按规定向柏林拍发电报，报告当日情况，不巧，被英国驱逐舰上的高频无线电测向仪截获，露出了狐狸的尾巴。

护卫舰艇采取先敌攻击的"威吓战术"，一个猛虎下山，分头冲向测定的位置。德国潜艇个个忙不迭地钻入水下，再也不敢轻易露面。别说是攻击商船了，连大气儿都不敢出，停止向柏林报告海上情况。

失去了总部指挥的潜艇群根本捏不成个团，只好化整为零，各自为战。

29日黎明时，一直咬住ONS-5运输队不放的U-650号艇充当现场指挥，引导U-258号艇击沉一艘运输船。还没等它们高兴起来，一架从冰岛起飞的"卡塔利纳"式飞机已飞临U-258号艇上空，接着似老鹰扑食，猛然降下高度，在15米的高度投下4颗深水炸弹。潜艇艇首中弹，退出战斗。

30日，运输队进入以格陵兰的伊维塔持为基地的近程航空兵的掩护范围。护航运输队散布在30平方海里的海面上，巡逻飞机像守护神似的在上空飞翔，昼夜不停，德国潜艇没敢轻举妄动。

第一个回合，德国潜艇失利，两艘潜艇受伤；盟国船队损失一只商船。

邓尼茨不甘失败，重新开局。他将"啄木鸟"和"山鸟"两个潜艇群合并，把这个30艘潜艇组成的"狼群"在运输队可能行驶的航线上部署成一条新月形的巡逻线，这样一来，就把ONS-5的每一条可能的航线都遮住了。"画眉鸟"群潜艇增至21艘，分成4个分群。两个分群横跨该运输队的航向；另两个分群沿南北方向占领阵位，这样既便于攻击运输队，又便于截击其他航行偏南的运输队。

邓尼茨给他的猎手们下了死命令：

"不要过高估计敌人，要把它捏死在告别角至弗勒密文沙滩之间！"

5月4日入夜，风平浪静，护航运输队在微波起伏的海面上缓缓行驶。在北极光的衬托下，运输船的轮廓清晰可见，一览无余。

也许是由于5月2日下午由圣约翰斯出发的第三护航支援舰队与运输队会合的缘故，ONS-5运输队异常沉着镇定。它们排成横宽纵短、多路纵队的队形，船与船之间相距3～5链，警戒舰配置在距运输船20链左右的地方。这种队形使警戒舰游刃有余，既能保障及时发现潜艇，占领有利射击阵位，又便于及时击退其攻击。

此时，大潜艇群已暗暗伸出了狼爪，把护航运输队团团围住。它们三五一群、两艘一组地从四面蜂拥而上。

护航队指挥官台伍德海军少校暗吃一惊，从来没见过这么多的"狼"，密密麻麻，虎视眈眈，简直就像闯入了鳄鱼群。

显然，护航舰队处于劣势。可是他们毫不示弱，所有的护卫舰艇像凶猛勇敢的牧羊犬，哪里有潜艇，它们就扑向哪里，直到把潜艇赶得远远的为止。支援舰队的驱逐舰穷追不舍，痛打落水狗。"平克"号驱潜快艇发现U-192号潜艇后，连续追击3小时40分钟，前后用"刺猬"式深水炸弹进行了7次进攻，终于成功地将它击沉。

加拿大皇家空军驻甘德第5中队的"坎索"式飞艇闻讯及时进到，为运输队提供空中保护。德国U-630号潜艇刚一露头，就被一艘飞艇炸沉。U-438号艇也挨了炸。

在这场激烈的混战中，U艇频频发射鱼雷，但是仅仅击沉7艘运输船；德国损失两艘潜艇，被击伤数艘。双方打了个平手。

邓尼茨暗暗思忖，运输队离纽芬兰越近，得到的空中掩护就越强，必须赶在5月6日之前聚歼该运输队。他电令潜艇群在5日至6日进行最后一战，并要求潜艇宁可在水面与敌方飞机作战也不要下潜，以保障对商船的攻击。

6日早晨，15艘潜艇展开完毕。此时，海上大雾笼罩，能见度降到100米左右，德国潜艇变成了"近视眼"，清晰可见的商船轮廓消失了。它们闯进迷雾进行攻击，真好比是"雾里看花"，模棱两可。

护航舰上的厘米波雷达可显灵了，德国潜艇的位置一清二楚地出现在雷达荧光屏上。德国潜艇看不见护航舰，护航舰却知道它们。每当潜艇好不容易进入了攻击位置，却发现早已被护航舰"挡驾"，接下来便是一连串的被动挨打。U－267号艇全凭自己的高速度才避开"珍珠莱"号驱潜快艇的炮火袭击。U－638号艇潜入水中，却被深水炸弹摧毁。U－125号潜艇正寻找目标，冷不防被大雾中冲出的"奥里比"号驱逐舰撞了个满怀，指挥塔后面的部位几乎散了架，接着，"雪花"号驱潜快艇冲上来一阵炮火，将它送入海底。

正打得热闹处，第一支援舰队的5艘舰只开到。冲在前面的"塘鹅"号海岸炮舰的雷达一下子捕捉到德国U－438号艇，劈头盖脸一阵炮火将它击沉。

德国潜艇连连损兵折将，一向靠隐蔽突然性占便宜的U艇，如今全部暴露在盟国护航舰的荧光屏上，只有被动挨打的功夫了。

邓尼茨接到潜艇艇长们的告急电，预感到情势不妙，若待中午雾散，反潜机临空，潜艇的后果更是不堪设想。他咬牙下令，停止这次作战。6艘潜艇已无回音，还有4艘严重损伤。

ONS－5护航运输队仅以损失13艘商船的代价，挫败了德国封锁大西洋北航线的企图。

从5月15日到30日，4群潜艇继续进行作战。这次激战不但没有战果，反而还损失了5艘潜艇。战局发生了本质性改变。SC－130船队虽然在北大西洋仍受到潜艇的威胁，但似乎是潜艇被摧毁前的回光返照了。

1943年5月24日，邓尼茨下令潜艇从船队航线上全部撤退。这一天是称雄于世、在"大西洋之战"中留下赫赫功绩、威震四海的"海之狼"——德国潜艇部队被盟军第一次制服的一天。

这一天对于德国海军是灰暗的一天。

在8个星期之前，还一心想获胜的潜艇，如今被迫采取守势。护卫船队经过拼命努力，终于从开战以来一直处于被动挨打的地位转入了优势，占了上风。

第8章
CHAPTER EIGHT

天空与深海
之战

★水面上的潜艇是奥夫尔曼艇长的U—514号，由于一点技术故障的原因，它和一同出航的艇群失去了联系，正在水面上孤独地航行着，潜艇的柴油机突突作响，为舱下的电池充电。也许是柴油机的噪音太大，艇员们谁也没有听见正在临近的飞机声。

★出现在德国潜艇上空的是一个由3架"勇士"式重型战斗机组成的小队，带队的是一名老资格的空军上尉斯科菲尔德。他今天的任务是寻歼出现在这一海域的德国战斗机，为盟军的反潜巡逻机扫清战场。

No.1 比斯开湾大屠杀

比斯开湾是一个狭长的海域，它的东面和东北面是法国的海岸，南面是西班牙海岸。海湾不宽，由东到西约300海里，但直通大西洋。它是德国3/4的潜艇往返作战的必经之路，也就是约翰·斯莱塞所说的"德国潜艇威胁的主干"。

早在1941年夏季开始，布罗米特的岸防航空兵第19大队就一直奔波在这条主干，虽然用了两年时间，但是，看不到他们努力的成果。在第19大队的作战记录上，最好的战果是每月3艘潜艇，而且大部分的月份中，他们的战果干脆就是零。直到1943年5月，第19大队的账目上突然出现了击沉6艘、重伤6艘的天文数字。

7月份的开始似乎平淡无奇，7月2日第422中队的一架"解放者"式飞机击伤了一艘德国潜水油船，迫使它一瘸一拐地返回了波尔多。但接下来的战斗就变得惊心动魄起来。

7月8日，大西洋上的天空万里无云，如果在战前的和平日子里，比斯开湾上一定挤满了各种各样的大小船只——捕鱼的、旅游的、过路的……然而，现在人们可以看到的只有碧蓝的海水和偶尔出现的德国潜艇。

一架"解放者"式飞机平稳地飞行着，已经到达了巡逻线的尽头，目标还没有出现。

驾驶这架飞机的正是布洛克空军少校。他所驾驶的这架飞机上携带着一批最有威力的新型反潜武器——8枚刚刚试验过的火箭弹、8枚深水炸弹、1枚MK-24型自导鱼雷，这简直是一个小型机载武器库。

飞机开始向返航的航线上转弯了，就在这时，左炮手G·坎贝尔空军中尉在他一侧的海面上发现了一艘潜艇正在向南驶去。

飞机一个漂亮的转弯便进入了潜艇的正横攻击位置。

水面上的潜艇是奥夫尔曼艇长的U-514号，由于一点技术故障的原因，它和一同出航的艇群失去了联系，正在水面上孤独地航行着，潜艇的柴油机突突作响，为舱下的电池充电。也许是柴油机的噪音太大，艇员们谁也没有听见正在临近的飞机声。

布洛克仅用了几秒钟就驾驶着飞机进入了攻击，透过驾驶舱前的挡风玻璃，布洛克清楚地看到下面的潜艇正不慌不忙地向南行驶，一点也没有下潜的意思，现在布洛克屁股下面的武器库已经对准了快要冲到的潜艇头上了。

730米，布洛克发射了第一对火箭弹，潜艇仍然完全浮在水面；一分钟以后，从549米的距离上又发射了第二对火箭弹；紧接着又在457米的距离上进行了最后一次齐射，发射了剩下的4发火箭弹。

布洛克拉起操纵杆，将俯冲中的飞机拉了起来。就在这时，炮手看见一个火箭弹从潜艇那边的水中钻出来，几乎可以断定，这个火箭弹已经穿透了艇体的水线下部。

潜艇竖起来，沉入海中。布洛克意犹未尽，转回来对着下潜漩涡又投下了8枚深水炸弹；当深水炸弹爆炸后，他又投下了他的最后一个武器——鱼雷。人们永远也搞不清楚，到底是哪一种武器击沉了U-514号潜艇。

↓在深水炸弹的逼迫下，德国潜艇不得不浮出水面。

战斗结束后，汹涌的海面平静下来，剩下的是一大片油迹夹杂着漂浮物。

到了7月底，布罗米特发现，他的大队取得了一个惊人的战果——一共击沉了11艘潜艇，这个数字占到了盟军全月战果的1/3。布罗米特在他的月度报告中写道："这简直不是在作战，而是在屠杀。"从此，在盟军的海战记录中，这一段历史就以"比斯开湾大屠杀"而著称于世。

根据斯莱塞中将的指示，英国岸防航空兵针对德国潜艇白天航行的结群战术，提出了一种新的作战方案。这一方案是第19大队的飞机既能在规定的海域疏散飞行去搜索目标，又能在发现潜艇群后迅速集中，酷似邓尼茨自己的"狼群"战术。这一方案的具体内容是：一支包括7架飞机的兵力每天三次飞过横跨潜艇交通线上的两个区域（代号为"步枪群"和"海参"），进行平行搜索监视：如果哪架飞机发现敌潜艇群，便在其周围盘旋并向司令部报告，司令部便命令该机群的其他飞机飞往现场。每次巡逻的东西宽度为186公里，这个距离是潜艇一天的航程，这样，如果潜艇群想通过这一海域，每天的空中巡逻有三次机会可能发现潜艇。

7月30日，比斯开湾。

一架"解放者"式飞机在空中盘旋，水面上是3艘德国的潜艇——U–461号、U–504号潜艇和U–462号潜水油船。飞机与潜艇保持着适当的距离，潜艇上的炮火够不到飞机，但潜艇也不敢轻易下潜，因为当他们的炮手进入舱内准备下潜的时候，飞机有足够的时间击毁正在下潜的潜艇。

飞机上的驾驶员是欧文空军中尉，他的报务员此刻正在忙着向设在普利茅斯的司令部报告详细的情况。6架飞机很快赶到了现场，它们是一架"解放者"式、两架"哈利法克斯"式、两架"桑德兰"式和一架"卡塔林纳"式飞机。

第一个进行攻击的是第502中队的詹森空军中尉，他驾驶的是一架"哈利法克斯"，机上带有6枚600磅的新式反潜深水炸弹，和一般的深水炸弹相比，这种炸弹威力更大、更富于流线型，适于高空使用。尽管投弹高度达到了488米，但德国潜艇的炮手还是击中了飞机，詹森感到飞机一震，知道飞机受伤了，急忙向基地飞去。

紧接着，亨索空军中尉驾驶的另一架"哈利法克斯"开始攻击，在接受了詹森的教训之后，亨索把投弹高度提高到914米，尽管这样的高度对于攻击潜艇这样的目标来说是有点太高了，但由于几乎不受炮弹的干扰，亨索还是把炸弹投中了目标。被命中的是U–462潜水油船，一枚

270公斤的深水炸弹使它受了重伤，它瘫在水面上成了一个活靶子。

这时，主攻的飞机来到了。欧文的"解放者"领先，随后是一架美国陆军航空兵第19中队的同型飞机，最后是澳大利亚皇家空军D·马罗中尉的"桑德兰"。"解放者"飞机的速度快，把"桑德兰"甩到了后面。

德国人的炮火准确而猛烈，冒着炮火进行攻击的两架"解放者"几乎同时受了伤。然而没等德国人为他们的战绩而欢呼，后面的"桑德兰"就从低空悄悄飞来。

德国炮手的注意力还没有从"解放者"身上转过来，"桑德兰"已经飞到了眼前，当他们的炮口刚刚转向"桑德兰"的时候，马罗的机关炮首先响了，无情的炮弹打在毫无遮掩的潜艇甲板上，潜艇上的炮手被扫倒了一片，趁着潜艇上混乱之机，马罗投下了7枚深水炸弹。U－461被炸成两段，瞬即沉没。

看到了两个伙伴的不幸下场，U－504潜艇上的路易海军上尉决定利用飞机攻击U－461的机会紧急下潜。在一旁观战的那架"卡塔林纳"式水上飞机发现了这一幕情景，它用无线电召来了附近巡逻的英国皇家海军的舰艇部队。

No.2 诱饵潜艇

盟军反潜飞机在比斯开湾对德国潜艇进行的大规模截杀作战使邓尼茨大为恼火，过去的几年里，他一直是在敌人的沿海进行作战，现在却被别人堵住了家门口。长此以往，不要说恢复大规模潜艇作战，就是眼前的牵制性行动也难以维持下去了。他必须采取一点有效措施，杀一杀敌人飞机的锐气。

邓尼茨采取的措施叫"诱饵潜艇"。

事实上这种诱饵潜艇并不是什么新招数，早在5月份，当盟国飞机开始加强对比斯开湾的封锁作战时，一位德国潜艇司令部的参谋就提出了这个建议。为了对这一建议进行实战检验，德军将一艘普通的VII型潜艇进行了特殊改装。

被改装的潜艇是U－441号，它拆除了88毫米的甲板炮，在指挥室的前后分别加装了一座装甲炮台。在这两座装甲炮台上装有两座四联装20毫米机关炮和一座单管37毫米半自动炮。按当时的标准来衡量，这是一组强大的对空火力。

担任这艘特种潜艇艇长的是哈特曼海军上尉。特种潜艇的第一次试验是在5月底，该艇在比斯开湾西部进行了一天的引诱性巡逻，终于钓到了一架"桑德兰"式飞机。但是就在战斗开始时，德国水兵发现艇上的一座20毫米机关炮的炮座受海水的腐蚀，已经无法转动了。

潜艇重创了飞机，但飞机也炸伤了潜艇。受伤的飞机在返航的途中遭到德国战机的截击而被击落，潜艇的舵机被损坏失去了平衡，一瘸一拐地返回了布雷斯特。

这确实不能算一次成功的试验，但作战中的一些偶然事件却给试验者留下了一线希望——如果不是那一座机关炮发生了故障，或许那一架"桑德兰"式飞机就会被击落。正是

这种希望刺激了邓尼茨，当7月份盟军飞机的攻击再次得到加强之后，他抱着一种"病急乱投医"的心理，又一次撒出了诱饵潜艇。

7月的第一星期，U－441号潜艇再次作好了出航的准备，第一次作战时受到的损伤和发生的故障已经修复一新，随艇出航的还是原班人马。哈特曼完全有理由相信，他的这艘威力强大的潜艇将在战斗中表现一下，假如他能够击落5架或4架飞机，最好再击伤它两架，或许能够狠狠打击一下同盟国飞行员的气焰。

7月12日，比斯开湾。

一只"披着羊皮的狼"已经在海湾中徘徊了4个白天，但是同盟国的飞机似乎知道了它的诡计，没有一人前来攻击它，这难免使哈特曼艇长感到有点没趣。午后的太阳照在甲板上，让人觉得懒洋洋的，甲板上的炮手们已经有点昏昏欲睡了。

潜艇发动机的隆隆声响淹没了四周所有的声音，这给艇上的人们带来了不小的困扰，因为他们根本无法用自己的耳朵听到飞机声音，而强烈的阳光又使他们无法睁大自己的眼睛。

突然，一名德国水兵发现阳光下出现了3个小黑点，水兵感到自己的眼睛有点被太阳照花了，他使劲了揉眼睛，现在3个黑点变得更大了，这一次他搞清楚了，水兵大声喊了起来：

"飞机！飞机！"

盟军飞机出现得太突然了，这个水兵甚至已经来不及报告飞机的数量、方位和距离，但他的减声却惊动了甲板上所有的人，人们顺着他的目光望去，只见3架飞机正向潜艇冲来。

立刻，所有的人员都进入了战位，潜艇上的炮口指向了飞机。出乎德国水兵的意料，3架飞机并没有投弹轰炸，而是用12门20毫米机关炮和18挺机枪的联合火力对他们进行了快速俯冲扫射。

出现在德国潜艇上空的是一个由3架"勇士"式重型战斗机组成的小队，带队的是一名老资格的空军上尉斯科菲尔德。他今天的任务是寻歼出现在这一海域的德国战斗机，为盟军的反潜巡逻机扫清战场。

当哈特曼看清向他俯冲下来的是3架战斗机时，他本应采取的最稳妥的方法是紧急下潜，因为这不是他计划中的目标，他完全可以等"勇士"飞机离开后再浮起来，等候下一个更好的目标。但是，哈特曼已经等得不耐烦了，同时他太过于相信自己的武器了，他根本没把来袭的飞机看在眼里。

潜艇和飞机开始激烈地对射。当斯科菲尔德驾驶着他的"勇士"飞机冲向潜艇的时候，他看到了一个奇怪的场面，潜艇的舰桥和甲板上挤满了射击的人，敌人的潜艇不但没有下潜，反而拼命向飞机射击。

斯科菲尔德意识到，他碰到了一个强硬的对手。在这种对射当中，他的飞机并不占优势，他的武器威力太小，无法给对方造成致命的损伤，而他的飞机只要被命中一次就有爆炸

← 一艘德军潜艇浮出水面，缓慢前行。

的危险，但是，现在想退出战斗已经太迟了，如果他将飞机拉起来，那很可能就会成为炮弹的活靶子，到了这步田地只有拼个你死我活了，斯科菲尔德一咬牙按下了机关炮的按钮。

潜艇上的哈特曼也有他的难处：在摇摆不定的潜艇上，要想打得准是困难的，飞机上的机关炮和机枪虽然对潜艇无法构成致命威胁，但如同暴雨般刮来的子弹却是和死神一起飞向甲板上的人们，只要一次准确的齐射就会使潜艇的火力损失大半，如果那时再有一架轰炸机赶来，潜艇小命也就到头了。然而，英国人的飞机不要命似的连续攻击，使哈特曼根本没有可能有其他的选择，他只能咬紧牙关先拼掉头上的"勇士"式飞机。

英国战斗机的攻击组织得相当出色，通过无线电指挥，3架飞机不停顿地从四面八方轮番攻击。当攻击进入到第二轮时，双方终于决出了胜负。斯科菲尔德的一次齐射击中了要害，机关炮弹穿进了潜艇的指挥室和炮位，弹雨像长柄镰刀一样，将所能触及的人扫倒了一片。

甲板上的哈特曼艇长只感到眼前一片血雾，便倒在了甲板上。飞机的这一次成功的齐射打死了10名德国水兵，13人受伤。现在，"勇士"们可以在更低的高度进行它们的攻击了。

战斗结束以后，曾经作为"诱饵潜艇"的U－441号潜艇又被改回为普通作战潜艇。人们很快就将它淡忘了，只有邓尼茨的作战日记上记载着：

"就潜艇部队而言，这次行动充分表明了，潜艇不是打飞机的理想武器，所有的诱饵潜艇的改装工作都停止了。"

↓一架英国战斗机正在空中追击一艘德国潜艇。

第9章
CHAPTER NINE

进军，
比斯开湾

★10月底，"狼群"作战终以失败而告一段落。邓尼茨认为集团作战付出的牺牲太大了，便决定将以前的集体作战分散为少数甚至单独潜艇作战。然而，在敌方航空兵力的强大攻击之下，这种方式仍不能有什么起色，潜艇依然被接二连三地击沉。

★6月15日，德国潜艇抵达英吉利海峡。U-767号在兰斯茵角附近击沉1艘驱逐舰，U-764号也击沉1艘驱逐舰，但随即被击成重伤。3天之后，U-767号遭到另外3艘驱逐舰的围攻，终于招架不住而被击沉。

No.1 "群狼"退出大西洋

1943年9月20日晨，大西洋。

正在洋面上行驶的是编号为ONS－18的慢速护航编队，这是一支由27艘商船组成的小型护航运输队。在它后面不到100海里，是另一支由42艘大型商船组成的大型快速护航运输队，编号为ON－202。这种编队的配置方式是盟军海运指挥部采用的一种新战术。

德国潜艇一直等到夜幕降临才动手。他们一夜之间对船队先后展开了3次攻击。大规模的战斗是在船队后部进行的，而且都发生在潜艇与护航舰队之间。

晚上8时左右，1艘驱逐舰被一枚鱼雷炸裂后沉没。午夜10时30分，驱逐舰"波利安萨斯"号又被击沉。

21日，一片浓雾在大海上弥漫，潜艇悄悄浮出海面，进入到船队的前方，准备展开攻击。在水上航行，浓雾时而将潜艇藏在它的怀中，时而将潜艇裸露在光天化日之下。

下午雾散后，潜艇被警戒飞机盯上了，好在潜艇使用了对空射击武器，致使飞机无法对其进行精确射击。

夜幕垂落之后，潜艇抓住时机再度展开攻击。不过，由于护卫舰艇的严加防护，潜艇无法接近船队，U－229号反而被击沉。同时，驱逐舰"伊杰茵"号被鱼雷击中，当了U－229号的陪葬品。

在整整3天时间里，德国潜艇击沉了6艘商船和3艘护航军舰。3艘德国潜艇也永远地留在了海底。

10月8日，潜艇群与5S－143号船队相遇，这是由39艘商船组成的船队，并附带有9艘护卫舰。潜艇对此船队展开了攻击。虽有1艘驱逐舰被击沉，但当警戒飞机在黄昏时分飞来时，潜艇却被击沉了3艘。

10月15日，潜艇又与ON－206船队相遇。作战的结果非常黯淡。这一夜，由于护航舰艇的行动异常严密，潜艇只能保持潜航状态。

16日，在潜艇展开攻击之前，"利贝列达"式警戒飞机用雷达捕捉了两艘潜艇，逼其逃窜。

10月17日夜，又有两艘潜艇被"利贝列达"式飞机

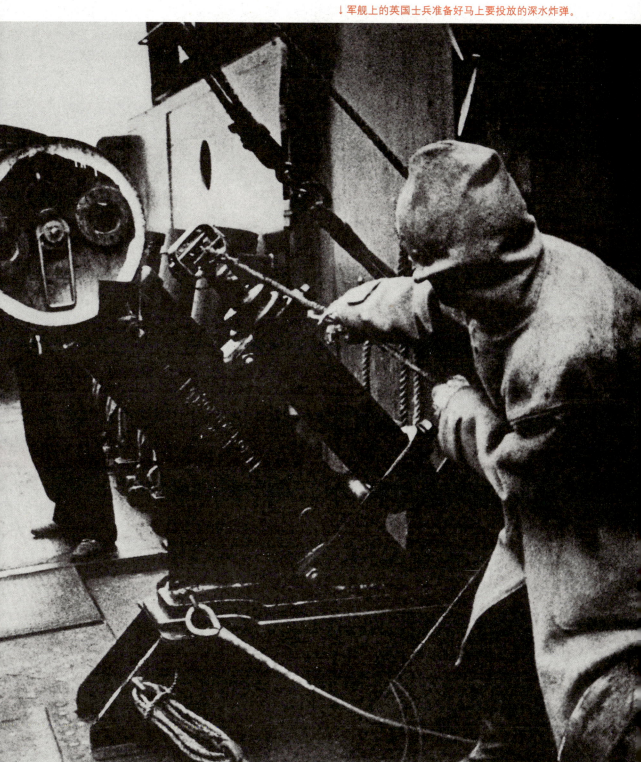

↓军舰上的英国士兵准备好马上要投放的深水炸弹。

击沉。当ONS－20船队通过时，潜艇击沉了其中的1艘商船，但自身也丧失了两艘。

邓尼茨仍然坚持作战到底。于是，潜艇与护航舰队之间的冲突便越来越激烈了。

在这场战斗中，英国海军高速驱逐舰舰长威卡上校发挥了独创的才能，巧妙地指挥着军舰对潜艇的攻击。

他使用的战术是：两艘军舰共同行动。也就是由队列第2艘军舰利用潜水探测器去捕捉潜艇，而把第1艘军舰指引到目标的正面。第2艘军舰这时再精密地计算展开攻击的第1艘军舰与潜艇的作战位置和速度等，将使用深水炸弹集中攻击目标的时机，通知给第1艘军舰。这种战术，增强了深水炸弹攻击目标的准确性。当驱逐舰单独作战时，则利用深水炸弹发射器，一次性把深水炸弹投放到海中。

由于舰艇对潜艇攻击战术不断取得的进步。1943年9月至10月的两个月间，德潜艇部队至少有25艘潜艇被击沉。在这期间，潜艇只击沉了9艘商船。

10月底，"狼群"作战终以失败而告一段落。邓尼茨认为集团作战付出的牺牲太大了，便决定将以前的集体作战分散为少数甚至单独潜艇作战。然而，在敌方航空兵力的强大攻击之下，这种方式仍不能有什么起色，潜艇依然被接二连三地击沉。

　　不久，以2、3艘潜艇为一组的数群潜艇，被派到纽芬兰的东方和格陵兰的南方海面。途中真是寸步难行。沿途只要潜艇将潜望镜一露出水面，警戒飞机就照射出探照灯，让潜艇没能有一点浮出水面喘口气的机会。好不容易没有飞机光临时，又有水上舰艇很快跑来，从舰上潜水探测器中发出的声音，让潜艇上的官兵听得清清楚楚。

　　19日，英军又有9艘舰艇前来增援。这时，护卫舰艇已达19艘，它们构筑起严密的双重警戒线，加强对船队的安全防护。

　　这天晚上，邓尼茨又下达了决一死战的攻击命令。没料想一开战，U－536号就受到护卫舰的伏击，在连续几次深水炸弹的攻击之后，被迫浮出海面。顷刻间，护航舰队上的炮弹倾盆大雨般砸来，U－536号挣扎着沉入了大海。

　　20日，两架德军的侦察机被击落坠入大海。接着U－618号潜艇也击落一架英军的"姆达兰"式警戒机。

　　激烈的战斗在夜幕中持续进行。U－684号击落一架"利贝列达"式飞机，1艘驱逐舰用潜水探测器捕捉到U－538号，追踪了6个小时之后，将其击沉。

　　在这次战斗中，德潜艇部队先后共有31艘潜艇参加作战，却连1艘商船也没击沉，反而被击沉3艘，击伤1艘。英军船队只有1艘高速驱逐舰受损，两架飞机被击落。

　　潜艇再没有昔日不可一世的攻击力了。邓尼茨只好放弃大西洋的潜艇作战。对于邓尼茨来说，这是悲惨的一刻。从此，盟军的船队可以在西半球的全海域自由地畅行。对潜艇部队而言，艰苦的一年已经过去，邓尼茨把焦虑的目光伸向下一个战局。

　　为了使潜艇部队忘却大西洋惨败带来的耻辱，邓尼茨绞尽脑汁地思考，应该在哪一方面突破以及如何展开作战。

　　然而，无论潜艇到哪个海域作战，总是有盟军的护航舰队在等着，潜艇四处碰壁、随时处于挨打的位置。邓尼茨想起潜艇运回基地时，官兵们总会减少，心里涌起阵阵悲哀。

　　邓尼茨一方面把少数的潜艇派遣到遥远的海域，另一方面将大部分兵力配置到英国本土的西方航线，以备展开来年的大攻势。

　　1944年1月中旬，北从费洛斯群岛，南到布勒斯特一线上，邓尼茨部署了20多艘潜艇。潜艇之间以约50公里的间隔进行警戒，除充电时间外均保持潜航状态。当然，在这种情形下，发现敌舰船的机会就减少了。因而把搜索敌方船队的任务交给了空军。

　　由于空军飞行员对海上作战缺乏经验，所以，虽然几次发现了船队，但未能接近并配合作战，因此潜艇的攻击仍不能奏效，无可奈何地再次以失败告终。

　　此后，潜艇的警戒线接近到爱尔兰的沿岸。这一情报很快被英国海军部获悉，并迅速将强大的航空兵力集中到爱尔兰基地。

　　1月27日，德国侦察飞机发现两支船队，向潜艇发出了有关船队位置的电报。同样地，

← 邓尼茨在前线视察工作。

这一情报也被英军破译。28日，从爱尔兰基地起飞的英警戒机捕捉到潜艇群。在这场战斗中，德军又损失了两艘潜艇。

邓尼茨下令中止作战，盟军却不善罢甘休，死死盯住潜艇进行追击。随后又有1艘潜艇被击沉。

在以后的数个星期内，因盟军的海空兵力严守着这一海域，潜艇便束手无策无所作为。

潜艇虽然有机会展开小规模的攻击，但始终无法夺回主动权，相反，攻击次数越多，损失越惨重。

2月13日，邓尼茨为了避免损失，把潜艇转移到遥远的西方。这时，潜艇部队司令部仍没有正确地了解自己受损的实际情况，到了2月下旬，潜艇的损失数才真实客观地反映出来。邓尼茨获知后大感失望。

邓尼茨认为，潜艇之所以屡遭惨败，是德空军侦察机的不尽责尽职的缘故。2月26日，他直接要求希特勒增派侦察机，以及尽快建造XXI型潜艇。XXI型潜艇是采用瓦尔达式船体，能够在水中高速航行的新潜艇，邓尼茨对它寄予很大的期望。他又下令将出击中的潜艇从欧洲沿岸，移动到1,300公里外的大西洋上，以分散的方式对船队实施攻击。

没有航空兵支援的潜艇，尝试了几次攻击。U－577号击沉1艘高速护卫舰，然而却是以其他潜艇遭到护航舰队的痛击为代价。

3月5日，U－744号艇上的官兵因受不了连续长达30小时的攻击作战，自动放弃了潜艇。

3月22日，邓尼茨自己也耐不住了，终于下令全部潜艇离开大西洋。这不啻是在暗示希特勒，如果新潜艇不尽快建造并服役，如果空军不提供大规模的支援，潜艇部队就再也不能继续进行作战了。

德国在4月份又损失6艘潜艇。5月初，只有5艘潜艇参加作战，其中的两艘被击沉到海底。到了5月底，美国沿岸只配备了两艘潜艇，非洲沿岸也同样如此。

自1943年秋开始，在9个月之内，潜艇击沉了27艘商船，但自己损失达12艘。

这个数字虽然不能说明战争胜负，但却意味着盟军舰船再也不会被轻易击沉了。此刻，盟军正加紧增强补给与装备，以便反攻欧洲大陆。

对德军来说，潜艇担任的是攻击作战。德国海军必须击沉盟军的舰船，减少他们的补给力，才能获得成功。而此时此刻潜艇再也没有攻击力了，这似乎预示着整个德国军队的命运也将如潜艇的命运一样走向不可逆转的失败。

No.2 不复存在的"狼穴"

1944年6月6日2时10分，巴黎，德国海军前线总指挥部。

一阵急促的电话铃声，惊醒了已进入梦乡的邓尼茨。邓尼茨拿起电话，话筒中传来了德军西线海军司令克朗克海军上将的声音：

"报告元帅，敌人开始登陆了。"

"什么时间？什么地点？"

"5时30分开始火力准备，地点——诺曼底。"

邓尼茨放下了话筒，穿上衣服，快步走进作战室，向值班参谋口授了给潜艇部队的作战命令：

"凡敌用于登陆的每1艘船只，哪怕只载有一辆坦克和少数士兵，均应视为重要打击目标，须不顾危险加以攻击。尽力靠近敌人登陆编队，不必顾虑浅水、水雷或任何其他危险。消灭敌登陆前的一人一器都能减少敌人最后成功的机会。凡予敌于损害即为恪尽职守，潜艇存亡，在所不计。"

和所有的德国高级将领一样，邓尼茨一直把英美联军在欧洲大陆的登陆，视为决定第三帝国生死的关键一战，现在，这个可怕的时刻终于到来了。邓尼茨命令德国潜艇出动，是要挽救第三帝国。但这对于潜艇部队的官兵们来说，邓尼茨的命令无疑是要他们作出牺牲。因为要他们在狭窄而戒备森严的英吉利海峡作战，无异于步兵于密集火力下在开阔地上冲击。尽管如此，近百艘德国潜艇还是驶离了基地，驶向危险的英吉利海峡。

这是开战以来最大的德国"狼群"之一，它的名字叫"农夫"，由从比斯开湾诸港驶出的49艘潜艇组成。事实上，德国潜艇已经拥有了对付盟军飞机的有效武器——通气管。但可悲的是，"农夫"艇群中只有9艘潜艇改装了通气管。由于盟国对法国铁路的空中轰炸，大批改装用的配件还成包地堆在货场中，无法运出。况且这些潜艇即使突破了空中巡逻网，还要受到大约300艘驱逐舰、护卫舰和反潜拖网渔船的挑战。

在"农夫"艇群的驻泊基地中，布列斯特距诺曼底最近。从布列斯特出航的共有15艘潜艇，其中7艘幸运地装上了通气管，可以一直潜航到英吉利海峡；其余8艘只能在夜间浮出水面充电，以便能有充足的电能，在天亮后潜航。6日夜，8艘潜艇排成一路纵队，消逝在夜幕中。没过多久，激战便开始了。

U-415潜艇艇长韦尔纳海军中尉在航海日志中写道：

月夜晴朗，能见度良好，在布列斯特附近脱离护航，航向270，全速。

尾后的U-256潜艇受到飞机攻击。我方也开了火。U-256击落一架敌机。我艇周围都是雷达信号，强度3~4级。自右舷的雷达信号增强。一架"桑德兰"式飞机出现，并从右舷40度进行攻击。我艇开火，飞机在我艇前方扔下4枚深水炸弹。

一会儿，听见在潜艇中部发生了四声爆炸，爆炸把潜艇抛出了水面，把艇员震倒在甲板上。然后潜艇又落回了水面，巨大的水柱把成吨的海水从舱口灌入潜艇。这次全完了，两台柴油机都停止了转动，舵机卡在右舷不动了。潜艇变成了弓形，逐渐失去了速度……成了易于攻击的目标。

随后发生的事情是韦尔纳的机械师修复了柴油机，U-415潜艇和另1艘受伤的潜艇U-256号，一齐结伴返回了布列斯特。U-415潜艇的遭遇极具代表性，6月6日一夜之间，就有7艘潜艇遭到了攻击，有两艘潜艇沉没，3艘受伤返航。尽管如此，还有42艘德国潜艇驶出了比斯开湾，前往英吉利海峡。

第二天夜晚，U-970号遭"姗达兰"式飞机的攻击后沉没，U-629号和U-273号则被"利贝列达"式飞机所击沉。

6月15日，德国潜艇抵达英吉利海峡。U-767号在兰斯茵角附近击沉1艘驱逐舰，U-764号也击沉1艘驱逐舰，但随即被击成重伤。3天之后，U-767号遭到另外3艘驱逐舰的围攻，终于招架不住而被击沉。

潜艇的阻止登陆行动，一直持续到U-621号在诺曼底附近海域击沉1艘登陆舰而告一段落。从这以后，潜艇无力再度出击，也没有取得任何战果，潜艇的攻击处于停顿状态。

从挪威出发的潜艇，沿途不断遇到英国、加拿大和挪威飞机的轮番攻击，从6月11日到24日之间，共有4艘潜艇被击沉。

6月底，12艘潜艇从比斯开湾及大西洋方向向盟军登陆地点诺曼底海域靠拢，而抵达目的地时仅剩下3艘。

尽管受到敌方海空火力的猛烈攻击，潜艇也作了顽强的反击。U-948号在西尔塞比尔外海击沉3艘盟军航船，并击伤1艘驱逐舰，迫使其东航返回出发港口。

7月份，潜艇历尽艰辛继续赶赴英吉利海峡作战，但始终被盟军反潜部队所阻，没有取得什么战果。7月4日，U-390号击沉1艘登陆舰，第二天遭到反击被击沉。

7月6日，U-763号艇长考尔蒂斯少校在西尔塞比尔外海展开攻击时，被英国1艘驱逐舰咬上。该舰向U-763号艇投放了550枚深水炸弹，一路追踪达30个小时之久。考尔蒂斯少校被赶进了浅海水域，慌不择路，艇底不止一次擦到了海底。

7日早晨，驱逐舰终于放弃追击扬长而去，U-763号这才松了口气。然而，由于这次

↑英军驱逐舰击沉了一艘德国潜艇。

仓皇逃窜造成的惊慌和疲劳，考尔蒂斯对该艇位置的推测产生了差错。7日上午，他推算自己是在瑟堡北方约40公里的海面上，但这里所有的条件都不符合他推测的位置。用音响测深仪所测定的实际水深与海图上所标明的该海域水深不同，与无线航路标识所测定的位置也不一样。

考尔蒂斯少校判断潮流正在将潜艇漂到海峡群岛。于是，他决定以潜航的方式，向北航行，打算通过敌舰混杂的海域向更为广阔的安全海域航行。

然而事与愿违。第二天早晨4时，U－763号又在近海搁浅了。综合分析各种资料，这回考尔蒂斯少校判断自己仍然在海峡群岛附近。他分析，或许U－763号触礁之地，正是威地岛外海的英国海军舰船停泊地呢！

此海域有很多舰船进进出出，有的是从登陆地点返回的舰船，也有医疗船正驶向诺曼底方向，还有别的穿梭奔忙的各型舰船。

U－763号在海底整整呆了12个多小时。后来，考尔蒂斯少校根据这片海域潮水的涨落特点，趁涨潮时脱离海底，潜航驶出了浅滩，终于平安地返回布勒斯特港。

7月份，进入英吉利海峡的德国潜艇没有遇上幸运之神。继6月份损失7艘潜艇之后，7月至8月初，又有8艘潜艇被击沉。这个数字为全部出动潜艇的2/3，先后约有750名潜艇官兵与潜艇同归于尽。尽管如此，志愿参加潜艇部队的德国青年仍然十分踊跃。

从数目上来说，潜艇所取得的战果并不惊人。它们先后击沉12艘运输船，4艘登陆舰，5艘护卫舰，并重创5艘运输舰，1艘护卫舰，1艘登陆舰。

潜艇本身也损失惨重。与以前的作战相比，邓尼茨认为这次反盟军登陆作战的战果不坏。尽管潜艇无法从根本上阻止盟军的登陆，但至少已给予他们以一定打击，直接减轻了德国陆军反登陆作战的压力。

8月25日，巴黎解放。邓尼茨和他的潜艇部队永远失去了他们在战争初期所创立的这个最大规模的"狼穴"。

No.3 风雨过后见"彩虹"

对于德国人来说，1945年的战局已经完全失去了控制，盟军以潮水般的攻势将一个又一个的城市从纳粹手中解放出来。几个月以来，邓尼茨所能做的事情就是将一批批潜艇从被盟军逼近的港口中撤走，同时期待着盼望已久的新型潜艇的到来。然而，就连邓尼茨自己也没有想到，战争的最后一幕正在等待着他。

1945年4月，苏联红军的炮弹已经开始落到希特勒的元首府花园内，西部战线的盟军也已经越过了莱茵河，正逼近易北河。第三帝国已经到了"忽拉拉大厦将倾，昏沉沉黄泉将近"的穷途末路了。

4月下旬，希特勒退隐到柏林元首府的地下室，不能再有效地监督分散在各地的纳粹头子们。这时，在纳粹德国的所有要员中只有邓尼茨和戈培尔仍然真心效忠于希特勒，因此希特勒在自杀前决定由邓尼茨做自己的继承人。

5月，希特勒死后，邓尼茨竭尽全力拖延全面投降的时间，力图在西部战线投降，而在东部战线继续作战，以使战后德国有更多的人口和领土能继续保留在资本主义世界里。但是，纳粹德国已经到了最后的时刻。邓尼茨的政府仅维持了一个星期，盟军就在易北河会师了。

1945年5月8日，邓尼茨代表纳粹德国签署了无条件投降书。德国陆、海、空三军放下了武器。

一艘艘德国潜艇浮出了水面，然而，就在此时，盟军的无线电侦听部门接收到了大量潜艇的明码通讯信号——"彩虹"。经验丰富的英国海军军官立即感到，一场不幸的事件就要发生了。

历史的一幕又重演了。昔日游荡在大西洋的"幽灵"，在留下一片片油迹和碎片之后终于消失了。据盟军资料统计，1945年5月德国投降时，德国海军共拥有潜艇407艘，其中224艘在投降过程中自沉。

1945年5月23日，邓尼茨被盟军逮捕，并在纽伦堡国际法庭上以战犯罪被判10年徒刑。

对于这一判决，邓尼茨直到临死前仍然表示不服。1956年他刑满获释后，定居在联邦德国。后来，他以答法国记者问的形式整理出版了一部题为《第二次世界大战中的德国海军战略》的书，对第二次世界大战中德国潜艇的战略战术作了回顾和总结，并借机大肆吹嘘自己，洗刷自己的战争罪责。

邓尼茨死于1980年10月24日，终年89岁。

02
BATTLE

第二篇 ＞ 海战·中途岛

第1章
CHAPTER ONE

豪赌，
山本五十六

★宇垣坚信，美国人绝不会坐视中途岛丢失，因为那无异于让一把锋利的宝剑顶在自己的喉头。既然美国人一定会全力争夺，日本联合舰队当然巴不得抓住这个决战的良机，一举诱歼美国太平洋舰队主力于中途岛附近。

★由山本五十六亲自指挥主力部队，下辖轻型航空母舰1艘、战列舰7艘、轻巡洋舰3艘、驱逐舰21艘、水上飞机母舰两艘（携带袖珍潜艇）以及各类舰载飞机,35架。任务是掌握中途岛、阿留申群岛作战全局，间接支援北方的作战，重点支援中途岛作战，同时攻击美国舰队。

No.1 要么"东进"，要么辞职

1941年12月8日，日本柱岛锚地的整个舰队都在为珍珠港的胜利大庆特庆。司令官的舱室内，日本联合舰队司令山本五十六大将站在那里，眼睛盯着轰炸珍珠港的战果报告。这份报告是根据美方的资料整理而成的，美方对所受的损失未加任何掩饰。在他看来，转攻为守就是给美国时间，让美国人重整军备，卷土重来。美国经济潜力和军事潜力都比较大，一旦缓过神来，日本将很难对付。

山本认为，只有迅速消灭美国太平洋舰队，才是结束战争的最佳捷径。因此，他力主进攻，再制造一次珍珠港式的袭击，彻底歼灭美国舰队。

在山本的授意下和支持下，联合舰队参谋长宇垣缠等人连续研究了几天，不约而同地把目光投向了中途岛。中途岛正如它的名字一样，位于日本与夏威夷的中间，西距东京2,250海里，东距夏威夷的珍珠港1,140海里。中途岛由东岛和沙岛组成，外围环绕着直径11公里的环礁。东岛长约3,000米，宽约1,500米，地势平坦，建有一座飞机场。沙岛长约3,000米，宽约2,500米，北部有一个港口。巴掌大的中途岛本来并不起眼，可它所处的位置及机场和港口太重要了，说是战略要点丝毫也不过分。岛上的美军飞机可以有效控制周围600海里半径的海域，日本舰队若想直接进攻夏威夷，就会受到中途岛与夏威夷两方面的夹击。反之，如果日军占领了中途岛，就可以把自己的战略前沿大大向东推进，利用岛上的海空基地形成对夏威夷方面美国太平洋舰队的有效监视和警戒，一俟准备就绪，即可直扑夏威夷。

宇垣坚信，美国人绝不会坐视中途岛丢失，因为那无异于让一把锋利的宝剑顶在自己的喉头。既然美国人一定会全力争夺，日本联合舰队当然巴不得抓住这个决战的良机，一举诱歼美国太平洋舰队主力于中途岛附近。

1942年1月中旬，宇垣向山本汇报了自己的初步设想：联合舰队的下一个作战目标定在中途岛。如果攻占了中途岛，立即将岸基航空兵推进至该岛。一俟各方面准备就绪，就以联合舰队的决战兵力，大举进攻夏威夷，全歼美国在太平洋上的主力。如果在此期间，美国想驰援中途岛，即毫不犹豫地实施决战。

到3月28日，宇垣手下首席参谋黑岛龟人海军大佐和他的参谋们已经把宇垣的初步设想变成具有细节的作战计划了。只要山本一声令下，停留在纸面上的计划立即就可以变为几千海里以外的海战奇观。

山本五十六没有想到，他的中途岛的作战计划从开始时就不断遇到麻烦。

计划刚刚出笼，就遇到第一个障碍：海军军令部提出强烈反对。也许是个规律，各国军队中几乎无例外地存在着总部与作战部队间的矛盾。日本海军也不能免其俗，军令部的军官自恃清高，常常以眼光远大、富有全局战略观而自负。可联合舰队的军官不理他们，把军令部一帮人看做是只会坐在办公室里纸上谈兵的行家里手。自开战以来，两派之间已经多次出现对立。联合舰队力主奇袭珍珠港，而军令部的人则表示怀疑，只是在山本大将发出辞职的威胁后，军令部才作了让步。珍珠港的成功，虽说证明了联合舰队的正确，但进一步助长了两派感情上的对立。

在联合舰队制订中途岛作战计划的同时，海军军令部也拟制了一个作战计划：即逐步控制新几内亚岛东部、所罗门群岛南部以及新喀里多尼亚至斐济一线，切断美、澳之间的交通线，以孤立澳大利亚。这项计划被称为"南进作战"计划。

山本推出这一作战计划时，在日本军界上层掀起轩然大波，陆海空军首脑们无不连连摇头，他们想都未曾想过，战争爆发还不到半年，一下子就能打到夏威夷群岛的大门口中途岛。特别是军令部长永野修身海军大将和副部长伊藤整一海军中将，他们对山本大将的作战计划表示坚决反对。

3月中旬，山本简要地通知了海军军令部，说他正在研究进攻中途岛的计划。军令部第一部长福留少将当即答复说，军令部已经有了一个"南进"作战计划，因此"东进作战"计划恐怕不能通过。

但山本决心已下，1942年4月2日，他派作战参谋渡边中佐赴东京，正式呈递他的"东进作战"方案，请军令部核准实施。并表示如果军令部不通过中途岛作战计划，他将辞去联合舰队司令的职务。

山本要辞职，这是军令部最怕的一招。在珍珠港的大胜利之后，山本大将已经成了仅次于天皇的偶像。一旦国民得知是由于军令部的反对而导致山本辞职，在座的这班人恐怕都会背上卖国的嫌疑，而且永远也洗刷不掉。毕竟在山本巨大的光环下，他们都是微不足道的人物。

山本以辞职相要挟，迫使军令部屈从了他那表面上客客气气的讹诈。

海军军令部最终原则上同意了山本五十六的东进作战计划。但是他们并不甘心，于是，军令部抓住作战计划的一些枝节问题不放，对作战计划很多具体问题提出质疑。本来，山本五十六预定进攻中途岛的日期在6月初。但军令部执意要他推迟3个星期，理由是有更多的准备时间。双方在诸如此类的问题上争来争去，直到4月中旬还没有定下来。

↑ 正在研究作战计划的日本海军联合舰队司令山本五十六。

↓ 日本海军军令部部长永野修身。

正在这时，4月18日，发生了一件震动日本朝野的事件，使军令部最终同意山本的中途岛作战计划。

No.2 手握太平洋战场的命运

珍珠港事件后不久，罗斯福总统就说过，他要尽快轰炸日本本土，对日本人卑鄙的偷袭还以颜色。

于是，1942年3月初，24组陆军机组人员集中到佛罗里达州的埃格林机场，练习在152米长的跑道上起飞B－25型双引擎轰炸机的技术。他们的指挥官是个出类拔萃的人物，既是航空学家，又是几次打破飞行纪录的勇敢的飞行员；第一个以12小时横贯美国的是他，第一个飞出别人不可能完成的动作——外圈筋斗的是他，第一个做到盲目着陆的还是他。此人就是美国航空界有名的詹姆士·杜立德中校。

4月1日，最后筛选出的16个机组悄悄抵达加利福尼亚州的阿拉米达基地，登上了"大黄蜂"号航空母舰。

几天后的4月8日，另一支舰队从珍珠港起航。为首的是威廉·哈尔西海军中将率领的"企业"号航空母舰，护航的也是两艘巡洋舰、4艘驱逐舰和1艘油轮。他们是去与来自美国本土的"大黄蜂"号会合，然后一同前往执行轰炸日本的任务。

日本人对此一无所知，直到两天后，联合舰队的无线电情报人员才截获了这支美国舰队与珍珠港的来往电报。他们推测，如果美国舰队继续西进，那八成是来轰炸东京的。日本人以其特有的精确进行了推算：舰载飞机航程有限，美国舰队必须驶到离东京400海里以内的海面才能起飞，否则，飞机就无法返回。而日本的警戒网一直延伸到离海岸700海里的地方。所以，在美国舰载机起飞之前，日本有充分的时间去攻击敌舰。

这个估计很准确，只有一点差错，美国人用的不是海军的舰载机，而是陆军的远程轰炸机，它们预定的起飞点距离目标约500海里。

4月16日，两支美国舰队会合，组成第16特混舰队，直接向东京方向驶去。各机组人员自信一定能给日本人一个奇袭，但是，3天后这种信心动摇了。因为收到了东京电台的一则广播："英国路透社报道，美军3架轰炸机轰炸了东京。这种谎言可笑至极。日本国民对这种愚蠢的宣传毫不在意，正沐浴在和煦的阳光和芬芳的樱花中，享受无限美好的春光。"虽说是宣传，但日本军方显然已经注意到了危险的来临。

↑ 美国"企业"号航母行进在平静的海面上。

次日清晨3点钟，载着预定轰炸东京的飞机的军舰在离东京还有700海里的时候，突然遇到日军潜艇。"企业"号上的雷达首先测到两艘潜艇跟踪。几分钟后，水平线上闪了闪亮光。第16特混舰队改变了航向，各舰都响起了"动员"警报。半个小时后警报解除，舰队重又朝向西面行驶，好像什么也没有发生过。

气候很坏，军舰颠簸得很厉害。天快亮的时候，3架搜索机从"企业"号起飞，侦察前方海域。一个飞行员透过灰沉沉的雾气发现了一艘日本的小型巡逻艇。他调转机头来到"企业"号上空，投下一个通信筒，内写："发现日军的水面舰只，距离很近，估计敌人也发现了我们。"

过了不到一个小时，"大黄蜂"号上的观察哨也发现了一艘小型巡逻艇。让所有人感到震惊的是：这艘巡逻艇已经开始用明码发报说，在距东京700海里处发现3艘敌人航空母舰。

已经无秘密可保了，必须提前动手，否则整个计划就会泡汤。于是，飞行员们仍登上飞机，义无反顾地执行任务。

飞机一架接一架升空，当最后一架离舰后，哈尔西立即下令全舰队返航。出于安全考虑，杜立德他们执行完任务，不再飞返航空母舰，而是径直飞到中国大陆的机场，目的是尽量减少第16特混舰队滞留危险区域的时间。

这一天是4月18日。说来凑巧，就在最后几架美军飞机离开"大黄蜂"号，朝东京扑去之际，东京正在进行防空演习。演习气氛松懈，连警报也没拉。这一天是星期六，天气又晴朗又暖和，演习一结束，大街上很快又熙熙攘攘，挤满了买东西和春游的人们。

中午12时30分，杜立德的飞机到达目标上空，投下第一颗炸弹。接着，一架轰炸机飞过市区上空，把带来的所有炸弹悉数投下。除了弹着区及其附近的人，东京市民都以为这场空袭不过是逼真的防空演习的高潮。学校操场上的孩子和闹市街上的市民们还向头顶的飞机招手，他们看错了美国飞机上红、白、蓝三色的圆标志，把它当成了旭日标志。空袭时，天皇裕仁携皇后正在御花园为前方将士采药，以示恩泽。

警报响起后，他也以为是演习，直到听到爆炸声，裕仁才恍然大悟："哪里来的飞机？简直不可思议！"天皇顾不得往日的矜持，大声叫嚷起来，并赶紧拉住皇后的手，一起钻进樱花林躲避。

就物质损失而言，这次空袭算不上成功，但是发生空袭事件的本身却使日本统帅部极为震惊，用日本大本营官员的话说："它使日本打了个冷战。"开战以来，日本领土上第一次落下了炸弹。日本天皇曾得到过他的司令官们的保证：决不允许敌人的炸弹落在他神圣的国土上。但是，司令官们的保证落空了。东京遭受轰炸在日本民族的心理上引起了很大震动。日本人的自尊心被严重地挫伤了。

美军空袭东京事件使命运的天平向山本五十六倾斜过来。海军军令部中坚决反对中途岛作战方案的人也不得不承认来自东方的威胁比来自南方的威胁更大、更现实。军令部为没能保住首都的安全而不安，反对进攻中途岛的意见烟消云散。

与此同时，日军的南进行动也遇到了阻力。1942年春，日军占领东南亚广大地区后，开始向西南太平洋推进，目标直指新几内亚岛的英尔兹比港和所罗门群岛的图拉吉岛。从4月下旬开始，美军太平洋舰队与日本舰队在珊瑚海地区爆发激战，5月初达到高潮，双方都有很大损失。珊瑚海战役使日本海军攻占莫尔兹比港的战略企图未能实现，南进战略遇到了挫折。

于是，4月20日，陆海军召开联席会议。海军军令部总长永野修身亲自主持会议，决定延期执行南进作战计划，全力以赴，拿下中途岛。会议并授权联合舰队尽快拿出详细的作战计划。

山本五十六在这场战略性论战中获胜了。他立即责令幕僚班子昼夜加班，迅速制订了进攻中途岛的作战方案。作战计划包括3项独立的但相互支援的作战行动：（1）占领西阿留申群岛；（2）占领中途岛；（3）实施舰队决战。战役的基本目的是通过占领中途岛为日本海军航空兵获取前进基地，继续向中太平洋和西南太平洋扩张，同时诱歼美国太平洋舰队。

4月底，拟定好的中途岛作战计划正式提交海军军令部总长永野大将批准。5月5日，永野奉天皇敕令，发布了《大本营海军部第十八号命令》，指令：

帝国联合舰队司令长官山本五十六将军与陆军协同占领中途岛和阿留申群岛西部战略要地。此令。

中途岛登陆日期预定为6月7日，各部队必须在5月下旬分别由各基地出发。有军令部批准，有东条首相首肯，再加上裕仁天皇的敕令，山本五十六腰粗气壮，一切顾虑驱除干净。为了完成他梦寐以求的战略目标，山本调动他所能调集的一切舰只，倾巢出动，并将这些兵力编为6个战术编队：

先遣部队：由第6（潜艇）舰队司令小松辉久中将指挥，下辖轻型巡洋舰1艘、潜艇15艘。任务是先行侦察中途岛的美军情况及天气状况，并在开战前进至中途岛至夏威夷之间组成潜艇警戒线，以攻击支援中途岛的美国舰队。

第1机动部队：由第1航空母舰舰队司令南云忠一中将指挥，辖重型航空母舰4艘、战列舰两艘、重型巡洋舰两艘、轻型巡洋舰1艘、驱逐舰12艘以及各类舰载飞机261架。任务是在登陆作战之前空袭中途岛的美军机场及各种设施，消灭岛上的美军航空兵，支援并掩护登陆作战，同时歼灭可能来犯的美国舰队。

攻占中途岛部队：由第2（重巡洋舰）舰队司令近藤信竹中将指挥，辖轻型航空母舰1艘、战列舰两艘、重巡洋舰8艘、轻巡洋舰两艘、驱逐舰21艘、水上飞机母舰两艘、运输舰船15艘以及若干扫雷舰、猎潜艇等舰船，各类舰载飞机56架。舰上载有在中途岛登陆的部队5,800人。任务是在第1机动部队消灭中途岛的美军航空兵后，输送并掩护登陆部队占领中途岛，同时准备在中途岛附近海面截击来犯的美国舰队。

主力部队：由山本五十六亲自指挥，下辖轻型航空母舰1艘、战列舰7艘、轻巡洋舰3艘、驱逐舰21艘、水上飞机母舰两艘（携带袖珍潜艇）以及各类舰载飞机35架。任务是掌握中途岛、阿留申群岛作战全局，间接支援北方的作战，重点支援中途岛作战，同时攻击美国舰队。

北方部队（阿留申部队）：由第5船队司令细萱戊子郎海军中将指挥，分为北方部队主力、第2机动部队、阿图岛攻占部队、基斯卡岛攻占部队和潜艇部队等5个支队。总计有航空母舰两艘、重巡洋舰3艘、轻巡洋舰3艘、辅助巡洋舰1艘、驱逐舰12艘、潜艇6艘以及扫雷舰、运输船等若干艘，舰载飞机82架。另搭载陆、海军登陆兵2,450人。任务是空袭荷兰港美军海空基地，破坏阿达克岛的美军军事设施，攻占基斯卡岛和阿图岛，准备迎击美军舰队。

岸基航空部队：由第11航空舰队司令冢原二四三海军中将指挥，辖轻巡洋舰1艘、驱逐舰3艘、运输舰19艘以及各种岸基飞机214架。其中36架"零"式战斗机由第1、第2机动部队的航空母舰携带，准备在占领中途岛后立即以岛上机场为基地，实施空中作战。该航空部队的任务是侦察珍珠港方面美军舰队情况，在各部队实施中途岛作战期间，尽可能以太平洋各岛屿为基地，广泛进行空中侦察与警戒。

在山本的作战计划中，日军总计动用水面舰艇206艘、舰载飞机约470架、岸基飞机214架、登陆部队及基地设置部队1.68万人。动用如此庞大的海上兵力，是日本海军70年来从未有过的。

到5月中旬，作战准备工作接近完成。各舰队已经开始集结。5月18日，参加中途岛登陆的陆军分队司令率领参谋人员登上"大和"号，听取山本的训令，了解有关作战计划。至此，所有参加作战部队的关于作战计划都已部署完毕。

5月19日，"大和"号回到柱岛基地去完成出击前的最后准备。

5月20日，山本发布命令，将舰队部队的战术编组最后确定下来。

至此，在山本五十六导演下，一场关系太平洋战争命运的海上大决战拉开了序幕。

↓日本"大和"号战列舰。

第2章
CHAPTER TWO

尼米兹的抉择

★珊瑚海的遭遇战证明了情报判断的准确，也使尼米兹对预报中的太平洋将爆发大战的情报深信不疑。珊瑚海战结束后，尼米兹拍着罗彻斯特的肩膀说："你告诉我日军打算干什么，然后，由我来决定我们应该干什么。"

★会议在压抑的气氛中结束，当莱顿刚要离开座位走出会议室时，尼米兹叫住了他："从现在起，我随时要听取你们的意见。我还有一个要求，就是你们要综合各种情况和所有数字，尽可能地预测出日军发起进攻的准确时间。"

109

No.1 神秘地点AF

珍珠港事件，日本人重创了美国太平洋舰队。如同其他国家一样，失败的直接责任者太平洋舰队司令金梅尔海军上将成了替罪羊。接替他是切斯特·W·尼米兹。

1941年12月31日上午，停靠在珍珠港潜艇基地码头的一艘潜艇甲板上，正在举行新的太平洋舰队总司令的就职仪式。对于潜艇，尼米兹并不陌生，他曾在潜艇上干过很长时间。看着桅杆上冉冉升起的四星将旗，一个记者问新任总司令有何打算。尼米兹做了一个夏威夷式的表情，然后回答："枕戈待旦，把握时机，争取胜利。"

当天下午，尼米兹召集司令部成员开会。出乎大家的意料，尼米兹对每一个人都表示了充分信任，他并不认为他们应对刚刚发生的悲剧负什么责任。他表示，作为前航行局长，他知道选调到太平洋舰队工作的人都是有才能的，只不过时运不佳。对某些关键位置上的人员必须坚决留任，这是尼米兹离开美国本土时就想好了的事。其中也包括舰队的情报主任埃德温·莱顿少校。以后的事态发展证明，尼米兹的这个决定使美国及太平洋舰队获益匪浅。

尼米兹当然不会忘记罗斯福总统的厚望，整个美国都憋着一口气，盼望太平洋舰队能给日本鬼子一顿暴揍。可尼米兹有他的难处。凭手头伤痕累累的舰队，想出口恶气，谈何容易。稍有不慎，就会折光了仅剩的本钱。当务之急是必须首先搞清日本人下一步的企图。知己知彼，方能百战百胜，这对处于劣势的一方显得格外重要。

莱顿及其情报小组很快就忙碌起来。情报小组人才济济，包括天才般的罗彻斯特少校。莱顿和罗彻斯特是一对好朋友，1929年他们被海军送到日本学习时就时常在一起，此后一直在情报小组工作。他们每天多次通过保密电话分析情况，交换看法，然后由莱顿向司令部提出报告。莱顿判断敌情准确，特别善于像日本人那样去思考问题，许多同事开玩笑说他简直就是"联合舰队的首席参谋"。而罗彻斯特手下有一个精干、效率极高的专家组。他们中间有海军最好的密码专家，有夏威夷大学的数学教授以及各个领域的怪才。经过长时间的监听，他们积累了丰富的经验。到1942年，他们甚至仅从发报习惯——速度快慢、指法轻重——就能辨别出是日军哪个发报员在发报。例如，他们知道"赤城"号航空母舰的报务员指法很重，就像在键盘上蹦跳一样。听到这样的信号，他们谁也不会弄错。

到1942年3月，罗彻斯特已经通过监听通讯呼号，掌握了大多数日本军舰的移动位置，误差不超过300海里。

尼米兹最初也不敢过于相信罗彻斯特的班子。如果侦听的情报真的那么有价值，为什么日本人偷袭珍珠港时，他们不知道？但通过几次事件，尼米兹渐渐地开始重视侦听、破译工作了。4月上旬，罗彻斯特侦听到一个重要情报：当时，日本联合舰队的航空母舰正在印度洋方面进攻英国的东方舰队，并取得了新的胜利。通过仔细分析，罗彻斯特及时向尼米兹提供了4条参考消息：一、日军在印度洋的作战任务已经结束，舰队正向国内基地集结；二、日军没有进攻澳大利亚的打算；三、新几内亚东部将面临新的进攻；四、日本海军将在太平洋地区发动更大的攻势，并将动用联合舰队的大部分兵力。

这个判断除了在具体细节上尚不明确之外，可以说对日本海军下一步动向作了基本估计。为了慎重起见，尼米兹按照情报提供的信息，把手中仅有的航空母舰部队派往珊瑚海，预先等候日军到来。果然像是情报分析的那样，5月初，日本舰队如期而至，将作战矛头直指莫尔兹比港。早已做好准备的太平洋舰队立即迎战，在珊瑚海一带给日本海军以沉重打击，阻止了其对莫尔兹比港的进攻。

珊瑚海的遭遇战证明了情报判断的准确，也使尼米兹对预报中的太平洋将爆发大战的情报深信不疑。珊瑚海战结束后，尼米兹拍着罗彻斯特的肩膀说："你告诉我日军打算干什么，然后，由我来决定我们应该干什么。"

珊瑚海海战以后，珍珠港战术情报小组昼夜轮番工作，监听日军的密码电报。据获悉的情报，日军下一次作战的意图虽然不太清楚，但有一点可以肯定，进攻中部太平洋岛屿的可能性很大。可是美国中部太平洋岛屿成千上万，到底哪一座岛屿是日军下一次进攻的战略目标呢？尼米兹认为，日军可能进攻的是阿留申群岛、夏威夷的珍珠港或者中途岛。直觉提醒他，不管日军的最终目标是哪里，似乎都不可能绕过美国在中太平洋最周边的前哨阵地中途岛。

推断需要证实，因此，尼米兹特意交代情报小组，要尽一切可能尽早弄清日军的情况。罗彻斯特率领全体人员，加班加点工作。很快，情报小组在日本海军军令部发给联合舰队的一系列密电中，经常听到两个最常出现、最引人注意的字母"AF"。

"唔，AF！"罗彻斯特中校吃惊地叫出声，随即吩咐他的下属："不要间断，继续监听！"

接下去的几天，"AF"这个代号出现的次数逐渐增多，有时似乎是作为一个目标，有

时又表示一个舰队集结的地点……

"AF"这一奇妙莫测的电波，当时简直成了回荡在太平洋上空的幽灵、魔影。

对这一秘密代号，这一代表战略进攻和军事行动的代号，罗彻斯特和他的情报小组绞尽脑汁，一连几天也没有解开疑团。

"啊，AF！想起来了！"

有一个情报员忽然回忆起来，几个月前日本水上飞机袭击珍珠港时，通讯中也曾使用过"AF"。于是，大家分头细心地从堆积如山的电文中查寻到，当时一架日本水上飞机在中途岛附近的一个小岛，从潜艇上得到了燃料补充，在电文中提到加油的地点在"AF"附近。

"看来，这个AF只能是中途岛！"罗彻斯特一口断定说。

他立即将这一重要情报向华盛顿方面汇报。白宫和海军部的战略家们非常重视这一情报，但是看法不同，罗斯福总统猜测日军下一轮总攻的目标可能是阿拉斯加或者美国西海岸；海军部长金海军上将认为也许是夏威夷；而陆军方面则担心日军要空袭旧金山。

为了进一步证实"AF"是否指的是中途岛，罗彻斯特到夏威夷太平洋舰队司令部，与情报参谋莱顿上校商议，可否指示中途岛基地拍发一份明码诱饵电报，内中用浅显的英语报告，说中途岛淡水蒸馏设备发生故障，饮水告急，试探东京方面有什么反应。

经请示后，舰队司令尼米兹将军同意了。

中途岛方面接到命令后，照此发了电报。第二天，罗彻斯特的战术情报小组昼夜监听东京当局的电讯，果然收听到接连不断的密码电报，其中多次地出现"AF"。

"AF"缺乏淡水，"AF"缺乏淡水……补给舰队务必向"AF"登陆部队提供淡水……。

石破天惊！尼米兹将军当即电告华盛顿，罗斯福总统当天通知以马歇尔将军为首的参谋长联席会议，十万火急，举国上下积极备战。

对于罗彻斯特提交的关于"AF"的密码破译情报，马歇尔认为，谁敢断定这不是日本人制造的"烟雾"？"如果日本人突然意识到我们破译了他们的密码，他们自然会将计就计，将我们引入歧途。"

No.2 尼米兹放手一搏

尼米兹面临上任以来最棘手的抉择：如果他采纳情报小组的意见，把所有舰队都集中到中途岛，其他地方就顾不上了。如果选择正确，那么什么都好说；但是，如果真的像其他人分析的那样，日军只是在中途岛虚晃一枪，而攻击的目标是夏威夷或美国的西海岸，那样一来，尼米兹必定成为千古罪人，只好卷起铺盖回家了，就像他的前任金梅尔海军上将一样。

经过仔细考虑，尼米兹最终认为罗彻斯特的情报是可信的。日军为了对付美国的抵抗，可能动用大量兵力。他们的主要目的可能是要把处于劣势的美国太平洋舰队引出来，以便加

↑美军第17特混舰队司令弗莱彻。

以歼灭。用电报把作战计划发给部队，是说明山本的作战行动日程非常紧迫，除用电报及时传达外，再没有其他办法了。

最终，他作出了就任太平洋舰队司令后的第一个重大决定：既然遍撒胡椒面的部署注定要失败，倒不如冒一次风险，把宝押在中途岛上。

尼米兹决心以罗彻斯特的情报为依据，拟定作战方案。

5月2日，尼米兹亲临中途岛视察。他检查了岛上的所有布防，通知岛上驻军做好一切准备。随即，尼米兹向中途岛调集了大批飞机。仅仅几天功夫，就有23架"卡特林娜"水上巡逻机、27架"野猫"和"水牛"式战斗机、16架"无畏"式俯冲轰炸机、17架"复仇者"鱼雷轰炸机、4架B－26"掠夺者"中型轰炸机和17架B－17"空中堡垒"式重型轰炸机进驻岛上，还有大批枪支弹药。驻守中途岛的兵力也增加了3倍多，凡是能驻扎部队的地方都塞满了人。

为鼓励守中途岛官兵英勇作战，尼米兹还分别提升中途岛基地指挥官西里尔·赛马德为海军上校，地面部队司令哈罗德·香农为陆军上校。

6月初的中途岛已经变成了一座要塞。整个5月期间，尼米兹都在加强岛上的防御力量，一批一批的海军陆战队被送往中途岛。弹药和物资已经下发，并分散储藏在各处的防空洞内。到处都是大炮，到处竖着带刺的铁丝网，海滩和周围水域密布着地雷和水雷。岛上军官食堂已有175名军官用餐，只好日夜供应。小小的中途岛承载了3,000多官兵和115架各类飞机。

中途岛迅速成为人员充足、装备良好、高度警惕的前哨岛屿。鱼雷快艇不停地游动，一刻不停地进行巡逻。潜艇在岛西北到北方的100至200海里的地方，警戒着进岛的各条通道。

尽管岛上的指挥官向尼米兹拍过胸脯，保证不会丢掉中途岛。可尼米兹知道，无论中途岛本身的堡垒如何坚固，也难以经受日本联合舰队数百架舰载飞机和数百门舰载火炮的打击，守住中途岛的唯一希望在海上，只有特混舰队重创了日本舰队，才能挽救中途岛。不过岛上的岸基航空兵在抵挡日军方面将会发挥一定作用。从这个意义上讲，中途岛等于是尼米兹手中的又一艘航空母舰，而且要坚固很多。

在尼米兹的战略决心中，他根本没有指望中途岛能保护自己。日军出动了有史以来最强大的兵力，要保住中途岛，唯一的办法就是当日军飞机还在甲板上时就袭击日航空母舰，把进攻中途岛的力量消灭。

5月中旬，珊瑚海上的航空母舰之战刚刚结束，参战的第17特混舰队的弗莱彻少将就接到尼米兹的命令：

一切就绪之后，以最高巡航速度返回珍珠港。

与此同时，正在南太平洋游弋的哈尔西中将也接到了命令，要他率第16特混舰队速返珍珠港。

尼米兹没有告诉他们具体情况，但二人都预感到将有重大事件发生。接到命令后，弗莱彻和哈尔西率领各自的舰队星夜赶往珍珠港。在等待弗莱彻和哈尔西回来的时间里，尼米兹计算了一下自己与山本大将的实力对比。日本人有10艘航空母舰，虽说其中2艘在珊瑚海受了伤，但它们正在返回日本本土，经过修理，预计能赶上参战，而美国太平洋舰队仅有哈尔西的"企业"号和"大黄蜂"号两艘航空母舰完好无损。弗莱彻仅剩的"约克城"号航空母舰也受了重伤，正在基地进行紧张抢修。至于其他主要作战舰只，日军拥有包括世界最大、最新的"大和"号在内的11艘快速战列舰，尼米兹只有6艘速度缓慢、难以追随航空母舰作战的战列舰。此外，日军有23艘巡洋舰，尼米兹只有8艘。

实力对比太悬殊了！好在莱顿和罗彻斯特的情报表明，山本将把两艘航空母舰、6艘巡洋舰和13艘驱逐舰为主的部分力量用于北方的阿留申群岛。而且侦听证明，日本人并未加紧修理从珊瑚海返回的两艘受伤的航空母舰。也许山本认为，缺了它们并不妨碍对美国人的压倒优势。这样删减一下，尼米兹稍稍宽了点心。但是仅南云忠一率领的第1机动部队就足够美国人挠头了。这支拥有4艘航空母舰的机动部队，是从珍珠港一直打到印度洋的无敌之师，更何况还有包括两艘航空母舰在内的联合舰队的其他兵力。

尼米兹唯一的优势就是准确的情报，他完全离不开莱顿和罗彻斯特了。在他看来，这两个家伙每人都抵得上一艘航空母舰，甚至说他们是两支特混舰队也不为过。

5月25日，尼米兹和他的高级助手们齐集舰队司令部的会议室，焦急地等待罗彻斯特的到来，准备听听他汇报日军最新动态。罗彻斯特急匆匆地汇报了情报小组的新发现："根据我们掌握的信息，日本联合舰队将在东京时间6月4日进攻阿留申群岛，6月5日进攻中途岛。"

接着，他又介绍了联合舰队的兵力分配情况：除了阿留申方向，直接用于中途岛作战的日军兵力为2至4艘战列舰、4至5艘航空母舰、8至9艘重巡洋舰、4至5艘轻巡洋舰、16至24艘驱逐舰、至少25艘潜艇。

此外，山本将率领直辖部队参战。

会议在压抑的气氛中结束，当莱顿刚要离开座位走出会议室时，尼米兹叫住了他："从现在起，我随时要听取你们的意见。我还有一个要求，就是你们要综合各种情况和所有数字，尽可能地预测出日军发起进攻的准确时间。"

　　莱顿说："我现在很难讲具体。"

　　"我要你讲具体，"尼米兹不容商量地说，"不管怎么样，这是我交给你的任务。你现在不是莱顿少校，而是山本五十六海军大将，告诉我你的作战计划。"

　　莱顿深思了一会儿，他开了口："先前我已经报告过，联合舰队将于6月5日进攻中途岛，现在我谈谈6月5日这一天的情况。东京时间凌晨3时，或者说当地时间早晨6时，中途岛的搜索飞机将在该岛西北325度方位、距离175海里的地点发现日军。"

　　简直就像上帝在发出预言。实际情况是开战当天，南云第1机动部队的攻击机群于2时55分（当地时间5时55分）在中途岛西北320度方位、距离180海里处与美军搜索飞机遭遇。莱顿的推断与实际情况仅仅相差5分钟、5度和5海里！在浩瀚的大洋上，这简直就算不上是误差。

No.3 美国如临大敌

　　5月27日拂晓，哈尔西的第26特混舰队出现在西南方的地平线上。该舰队的21艘军舰，包括"企业"号和"大黄蜂"号航空母舰，很快塞满了珍珠港。下午，哈尔西中将来到太平洋舰队司令部。

　　尼米兹已经内定哈尔西出任突击部队的最高指挥官。尼米兹希望他能指挥即将到来的大战，可医生坚持要他住院治疗。哈尔西毫不犹豫地向尼米兹推荐了斯普鲁恩斯少将。在许多方面，斯普鲁恩斯与哈尔西恰好相反。哈尔西是那种咋咋呼呼、先干后想的人，而斯普鲁恩斯是冷静而镇定，凡事总三思而后行；哈尔西能唤起人的想像力和激情，而斯普鲁恩斯能触及人的心灵和理智；哈尔西常常溢于言表、慷慨激昂，而斯普鲁恩斯言简意赅，一语破的；他俩在太平洋战争中各自占有重要的、独特的地位，各自作出了巨大的贡献。

　　5月28日，夕阳斜照在停泊整齐的军舰上。尼米兹在他的办公室里召开临战前的最后一次会议，讨论制订作战方案。出席者有中太平洋舰队司令尼米兹、参谋长德雷梅尔少将、作战参谋麦克莫里斯海军上校和情报参谋莱顿，第16特混编队有司令斯普鲁恩斯、作战参谋伯雷克中校，第17特混编队有司令弗莱彻、作战参谋辛德勒中校。

　　会议决定，在处于兵力劣势但明晰对方计划的特定情况下，应以出其不意为作战原则，美军舰队在中途岛以北200海里处隐蔽待命，这一待机地点就以"幸运角"为代号，当日军舰队派出舰载机攻击中途岛之际，对日军航母实施突袭。此项作战计划编号为太平洋舰队第29－42号作战计划。为了能尽早发现来袭之敌，美军在中途岛以西700海里、300海里、150海里分别部署1艘、3艘、6艘潜艇，组成警戒线进行巡逻，在中途岛西北海域部署两艘潜艇做机动巡逻。并从5月底开始每天派出22架次水上飞机对中途岛以西700海里范围按不同扇面进行长达15小时的巡逻搜索，以便在日军舰队进入攻击距离之前就能发现。此外，尼米兹还特别命令正在珊瑚海活动的"坦吉尔"号和"盐湖城"号巡洋舰使用航母通常所使用的无线电频率发报，实施无线电伪装，欺骗日军的无线电监听。

尼米兹同时通报了华盛顿以及海军总部对这次战役的指示。由于日军联合舰队倾巢出动，因此，必须估计到另外一种可能，如同司令部一直担心的那样，日本的真正目标是珍珠港或者美国的西海岸。

虽然困难很多，但美国方面也有几个有利因素，利用得好，也许会创造奇迹。除了情报优势和作战的突然性之外，美军还可享受内线作战的好处。从地图上不难看出：中途岛距离珍珠港约1,140海里，而离日本联合舰队的柱岛基地却有2,250海里。

尼米兹的另一张王牌是太平洋的海底电缆。1903年，这条电缆从檀香山铺设到了马尼拉，中途岛是其中的一个中继站。战役开始前，珍珠港和中途岛之间忙碌的通讯联络大部分是经由这条电缆沟通的，保密性很好，日本人无法了解美国人在搞什么名堂。

此外，美国的雷达也比日本先进得多，可以保证先敌发现目标，掌握作战先机。而且，短距离的舰与舰、舰与机之间的通话，可以通过无线电话系统进行。对此，日本人也无法截听。

即使尼米兹作了最充分的准备，但整个6月初的几天，美国仍然举国上下处于杯弓蛇影、草木皆兵的紧张状态中。华盛顿方面不相信仅仅为了攻击一个不满5平方公里的圆礁形小岛，日本海军几乎倾巢出动。组织如此庞大的舰队，是否用"AF"放出烟幕弹，而真正进攻的目标是夏威夷，或者美国西海岸？……估计到这一层，华盛顿当局惊恐万状，如临大敌，连白宫也加强了防空措施。珍珠港沉痛的教训实在把美国人吓破胆了。华盛顿当局无论如何不能完全打消日军的真正攻击目标可能是夏威夷和西海岸这个念头。日本人手段之狡诈，用心之险恶，美国领教得实在太多了。因此，可以说在中途岛第二线，美国本土和夏威夷也在严密地注视日本舰队的动态，陆海空三军积极投入战备状态。美国西海岸几个重要城市，如旧金山、洛杉矶、圣克利门蒂和圣路易斯奥比斯波的广播电台，停止民用广播，改由军用战时播音。

与美国西海岸诸城惊恐万状的情形不同，在太平洋舰队司令部作战指挥室里，尼米兹率领部下正严阵以待。指挥室内挂着灯火管制的窗帘，尼米兹将军和他的作战参谋们紧张地工作着，电报和电话连续不断。两天前，尼米兹已经派出侦察机，在中途岛600至700公里的范围内进行巡逻飞行，命令只要一发现敌舰队，就在攻击前发出战斗警报。12艘潜艇已经出动，它们带有双重战斗任务，一是攻击敌航空母舰，二是向司令部电告敌情。

第3章
CHAPTER THREE

胜利还是陷阱

★山本大将一共动用了包括8艘航空母舰在内的水面作战舰只、水下潜艇和各类辅助舰只共206艘（其中还不包括扫雷艇、巡逻艇等小型舰只），以及469架舰载飞机。动用如此庞大的海上兵力是日本海军建军70年来前所未有的壮举。

★5月31日，天气仍然不好。不仅山本和近藤的部队，就连处于前方的南云部队也遇到强风和不时的暴雨。此时，"大和"号舰上的无线电情报截听到美军活动，尤其是在夏威夷和阿留申群岛附近的飞机和潜艇的动态。

↑太平洋上，漂浮着日军火力强大的战列舰。

No.1 中途岛大战拉开序幕

　　1942年5月27日，濑户内海西部天已破晓，霞光映照着太平洋战争开始以来最大限度地集中的日本舰队。

　　这个地方名叫柱岛，它位于著名的广岛市南面。柱岛锚地周围是许多丘陵起伏的小岛，在外表的和平假象下，岛上的每座小山顶都部署了加着伪装的高射炮群。锚地之大足以容纳整个日本海军，而且远离商船航道。这是联合舰队的待机锚地。战争开始以来，联合舰队司令部已经几个月没挪窝了，以致海军军官干脆把联合舰队司令部称作"柱岛"部队。

　　锚地的红色系水鼓上，系着联合舰队的旗舰——重达1.8万吨的"大和"号战列舰。通到岸上的海底电缆可以使"大和"号与东京直接通话。在它的周围，集结着68艘军舰，占联合舰队主要水面兵力的绝大部分。

由山本大将直接统率的第1战列舰战队包括"大和""长门""陆奥"号3艘战列舰。它们和第2战列舰战队的"伊势""日向""扶桑""山城"号一起共是7艘战列舰。每艘巨大的战列舰周围都布设着防雷栅。其他军舰则泊在战列舰周围，以进一步保护战列舰不受飞机和潜艇的攻击。它们是：第9巡洋舰战队的两艘轻巡洋舰，第3驱逐舰战队的旗舰及12艘驱逐舰，第1驱逐舰战队的8艘驱逐舰，"凤翔"号轻型航空母舰及所属的1艘驱逐船。

除了第1战列舰战队外，所有这些军舰都属于高须四郎海军中将指挥的第1舰队。开战以来，第1舰队和第1战列舰队一直呆在柱岛待命，官兵们早就腻透了，盼望着能扬帆出海，征战一场。

上述部队的北面，停泊着南云忠一海军中将指挥的第1机动部队的21艘军舰，其中包括"赤城""加贺""飞龙""苍龙"4艘大型航空母舰，以及两艘高速战列舰、两艘重巡洋舰、1艘轻巡洋舰和12艘驱逐舰。此外还搭载了各类舰载飞机280架。刚刚完成印度洋方面作战的南云部队，此番又将充当联合舰队的主要打击力量，其任务是率先空袭中途岛上的美军机场及各种设施，消灭岛上的美军航空兵，支援两栖登陆部队占领该岛，同时歼灭可能来犯的美国舰队。

在第1机动部队的西面，是第2舰队司令官近藤信竹海军中将指挥的部队，拥有4艘重巡洋舰、两艘高速战列舰、1艘轻巡洋舰及8艘驱逐舰，外加"瑞凤"号轻型航空母舰。近藤中将的任务是在指定海域与另一支输送登陆部队的舰队会合，这支舰队拥有4艘重巡洋舰、1艘轻巡洋舰、13艘驱逐舰以及庞大的运输部队。会合后的舰队将在南云的机动部队消灭了中途岛上美军航空兵后，直接掩护两栖部队登陆，占领中途岛，同时准备迎战美国舰队。

蓝灰色的庞大舰队静悄悄地停泊在海面上，每艘军舰都加满了燃油和补给品，水线被压得很低。尽管锚地一片寂静，但人们都感到激动的情绪弥漫在整个舰队的四周。

柱岛锚地的官兵们知道，他们所在的军舰远不是山本大将准备动用的全部。在北方的大凑基地，已经集结了第5舰队司令长官细萱戊子郎中将率领的另一支打击力量。它们包括两艘航空母舰、3艘重型巡洋舰、4艘轻巡洋舰、13艘驱逐舰。这支北方部队将去寒冷的阿留申群岛执行另一项辅助作战任务：攻占该群岛西部要地，消灭北方的美国海空军力量，从北面筑起拱卫日本本土的坚强屏障。一旦美国太平洋舰队北上驰救阿留申方面，那么等待它的同样是一幅张开的大网。

山本大将一共动用了包括8艘航空母舰在内的水面作战舰只、水下潜艇和各类辅助舰只共206艘（其中还不包括扫雷艇、巡逻艇等小型舰只），以及469架舰载飞机。动用如此庞大的海上兵力是日本海军建军70年来前所未有的壮举，光出征所需要的燃油，就超过了战前日本海军一年的耗油总量。

这些部队分为6支，其中直接用于中途岛主要作战方面的部队有4支：山本大将的第1战列舰编队（含1艘航空母舰）将部署在中途岛西北600海里处；南云忠一中将的第1机动编队

（含4艘航空母舰）将部署在山本大将前面300海里处；小松辉久中将的潜艇部队将在中途岛和夏威夷之间构成三条警戒线；近藤信竹中将的第2舰队（含1艘航空母舰）将从西向东，正面进迫中途岛，完成登陆任务。此外，高须四郎中将的第1舰队主力将部署在山本大将以北500海里的阿留申群岛与中途岛之间的海域，准备随时支援两个方面的作战。第6支部队是北方舰队，其主力第2机动编队（含两艘航空母舰）在攻击阿留申群岛美军海空力量的同时，也兼有随时南下驰援中途岛的间接任务。

联合舰队这只海上巨兽像狼群一样，分布在以中途岛为核心的大洋各处，一旦发现目标，即会蜂拥而上，将猎物撕扯得粉碎。

山本五十六有意识地把出发日期选择为这一天。因为这天是帝国海军节，37年前的这一天，即1905年5月27日，东乡平八郎海军大将曾指挥日本联合舰队，在对马海峡把俄国舰队打得溃不成军。因而，决定这一天出发，不仅预示吉利，而且官兵们士气高昂。这强大的阵势，可以说是日本帝国海军全盛时期达到最高峰的标志。全体舰队官兵们坚定地认为，他们将要进行的海战，必将在帝国海战史写下最光荣的一页。

8点整，"赤城"号航空母舰的信号桅杆上扬起了一面信号旗，发出了人们紧张等待的命令："按时起航！"

偷袭珍珠港的空中指挥官渊田美津雄中佐站在飞行指挥所里，观望着第10驱逐舰战队的舰只。驱逐舰首先起锚，沉重的锚链在穿过锚链孔的时候，上面的淤泥都被带起的水花冲刷

↓日军"赤城"号航母。

掉了。第10驱逐舰战队之后，依次跟着的是第8巡洋舰战队、第3战列舰战队第2小队、第1航空母舰战队和第2航空母舰战队。第1机动部队以严整的阵容开向历史上最重大的海战战场。

当第1机动部队驶出锚地时，将晚两天出发的其余部队激动地向第1机动部队送别。水兵们顺着舰上的栏杆列队欢呼，挥动帽子。大家向他们挥手告别，到处是一片欢欣，每个人都深信它是出发参加另一次辉煌的胜利。

两小时后，第1机动部队已经通过伊予滩的一半，不久就要驶入丰后水道了。预计过了丰后水道，有可能遇上美国的潜艇。大本营每天都发来关于美军潜艇活动的综合报告，最新的情况表明，有十几艘潜艇在日本本土附近活动，搜集日军舰队动向的情报，并伺机破坏日本海上交通线。它们偶尔向珍珠港发报，这时，日本海军各地无线电测向站就竭力测出它们的方位。

南云海军中将的旗舰、新型航空母舰"赤城"号以16节航速，轻快地朝丰后水道和广阔的太平洋驶去。阳光穿过云隙照射着蔚蓝色的平静海洋。近几天，濑户内海西部总是阴天，而且闷热。如今，阵阵和风掠过。"赤城"号飞行甲板，使人感到心旷神怡。全舰队21艘军舰排成一列长蛇，各舰之间相隔914米，宛如和平时期海军大检阅。行驶在最前面的是木村进海军少将的第10驱逐舰战队的旗舰"长良"号轻巡洋舰及其所属12艘驱逐舰。接着是阿部弘毅海军少将的第8巡洋舰战队"利根"号（旗舰）、"筑摩"号重巡洋舰。后面是第3战列舰队第2小队"榜名"号、"男岛"号高速战列舰。"雾岛"号后面，则是第1航空母舰战队

↓日军舰队奔袭中途岛海域。

庞大的"赤城"号和"加贺"号航空母舰，这个战队是由南云海军中将直接指挥的。在序列的最后，是由山口多闻海军少将指挥的第2航空母舰战队，其中包括"飞龙"号（旗舰）和"苍龙"号航空母舰。南云部队的全部兵力就是这些。

不久，有十几艘等待潮汛的渔船出现在右舷，渔民们热情地挥手欢呼。左舷是由利岛，在朦胧的背景下，被衬托的极为醒目。

远方是薄雾中的四国海岸。

当舰队继续航进时，海军航空队的3架水上飞机拖着大皮靴似的浮筒从上空掠过。这些飞机正飞往丰后水道外面，以对付可能在那里伺机伏击的美国潜艇。

到中午时，整个舰队已经通过丰后海峡的东端水道，进入深蓝色的太平洋水域。驱逐舰在没有占取环形的阵位之前，疏散开来迅速展开驱潜的动作。

在队形的中心，4艘航空母舰分为两个纵列航进，"赤城"号和"加贺"号在右，"飞龙"号和"苍龙"号在左。围绕它们的是由屏护舰组成的双重圆圈。其内圈系由两艘重巡洋舰和两艘战列舰编成，巡洋舰"利根"号和"筑摩"号在航空母舰的斜前方，战列舰"榛名"号和"雾岛"号则在斜后方。轻巡洋舰"长良"号和12艘驱逐舰组成外圆圈，以"长良"号为前导舰。

不久，夜幕笼罩了整个海洋。第1机动部队安全通过危险区后，掉头向中途岛方向疾驶而去。每艘舰上的气氛是紧张的。反潜战位上全员部署，警惕备战。为了避开可能跟踪的美军潜艇，南云下令以20节高速驶向东南。

5月28日，登陆阿图岛和吉斯卡岛的部队在大凑港出发了。上午11时50分，"大和"号上的军乐队像往常一样在参谋官厅外面集合，5分钟后，官员们穿着浆洗得笔挺的白制服进入官厅就座，恰到正午，乐队轰然奏出进行曲。勤务兵来到山本的官舱门口敲门。山本早就准备好了，他走出走廊进入官厅，参谋们鞠躬致敬，这是旗舰进港以后的一种日常仪式，今天也不例外。

与此同时，在塞班岛，登陆中途岛的部队也开始出发，下午5时，"神通"号轻巡洋舰率领着12艘臃肿的运输舰和油轮离开港口，加入了几艘巡逻舰和"千岁"号、"神川"号两艘水上供应舰，它们在舰队后面，不久就要分手，驶向中途岛以西一个小小的岛礁，去建立一个水上飞机基地，支援中途岛的登陆。

同天下午，栗田海军少将的重巡洋舰支援驶出了关岛港口，它们要在掩护登陆中担任重要的角色。

5月29日，曙光初露，其他舰只开始启航。最先是近藤中将的强大战队，最后便是山本率领的主力舰队本身。早晨6时，桨叶运转，山本的34艘巨舰开始启航。由"大和"号超级主力舰领先，7艘主力舰驶过丰后水道，进入太平洋。它们四周是一批驱逐舰担任警戒，还有巡洋舰和护航航母上起飞的飞机。部队留在濑户内海进行了严格训练，以备在可预见到的将来跟美国舰队的决战中起主导作用。这些巨型军舰的官兵们仍然相信，战列舰的巨大火力能赢得将来的战斗。"大和"号上的官兵们更是摩拳擦掌，急切地想去证明这一点。毕竟这次出征是"大和"号服役以来的处女航，官兵们不想辱没这艘世界最大的战舰，也是联合舰队旗舰的名声。

舰队很快到达公海，随即变成战斗队形：以战列舰编成两个纵列，"大和""长门"等在右，"伊势""日向""扶桑""山城"等在左。轻航空母舰"凤翔"号在两纵列之间占位，担负起飞和收回派出的巡逻飞机。轻巡洋舰"仙台"号同其他20艘驱逐舰则围绕战列舰群布成围幕。轻巡洋舰"北上"号和"大井"号担任后卫，以警戒追踪的潜艇。整个舰队以18节的速率向东南前进，每隔5至10分钟曲折一次。

山本五十六率领联合舰队在海水滔滔、风雷夹击的大洋中，日夜兼程，飞速东进。他认为完全可以出其不意，把美国人打个措手不及。巨蟒想吞掉恐龙，可是谁也不敢说它也许会填进恐龙的胃。美国太平洋舰队占有一种优势，这种优势可以弥补它的不足。那就是，尼米兹占有准确的情报，根据掌握的情报事先布阵，主动埋伏。日本人勇则有余，谋则不足；美国人巧妙运筹，伺机而动，中途岛大海战已经悄悄地拉开了帷幕。

No.2 陷阱就在眼前

联合舰队各部队在5月29日一整天继续向东挺进，但到了30日，天气开始变坏了。当山本舰队和近藤舰队经过中太平洋时，天气突然骤变，风力增强，太平洋上雷声乱炸，狂风大作。傍晚，山本将军的主力舰队遇上了暴雨强风，哗哗的大浪打在舰艇的甲板上，能见度很差，航行十分困难。舰队不得不减低航速，在倾泻的狂风暴雨中步履维艰，踯躅前进，同时停止曲折航行。

5月31日，天气仍然不好。不仅山本和近藤的部队，就连处于前方的南云部队也遇到强风和不时的暴雨。此时，"大和"号舰上的无线电情报截听到美军活动，尤其是在夏威夷和阿留申群岛附近的飞机和潜艇的动态。

山本与其参谋认为，夏威夷附近的动态可能是预示着美军有一支特混部队即将出击，因此他们便迫切期待飞艇的侦察报告，因为飞艇原定于今天在夏威夷进行侦察。

其实，骄悍轻敌的山本五十六和他的舰队已经落入陷阱。他的对手尼米兹在月黑风高的太平洋上早已撒下了天罗地网，正在迎候他们的到来。

5月31日，"大和"号又从电讯中发现夏威夷附近飞机和潜艇活动频繁。山本大将及幕僚们猜测，可能是美国特混舰队出动的前兆。

这个猜测很准，当天，弗莱彻的第17特混舰队簇拥着刚刚抢修完毕的"约克城"号离开了珍珠港，前去追赶第16特混舰队，准备在中途岛东北处的伏击地点会合。

不过作战不能依靠猜测，山本急切地等待这一天对夏威夷进行侦察的结果。对夏威夷珍珠港实施事前侦察，在山本大将的作战计划中占有很重要的地位。在珍珠港作战中，由于夏威夷间谍网的出色工作，才保证了奇袭的成功。可现在，那个间谍网没有了，联合舰队几乎失去了了解美国太平洋舰队情况的一切手段。为了避免盲目投入作战，战前，山本精心制定了代号为第二次"K号作战"的空中远程侦察行动。

按照该计划，两架水上飞机于5月30日零时从沃特杰起飞，日落前的14时30分（东京时间）到达中途岛附近的弗伦奇－弗里格特无人岛礁。由悄悄等候在那里的潜艇加油后再次起飞，于20时45分（当地时间5月31日1时15分）到达夏威夷上空，完成对太平洋舰队的侦察任务，然后返回沃特杰。

但是，这个经过仔细安排的侦察计划出了问题。5月30日，当"伊－123"号加油潜艇抵达弗伦奇－弗里格特岛礁时，没料到在那里竟然停着两艘美军船只。"伊－123"号潜艇紧急发报，向沃特杰报告了这个情况，并说，看来不大可能按照计划在这里给水上飞机加油了。负责指挥第二次"K号作战"的第11航空战队司令官接到紧急报告后，随即命令，侦查任务推迟。并指示"伊－123"号潜艇继续在岛礁监视，看看敌舰是否会离开。

第二天，这个微乎其微的希望破灭了。"伊－123"号潜艇报告说，发现在弗伦奇－弗里格特岛礁附近有两架敌水上飞机。可见，美军已经把弗伦奇－弗里格特岛礁作为水上基地使用了。除了完全放弃"K号作战"计划外别无办法。

这些令人失望的事态立即上报了"大和"号上的山本海军大将。"K号作战"计划受挫，意味着无法弄清目前珍珠港内敌人究竟有多大兵力，以及其动向如何。但是，联合舰队司令部仍然希望，如果美军舰队从珍珠港向中途岛出动的话，由小松海军中将的潜艇部队在夏威夷和中途岛之间建立的潜艇警戒线，将能够提供预警及美军出动的兵力情况。

可是，这一个期望也落空了。预定于6月2到达警戒位置的潜艇迟到了。这些潜艇实际上到6月4日才赶到阵位。此时，美国的两支特混舰队已先后通过了这一海域。

联合舰队失去了又一次觉察美军行动的机会，最后侦察手段只剩下无线电侦听了。

6月1日，雨停了，但天气仍旧阴沉沉的。越来越多的迹象表明，美国人已经发现了日本舰队。无线电发现，从夏威夷发出的电讯明显增加，而且截收的180份电报中有72份是急电，说明美国方面处于紧张状态。

6月2日，太平洋上仍然大浪滔天，狂风压顶。山本站在"大和号"的舰桥上，端着望远镜，能见度很差，只能勉强看到离他1,500米远的驱逐舰警戒舰队模模糊糊的轮廓。海风刮来一阵大雾，雾时间完全失去了能见度，相邻的舰队彼此都在雾霭中消失了。

罗盘仪指示出，舰队已经到达中途岛以西大约1,000海里的海域，正在朝西北方向行驶。离主攻目标越近，旗舰"大和号"上的气氛越紧张。一个值班电报员前来向山本报告说，派出侦察的"伊-168号"潜艇刚才发来电报，在库雷岛以南发现敌人警戒舰巡逻，距离大约离中途岛600至700海里。这些迹象强烈表明，美国人似乎加强了对中途岛西南方面的巡逻。后来又报告说，在威克岛东北大约500海里地方，美国有一条相当规模的潜艇巡逻线。越来越多的情报表明，对手已经提前实行了严格的警戒和侦察。

在山本部队前面大约600海里的南云部队，6月2日这天进入浓雾笼罩着的海区。雾霭弥漫，开始下小雨，看样子接着就要有大雾了。南云下令减速行驶。为了看清队形中相邻的舰只，他吩咐打开强光探照灯。但灯光怎么也透不过浓雾，在这种恶劣的天气下，舰队保持蛇形运动很困难。

南云和草鹿参谋长以下全体军官，都聚集在"赤城"号舰桥上，默不作声地望着前方，每个人的神情显得非常焦虑和紧张，他们不时地端起望远镜，瞪大了眼睛，尽力想把视线穿透前方迷蒙的雾墙。但是什么也看不见。太平洋好像有意阻止来犯者，无情地撒下天罗地网。

南云担负的任务有两项。第一项任务是于6月5日空袭中途岛，为登陆作战铺平道路，这一任务使他的部队在运动上受到严格的限制。第二项任务是搜索并摧毁可能遇到的美军舰队，这就要求南云有完全行动的自由，同时在搜索的过程中还得绝对保守行踪秘密。显然，这两项任务是互相矛盾的。唯一的解决办法就是视情况而定。

此时，越来越接近战区，形势却需要作以确定的决策，南云及其参谋人员不得不考虑首先对付哪种情况的问题。可是关于美军部队的情报却仍然空空如也。

从下午到晚上，南云率领的机动部队仍然为浓雾所笼罩。"赤城"号的舰桥上仍然十分紧张。在军官休息室内，无思无虑的飞行员们正在纵声谈笑，他们只等一声令下，跳上飞机出发，别的便无所用心了。对中途岛的空袭，早已准备就绪。天气恶劣，眼前没有其他飞行任务，所以飞行员们便无事可做，只好玩牌消遣。

由于前进中的各个舰队严格实行无线电静默，南云的第1机动部队与"大和"号上的联合舰队司令一样，不了解对手的动向和企图。他没有想到，此时，美军舰队已经出击，更没有料到强大的美军舰队已经处于待机之中，随时都可以扑到身上来。

山本在这时犯了一个重大失误，虽然他没有得到任何有用的情报，但"大和"号仗着它完善的无线电设备，已经明显地感到了美国人的异常活动，这很可能暗示着一支美国舰队已从基地出发了。山本应该把这些动向通报给南云，可是他没有这么做。

一切都按原计划实施，联合舰队的各路部队在茫茫大雾中向前猛闯，就像拉着邮车的马匹在马鞭抽打下盲目地奔驰一样。

傲慢成性的南云早已准备好了运俘虏的船只，甚至连火化美军尸体的汽油也有足够的储备。可是，他唯一没料到的是，前面有一个巨大的陷阱在等着他。

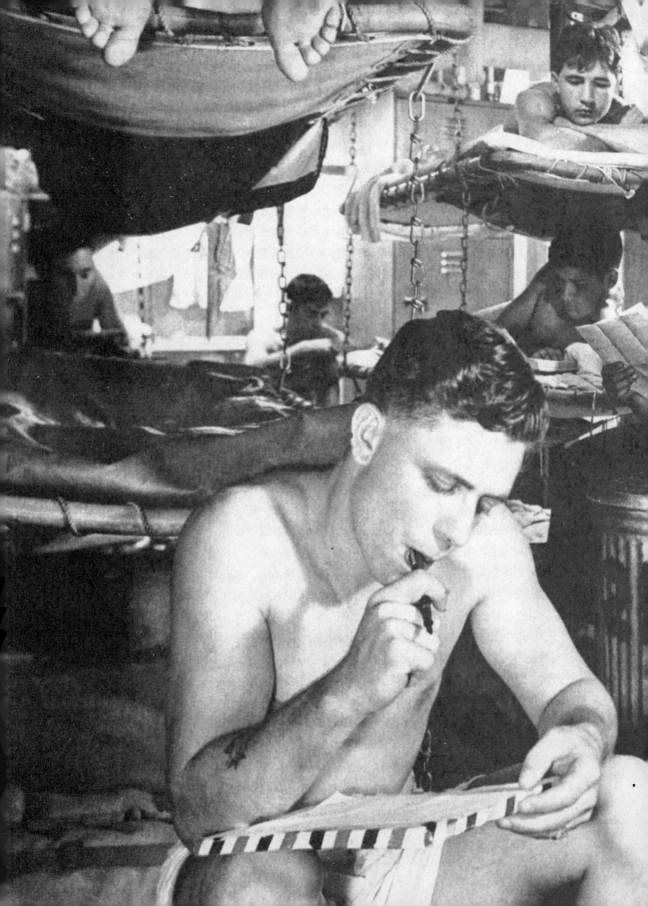

大战前，一名美国水兵正在写信。他的信写给谁？又要寄到哪里？

No.3 掌握着美国命运的240名飞行员

美国舰队是5月29日出航的，当时南云的第1机动部队已经离开柱岛两天，山本的部队正从柱岛起航。当地时间11时左右，斯普鲁恩斯的第16特混舰队开始出海。"企业"号的主机启动了，全舰进入二级战备状态，它缓续地进入航道，随即以25节的航速驶出珍珠港，"大黄蜂"号随后起锚。为这两艘航空母舰护航的是5艘重型巡洋舰、1艘轻型巡洋舰，以及9艘驱逐舰。此外，斯普鲁恩斯还有一支由两艘油船组成的、由两艘驱逐舰护航的油船补给队。

第二天上午，第17特混舰队完成了各项准备工作。尼米兹登上了"约克城"号，祝愿全舰官兵一路顺风。尼米兹特地向飞行员们表示了敬意，解释他是在万不得已的情况下，才让他们不休息地立即投入新的战斗。他保证，作战一结束，就派"约克城"号回美国本土度假。

9时（当地时间），弗莱彻率领第17特混舰队开始起航，名义上是去进行一次射击练习。舰队的实力比两天前离港的第16特混舰队差多了，1艘航空母舰、两艘重巡洋舰、5艘驱逐船就是弗莱彻的全部家当。当然了，资历较深的弗莱彻从尼米兹那里得到了任命，待两支舰队在"幸运点"会合后，斯普鲁恩斯的舰队将归弗莱彻统一指挥。但是在实际作战中，两支舰队仍要保持间距各自为战。用一句俗话来讲，在没有把握的时候"不能把所有的鸡蛋放在一只篮子里"。

6月3日下午4时，斯普鲁恩斯与弗莱彻在"幸运点"会合了。一切准备就绪，斯普鲁恩斯立即对舰队发出作战命令：

> 日军舰队正在靠近，以占领中途岛为目的的一次攻击势必发生。敌人的兵力可能由所有的战斗类型编成的，包括4至5艘航空母舰、运输舰和补给船在内。假如敌人不知道第16、17两特混部队的所在，那么我们便能从中途岛东北的某一阵地上对敌人的航空母舰部队施行出其不意的攻击。整个作战行动将以我们攻击的结果、中途岛兵力对敌人所造成的伤害以及敌方运动的情报为基础。从现在开始，我们必须进入战斗状态，保证作战胜利。战役的成功结束对于美国来说意义重大，我们没有退路，必须全力以赴。

6月3日这一晚对于美军舰队的官兵而言，无疑是漫长的一夜！很多人写好了遗书，地勤人员则通宵苦干，检查飞机，厨师忙碌地制作数以千计的三明治，作为明天的战斗快餐。倒是作为战斗主角的飞行员，异常地空闲，直到晚上9时，热闹的马拉松式的掷骰子赌博才宣告闭幕，因为美军历来迷信"赌场得意，战场失意"，在战斗前夕赌博中大输的人，才会在战斗中拥有好运，所以输的人无一不是心中窃喜。要知道明天，美利坚合众国的命运就掌握在这240名飞行员手中！

第4章
CHAPTER FOUR

等待美国人上钩

★志贺海军大尉率领的另外一艘航空母舰起飞的飞机，在飞往目标途中，同一架美军水上飞机迎头遭遇。美军飞机很快被日军护航战斗机击落。他们因此耽误了一些时间，加上气候恶劣，结果没有到达荷兰港袭击任何陆上目标就返航了。

★B－17中队徒劳返回后，中途岛的指挥官又想尝试一下夜间鱼雷攻击。他们挑了一些疲劳程度最轻的人凑成了4个PBY机组，用这种速度缓慢、弱不经打的飞机去实施夜间攻击，这似乎太可笑。但是，美国人什么都想试试。

No.1 血战阿留申

从6月3日开始，中途岛海战就开始了。当天上午，田中率领的运输舰队"神通号"给山本发来急电，报告在中途岛以西600多海里处被敌机发现，敌水上飞机一直跟踪。

一切情况表明，舰队已经被美国人咬住了。完全可以预料，尼米兹很快就会采取行动，情况可能打乱了山本五十六的作战计划。果然，当天下午他们又向"大和号"发来急电：

"报告司令长官，敌9架B－17轰炸机袭击运输舰队，9架B－17轰炸机袭击运输舰队。"

"开炮，继续前进！"山本命令道。

10分钟后，"神通号"又来电："战斗正在进行，舰队没有中弹，舰队没有中弹！"

"太好了！"

山本和他的幕僚们都松了一口气。第二天凌晨，运输船队的情况接二连三地用无线电话传到"大和号"上，运输舰队遭到美军飞机的低空攻击，"曙光号"油轮被炸，官兵有伤亡……

此前，山本和他的幕僚们一直有说有笑，对即将开始的战斗十分乐观。可这阵子，一张张脸变得惨白，觉得情况不妙了。

中途岛作战计划规定，航速较慢的运输舰队先于机动舰队出发，叫做"兵马未动，粮草先行"。看来，这一招儿打错了算盘，因为它们航速较慢，容易被人发现。出发前有人建议，把运输舰队的出发日期向后推迟。山本拒不采纳，坚持要运输舰队提前行动。现在遇到了麻烦，如果油轮被击毁，机动舰队的燃料断了后路，仗还怎么打？过去有过这种教训，出师不利，给即将爆发的海战蒙上一层不祥的阴影。

6月4日，战斗大规模打响了。最初的交战不在中途岛，而是在它北方的阿留申群岛方面。拂晓时分，担负牵制性攻击任务的北方部队第2机动部队到达了对荷兰港空袭的阵位。按照山本五十六的计划，第2机动部队的两

艘航空母舰应在南云第1机动部队攻击中途岛的前一天展开攻击，以便把美国人的注意力引向阿留申群岛方面。

第2机动部队航空参谋奥宫正武海军少佐站在轻型航空母舰"龙骧"号的甲板上，目不转睛地注视着令人生畏的北极天空。他那因以前飞机出事而留下条条伤疤的脸上，每个部分都显得焦虑不安。再过几分钟就到零时了。照理，在当地时间6月3日2时58分太阳才会升起。但由于夏季天长，起飞时间定在2时33分。眼下，天空还是黑沉沉的，"龙骧"号正带领舰队以22节的航速，沿几乎正北方向乘风破浪向荷兰港前进。

夜色渐渐地退去，10分钟后，机动部队的其他舰只开始像鬼船似地隐约出现了，终于可以看清1,000米外另外一艘航空母舰了。

天空仍然黑压压、雾茫茫的。看来，天气一时半会儿不会有太大的变化了。因此，23时43分，奥宫大声对角田喊道："司令官，现在可以开始了。"

角田对信号官下达了命令。信号官大声传令："各中队起飞攻击！"

飞机从两艘航空母舰的飞行甲板上起飞了。从"龙骧"号起飞了11架鱼雷轰炸机和6架"零"式战斗机，从另外一艘航空母舰上起飞了12架俯冲轰炸机和6架"零"式战斗机。这些数字并不是航空母舰上飞机的全部。"龙骧"号载有16架战斗机和21架鱼雷轰炸机。而另外一艘航空母舰载有24架战斗机和21架俯冲轰炸机。

这天的云高不超过200米，无法很好地编队飞行，只能各自为战。

就这样，日本人开始了牵制性进攻。日本人就像魔术师一样，等着观众的注意力转向阿留申群岛后，就从中途岛的帽子里变出兔子。

空袭荷兰港的飞机刚刚飞走，美军的侦察机就飞抵角田第2机动部队的上空，其中一架紧紧追随舰队，并投了几颗炸弹，但都没有命中。

与此同时，由山上正幸海军大尉率领的"龙骧"号飞行队，冒着恶劣天气巧妙地穿过断云，飞抵荷兰港上空。荷兰港上空没有云雾，他们也没有发现敌机或舰艇。6月4日1时7分，虽然地面上美国人的雷达已经发现敌机飞来，守备部队的高炮也做好了密集射击的准备，但是在几分钟中，日机仍对油库、电台及一个陆军兵营进行了狂轰滥炸，战斗机扫射了停在水上的一架水上飞机。除了一架战斗机在扫射时被敌炮火击中，迫降在荷兰港东北20海里的阿克坦岛南岸外，山上正幸指挥的其余飞机全部返回了航空母舰。那架迫降战斗机的飞行员在飞机着陆时颈骨折断。5个星期后，一支美国海军侦察队发现了这架仅在表面上受到损坏的飞机。

志贺海军大尉率领的另外一艘航空母舰起飞的飞机，在飞往目标途中，同一架美军水上飞机迎头遭遇。美军飞机很快被日军护航战斗机击落。他们因此耽误了一些时间，加上气候恶劣，结果没有到达荷兰港袭击任何陆上目标就返航了。

这样，首攻没有达到预期效果。可是，攻击荷兰港时拍摄的空中照片令人着实大为吃惊。从照片中看到荷兰港的设施比所想象的要好得多，有现代化仓库、码头、油库和连接得很好的公路网。单从四通八达的公路来看，就足以证明这些设施的战略价值了。

山上正幸率领的"龙骧"号的飞行队在从荷兰港返航途中发报说，乌纳拉斯卡岛中部北岸的马库欣湾里，停着5艘美军驱逐舰。以见敌必战而著称的角田海军少将下令用全部飞机攻击敌驱逐舰，他不但派出了两艘航空母舰的飞行队，还出动了"高雄"号和"摩耶"号重巡洋舰的水上飞机。总共24架飞机飞向目标，但由于天气恶劣，大部分飞机中途返航。

执行第二次任务的飞机起飞不久，天气又变得很坏，甚至有时连邻舰也看不见。进攻的飞机无法保持队形，只好分成小股紧挨海面返航。由于天气极冷，它们在航空母舰上空盘旋和降落时，大部分飞机引擎音响都不正常，发出乒乓的爆音。舰上的人们担心地瞅着飞机一架一架地降落。所有飞机回收后，角田下令继续前进，他希望尽可能地向阿留申群岛靠近。

日本人对这天的进攻并不满意，最令人失望的是，根本就没有美国舰队出来迎战。看上去，美国佬没有上当，牵制进攻失去了作用。

正午，当天的阿留申群岛之战已告结束，角田开始向西南后撤。当夜，驱逐舰加了油，然后舰队按原定计划驶向阿达克岛准备攻击。

日军进攻的消息迅速传到美国。罗斯福总统和陆军部长史汀生接到消息后，一直紧张的心情稍微缓解。日军在阿留申群岛发动进攻，进一步印证了太平洋舰队情报小组的分析。

No.2 杰克·里德的发现

6月4日拂晓，美国太平洋舰队司令部的主要成员都进入了各自的岗位，并从截获的电讯中获悉日军在阿留申群岛展开了攻击。不过，尼米兹并不在乎北方，他关心的是西面中途岛方向的消息。

夏威夷时间上午10时多（中途岛时间9时多），中途岛终于传来了消息。这是转发在中途岛以西700海里外的巡逻机的片断电报："主力……方位262度，距离700海里……"

首先发现日军逼近的是海军少尉杰克·里德。中途岛上的指挥官命令里德提供更精确的报告，以便动用B-17型轰炸机攻击。这就需要里德接近敌人舰队，才能观察到数量和舰种。里德确认敌舰正向正东方向行驶后，关上油门，贴近水面，然后转向正北约15分钟后，又转向正西飞了25海里。目的是避开日军的前进正面，从北侧悄悄地接近敌人。里德可不想让日本人发现自己，万一这支舰队有战斗机护航，那他这架笨重的PBY-5A就会像小鸟遇上了老鹰一样，必死无疑。

里德不断改变高度，又向西飞了25海里，尔后折转向南，绕到了日本人的背后，直到发现了日军舰队身后掀起的白色航迹。里德仔细数了数主要舰只，仅大的就有11艘，其中有轻型航空母舰、战列舰、巡洋舰、驱逐舰。

里德后来回忆说："可以毫不夸大地说，在绕过敌舰队直至在地平线上看不见它们的这段时间里，我们先是紧张害怕，继而兴奋激动，最后兴高采烈。发现敌舰队已经够幸运了，竟然还能连续跟踪观察敌人达两个半小时之久而没有被发现，真是格外幸运。"

里德的报告并不准确，这支舰队的数量大大超过11艘，而且舰种中也没有战列舰。不过这没有关系，珍珠港急需的是确认日本人来了没有，至于日本人的数量，太平洋舰队司令部相信自己的情报：这是近藤中将下属的登陆船团及其掩护部队。

当里德的飞机追踪日军舰队的时候，中途岛上一片忙碌。陆军航空兵的9架B-17轰炸机正在加油。每架飞机都悬挂着4颗重磅炸弹。将近10点，沃尔特·斯威尼中校率队腾空而起，向西去攻击日军舰队。11时30分，斯威尼的机群在中途岛以西600海里处发现了日军庞大的运输船队，并立即展开攻击。

　　很快，天幕上清楚地显现出"飞行堡垒"（即B－17）的优美轮廓。海面上高射炮轰鸣，为运输舰护航的驱逐舰拼命地对空射击，弹丸炸裂的烟雾在B－17四周织成一个死亡的花环。轰炸机分批从1万米以上的高度投下炸弹。炸弹发出尖锐的呼啸音，隆隆的爆炸声中，水柱哗哗地窜起，又哗哗地落下。几分钟后，喧闹停止，双方无一损伤。日军防空火力虽然猛烈，但炮弹都打到轰炸机的旁边。美国陆军飞行员攻击海上目标的本领实在太差，那么多重磅炸弹除了把一些水花溅起在日本水兵身上外，一无所获。

　　B－17中队徒劳返回后，中途岛的指挥官又想尝试一下夜间鱼雷攻击。他们挑了一些疲劳程度最轻的人凑成了4个PBY机组，用这种速度缓慢、弱不经打的飞机去实施夜间攻击，这似乎太可笑。但是，美国人什么都想试试。

　　23点50分，在漆黑的夜色中前进的PBY机队在距中途岛400多海里的地方发现了目标。泛着暗光的海面上，日军船队和掩护舰队分成两路纵队，像鹅一样大摇大摆地行驶着。几架美军飞机拣大的目标展开了攻击。日军高射炮的火光把天空映得通亮。理查森海军上尉从

30米高度，瞄准一艘估计为7,000吨的黑影投下了鱼雷。飞机拉起时，机中两名乘员报告："听到巨大的爆炸声，看到浓烟冒出。"

戴维斯中尉险些翻船，为了寻找最佳投放鱼雷的位置，他两次从目标上空飞过，投雷时，似乎所有船只都在向他开火。戴维斯的射手用机枪朝目标的甲板扫射，打了60余发子弹，招来的结果是，飞机机头被打穿了好几个洞，投弹瞄准具被打坏，机身机翼机尾也中了几处弹片。戴维斯想返回上空看看战果如何，无奈下面火舌密密麻麻地朝上窜，他只好飞走了。虽说理查森的鱼雷爆炸了，但唯一的战果却属于普罗布斯特海军少尉的飞机。他的鱼雷命中了"曙"号油船，在舷侧开了一个直径10米的大洞，并诱发了弹药库爆炸，造成船上23人死伤。尽管如此，日本人成功地控制了伤船，"曙"号除了速度略有降低以外，继续跟着编队向东行驶。

这些情况接二连三地报告了"大和"号，山本大将和他的幕僚们开始为登陆船团的命运担起心来。上面搭载着海军防战队和陆军登陆部队的8,000名官兵，以及打算在中途岛上建筑机场和防御阵地的大批物资器材。这个庞大的船队缺乏空中掩护，只能凭随行的战斗船只的火炮保护自己。虽说暂时战斗未给运输队造成什么损害，可离目标还有400多海里，还有一天多的路程，谁会保证在这期间船队不会遭到美军岸基飞机的攻击呢？

联合舰队让运输船队在南云机动部队攻击中途岛的前一天，就驶入岛上美军飞机的攻击圈，无疑具有很大风险。但联合船队认为这样做有几种好处：第一，可以把中途岛上美军航空兵的注意力引向西面，有利于南云机动部队从西北面发起突然空袭。第二，如果让船队呆在700海里以外的安全地带，等南云部队歼灭了岛上的航空力量之后，再向中途岛开进，固然可以避免冒风险，但却不能及时攻占该岛，两者在衔接上会出现至少两天的断档。

像现在这样比较合适，运输船队虽然在6月4日全天暴露在美军飞机的威力圈内，但只要熬过6月4日，6月5日天一亮，中途岛就会遭到南云部队的打击。到那时，美国人根本顾不上运输船队，船队可以利用南云部队一整天的攻击，迅速接近中途岛，完成登陆任务。船队所面临的威胁也就是6月4日这一天。

现在的关键在于6月5日凌晨南云部队的攻击。南云现在也该抵达攻击位置了，山本大将看看表，表针指在23点55分的位置上，再过几分钟就是6月5日了。

No.3 南云的误判

也就是运输船队遭受美军攻击的时候，在山本大将前方约400海里的地方，南云部队正以24节的速度驶向东南方的中途岛。舰队呈环行向前运动，中央是4艘航空母舰，周围是"榛名"号和"雾岛"号高速战列舰，以及"利根"号和"筑摩"号重巡洋舰，还有"长良"号轻巡洋舰和12艘驱逐舰。

越接近战场，第1机动部队的官兵就越紧张。夜幕降临了，19时40分，"利根"号突然

拉起紧急信号，报告在260度方位上望见大约10架敌机。3架战斗机立即从"赤城"号起飞前去截击，但它们没有遇到敌机。"利根"号的报告是错误的。

经过这一场短短的虚惊之后，舰队继续航进，直到6月4日，情况如旧。2时30分，"赤城"号的瞭望哨突然报告道：右舷70度方位上仿佛发现敌机的航灯。在舰桥上的每一个人都向报告的方向观看，但没有看见任何东西。自从出航以来从未离开舰桥的青木舰长，不敢怠慢，立即下令备战，所有人员匆忙赶赴战位。

这时，空袭中途岛行动的时间就要到了，南云仍然没有得到关于美军舰队活动情况的情报。现在作战时间已到，南云必须迅速作出决定。黎明前，南云召开情况会，对战前形势作了最后分析。根据战时记载，南云及其参谋当时对于敌情作了以下估计：

1. 当中途岛的登陆战开始之际，敌方舰队大约将出来应战。
2. 从中途岛出发的敌空中巡逻，在西向和南向的将较多，而在北向和西北向的将较少。
3. 敌空中巡逻的活动半径估计约为500海里，不可能危及我方舰队的安全。
4. 敌人尚未觉察我方企图。也未发现我机动部队。
5. 在我方周围并无敌方特混部队的迹象。
6. 因此，我们能空袭中途岛，歼灭岛上岸基飞机并支援我登陆作战。然后，我们可以转过头来迎击敌机动部队，并予以歼灭。
7. 敌方如果出动岸基飞机对舰队进行反击，我方出动截击机和高射炮火就能将其击退。

后来的事实证明，南云的分析和判断是绝对错误的。正是根据这个错误判断，南云把日本声明赫赫的航空母舰进击部队送往不可救药的地步。

基于这样的错误判断，南云便于凌晨4时30分，开始对中途岛发起攻击。

第一攻击波正在4艘航空母舰上准备起飞的时候，6月5日降临了。东边的天空微微泛白，水天线隐约可见。渊田看看表，4时20分，离日出还剩40分钟。扩音器突然发出命令："飞行员集合！"

航空员们迅速奔向正在舰桥下面的听训室。不久飞行员们又回到甲板上，纷纷向飞机跑去。飞行官回到控制所，开始迅速发出一系列的口令。

"全员进入起飞的战位！"

"发动引擎！"

"请舰长顶风驶进并把相对速度提高到14米。"

飞机引擎启动了，从排气管喷出青白色的燃气，飞行甲板上一片震耳欲聋的嘈杂声。所有飞机的红蓝灯都已打开，在黑夜里闪闪发光。

一个传令兵报告说："所有飞机全都准备好了。"

探照灯光照亮了飞行甲板，恍如白昼。航空官向舰长报称："飞机准备好了。"

"赤城"号顶风航进，风力计上表明达到要求的速度。舰桥上传出"起飞"的口令，航空官把绿灯向空中挥动一个大圆圈。

领头的一架"零"式战斗机沿着飞行甲板疾驶，在"赤城"号舰员的鼓噪声中升入空中。在炫目的灯光中挥动着无数的手和帽子对它送行。

跟着起飞的是另外8架零式机，继之为每架携带一枚250公斤炸弹的俯冲轰炸机。领飞的机舱敞开着，年轻的领队挥手对欢送者告别。一刹那间，该机发出喧声升入暗空。接着18架俯冲轰炸机也都升空了。在舰队头上一串红绿灯利索地撒开来，这表示"零"式战斗机已经编成队形了。

在"赤诚"号航空母舰的左舷4,000米处，"飞龙"号也在发送飞机。一串微弱的灯光一个接一个从甲板向天空升去。

15分钟内，4艘航空母舰上一共起飞了108架飞机，其中有轰炸机、俯冲轰炸机和战斗机各36架。第一攻击波的总指挥官是友长海军上尉，他直接率领从"苍龙"号和"飞龙"号起飞的36架高空轰炸机。在他的左边是36架从"赤城"号和"加贺"号起飞的99型俯冲轰炸机，领队者是"加贺"号的中队长大泽上尉。"苍龙"号的营波上尉率领36架"零"式战斗机。

上午5时，一轮红日在海平线上升起。飞行甲板上又堆满了飞机，以准备攻击万一出现的敌特混部队。每架俯冲轰炸机各携带一枚250公斤的炸弹，每架水平轰炸机各携带一枚鱼雷。第二次攻击波总共也有108架飞机，包括36架99型的俯冲轰炸机，36架97型雷击机和36架"零"式轰炸机。

与此同时，7架搜索机得到了起飞命令，去搜索正常情况下不会出现的美国舰队，以防万一。5架搜索机顺利飞走了，但是，负责东正面搜索的"利根"号和"筑摩"号巡洋舰上的水上飞机没能按时升空。它们由于引擎和弹射器出了点故障，延误了半小时才出发。这个偶然事故成了第1机动部队惨败的致命原因。事后才知道，"筑摩"号的搜索机刚好错过了美国的特混舰队。如不延误，这架飞机本应该正好从美国舰队上空经过。在"筑摩"号飞机的南面进行搜索的"利根"号飞机，在返回时才发现了美国舰队。如果采用双相搜索，或者没有延误的话，美国舰队肯定会被提前发现。那样一来，南云部队的航空母舰就不会在最被动的情况下，遭到灭顶之灾了。

不过，当时除了渊田中佐一度表示过担心之外，南云部队的其他人并不认为这样会有什么不妥。

4时45分，编队完毕的第1攻击波机群环绕舰队飞了一大圈，尔后在各舰水兵们的欢呼声中，拖着一长串红蓝色航行灯的光点向东南天际飞去。

第5章
CHAPTER FIVE

"地球上最壮观的一出戏"

★保卫中途岛最沉重的担子将落在飞行员们的肩上。计划已经拟定，一旦发现敌机接近，机场上能飞的飞机将全部升空，以免被炸烂在地面。战斗机中队将在空中拦截敌机，轰炸机中队则前去寻歼敌人的航空母舰。

★岛上遭到猛烈空袭，情景令人震惊。一位侥幸生还的美军士兵描述说："突然间，领队日机离开机群……它俯冲到离地面大约30米处，突然翻转机身，仰面朝天，慢悠悠地从停机坪上方飞过，屁股下面扔下了几颗足有800公斤重的炸弹。"

No.1 行踪暴露的日本人

与日本人的预料相反,中途岛正在等待他们的光临。岛上的美国人天不亮就忙了起来,准备迎战通报中即将到来的攻击。海军陆战队第6守备营的高射炮兵已全部进入战斗岗位,码头上停泊着8艘鱼雷艇,随时准备去营救空战中落水的幸存者。所有的飞机,除了在空中巡逻的以外,也待命出击。

保卫中途岛最沉重的担子将落在飞行员们的肩上。计划已经拟定,一旦发现敌机接近,机场上能飞的飞机将全部升空,以免被炸烂在地面。战斗机中队将在空中拦截敌机,轰炸机中队则前去寻歼敌人的航空母舰。

时间一分一秒地过去了,预料要来的不速之客两点过后还没有出现。中途岛方面不耐烦了,地面部队走出掩体开始活动一下筋骨,已经发动了半个小时的飞机关了机,飞行员们都回到了待机的棚子里,只有雷达站和空中巡逻的人员还在紧张地搜索海面和空中。

对于PBY巡逻机驾驶员霍华德·艾迪海军中尉来说,这是一个终生难忘的早晨。由于命运的安排,他有幸承担了向中途岛西北方向搜索的任务,而这个方向恰恰是日军第一攻击波飞来的方向,也是南云庞大舰队所在的方向。

艾迪的飞机飞了一个小时之后,发现下方有一架水上飞机沿着相反的航向向他逼近。他立即用无线电发出"出现一架来历不明的飞机"的报告。飞机当然不可能从日本本土飞来,在它的背后一定有一艘把它运到这里的军舰,而一艘军舰孤零零深入中途岛附近是不可想象的,伴随它的一定有一支舰队。

艾迪继续向前飞去,竟然没有觉察到整整100架飞机的日军第一攻击波。不过,这一缺陷马上就被后面的另一架弥补了。2时30分,艾迪的飞机冲出云层。7个机组人员几乎同时惊叫了起来:"呀!这么大一片全是军舰。"

尽管艾迪正是为了寻找日本舰队而来的,可海面上的情景仍然使他胆战心惊。"地球上最壮观的一出戏启幕了。"随即,艾迪中尉用因激动而微微颤抖的左手打开了发报机的开关:

我是瑞香,我是瑞香,发现敌舰两艘航空母舰,我说的是两艘航空母舰,另外还有两艘重型军舰,可能是战列舰。巡洋舰和驱逐舰数目待报。我是瑞香,我是瑞香,发现敌舰队,方位320度,航向135度……

为了躲避日军的战斗机,艾迪又闪进云层并在南云机动部队的上空盘旋。随即他继续报告:

两艘航空母舰,两艘战列舰,方位320度,距离180海里,航向5度,速度25节。

天不亮就等在司令部的尼米兹上将一下子兴奋起来。他走到作战室把日军的位置亲手标

↑ 驶往中途岛海域的美军舰队。

在图上。虽说报告只提到了两艘航空母舰，但此时的尼米兹坚信有4艘，或者3艘，迄今为止的事态发展无一不证实了情报远比现地人员的眼睛更准确。尼米兹转身找到莱顿，双眼放出柔和的光芒："你的预测非常准确，谢谢你。"

　　正在中途岛东北面的弗莱彻也应该收到这份重要的敌情报告。但为了防备万一，太平洋舰队还是向特混舰队转发了原电。因为这份查明南云部队准确位置的电报，对尼米兹来讲，不过证实了计划的正确，而对弗莱彻的意义更大，他可以据此起飞自己的飞机，展开突然的攻击。

　　弗莱彻确实收到了中途岛的电报，他的位置正处在中途岛东北面约300海里的地方，距西面的南云部队大约也有这个距离。他虽然知道日本人大约在什么方向，但精确位置还有待查明。弗莱彻不能为了一个大概的预测，就派出大批飞机前去贸然攻击。如果一旦扑空——在茫茫大海上这是很可能的，其后果将很糟糕，至少千方百计谋求的突然性就会丧失。不动则已，要动就必须在精确的地点，精确的时间，实行准确无误的空袭，任何含糊不清都是冒险。因此，天不亮，弗莱彻也像他的对手南云一样派出了搜索飞机，所不同的在于，南云向东的搜索机是盲目的，并不知道前方存在一支航空母舰特混舰队；而弗莱彻向西的搜索机是明确的，就是要确定日本航空母舰编队的准确位置。

　　对弗莱彻来说，最好的选择是南面中途岛上的巡逻机能首先发现南云部队。日本人即便

↓在中途岛战役中发挥了巨大作用的美军PBY巡逻机。

看到了这些飞机，也不会得出美国舰队就在附近的结论。相反，如果弗莱彻的飞机先发现了日本舰队，那么日本人就会从飞机来的方向判断出它们并非来自中途岛，而是来自东面某处海面上的美国舰队。这样一来，南云中将自然会把全部力量集中用来对付东面的威胁，尼米兹精心策划的侧翼伏击也就失去了突然性。

现在好办了，艾迪的电报明确了一切，而弗莱彻又没有暴露自己的行迹。弗莱彻用信号灯通知后面8海里远的斯普鲁恩斯：

向西南方前进，靠近敌人航空母舰，然后进攻。

在海图上计算的结果表明，照这个方向再高速航行个把小时，南云的舰队就会进入飞机的有效攻击半径。

可怜的日本人此时还蒙在鼓里，一心一意地专注于中途岛方向。

友永大尉的机群已经飞行一个小时了。2点45分，比艾迪晚起飞15分钟的另一架ＰＢＹ巡逻机突然发现了迎面一片黑压压的斑点，驾驶员蔡斯上尉急忙躲进云层，忙不迭地用明码发出警报：

敌人大机群正在飞向中途岛，方位320度150海里。

No.2 第一波攻击

就在日军的第一波飞机朝中途岛袭来之际，中途岛已经行动起来。6月4日6时30分，营指挥通知所属部队："目标进入我射程之内就开火。"这时天空晴朗，对于高炮射击来说，能见度良好。沙岛和东岛上的沙袋工事以及沙筑的炮兵掩体为炮兵提供了良好的防护。不在高射炮炮位及其他自动火器岗位上的人都挤在防空掩体、狭长堑壕以及类似的工事里。岛上湖中的鱼雷艇也已出动，艇上的机枪，甚至连步枪和手枪都进入了戒备状态。

战斗警报发出凄厉的呼啸声，扩音器中大吼大叫："全体人员进入战斗岗位，飞行员立即登机！"东岛简易机场的跑道上，飞机一架接一架嗡嗡滑行。岛上的海军和陆军人员早就接到命令，在这时候，凡是能飞的玩艺儿统统都要飞往空中，凡是能藏的东西一概都要钻进地下。

最容易被击落的ＰＢＹ巡逻机隆隆飞出环礁湖，飞往岛子东面的安全范围内躲藏。海军的6架ＴＢＦ鱼雷攻击机和陆军的4架Ｂ－26双引擎轰炸机，作为第一波向西北飞去。第二波由海军陆战队的16架俯冲轰炸机和14架陆军的Ｂ－17"空中堡垒"组成。第三波是海军陆战队的11架鱼雷轰炸机。它们并不是要迎战来袭的日本飞机，而是径直飞往远处的日军航空母舰舰队。换言之，是去攻击！被叫做"野猫"和"水牛"的27架战斗机最后起飞，一直爬升到

3,600米的高空，准备向敌机群俯冲。

数以百计的飞机发动机的喧闹消失后，中途岛上陷入一片宁静。只听见波涛不停地拍打着海岸，黑脚信天翁发出粗厉的叫声，围着炮口指向西北天空的高射炮上下翻飞。

离中途岛不到30海里了，尾随日军机群的蔡斯上尉突然跃升到日军上空，投了一颗伞降照明弹，向早已在空中等待的战斗机伙伴指示日军的位置。

27架美军战斗机立即向下俯冲，直扑日本的轰炸机编队。

从3时45分到4时10分，双方在距离中途岛不远的空中展开了一场激烈的空战，交战中日本"零"式战斗机显示了它的优越性。由"苍龙"号的营波海军大尉指挥的36架"零"式机迎着美军战斗机冲了上去，并分别咬住美军的战斗机，使之无法去攻击轰炸机群。尽管美军飞行员表现得极其勇敢，无奈技不如人，一架一架地被"零"式机击落。

岛上的美军指挥官通过双筒远镜沮丧地看到，过了时的"水牛"式和"野猫"式被日本人像拍苍蝇似地拍了下来。不到半个小时，就有17架被击毁，受伤返回的其他几架也只有两架能够再次起飞。而"零"式机只损失了两架。

营波大尉创造了一个奇迹，由于他的战斗机的有力掩护，友永大尉的轰炸机队未遭到一弹射击，全部安全地飞达目标上空。

由于没有了美军战斗机的阻碍，友永率领36架水平轰炸机，从3,500米高空用800公斤炸弹，轰炸了中途岛东面机场的跑道、机库及其他地面设施。小川海军大尉指挥的36架俯冲轰炸机，穿过高射炮猛烈的火网，从超低空投下了携带的全部炸弹。

岛上遭到猛烈空袭，情景令人震惊。一位侥幸生还的美军士兵描述说："突然间，领队日机离开机群……它俯冲到离地面大约30米处，突然翻转机身，仰面朝天，慢悠悠地从停机坪上方飞过，屁股下面扔下了几颗足有800公斤重的炸弹。"

倾泻在东岛上的炸弹全部落在二号跑道上，有一颗炸弹落在靠近一号跑道的中央，跑道很快就被炸出一个醒目的大坑。还有一颗炸弹正好落在弹药补给坑，诱爆了8颗100磅重的炸弹以及数不清的子弹，4名维修人员当场丧命。更可怕的是，一架俯冲轰炸机向飞机库投下炸弹，击中了里面的一些炸药。整个机库都飞上了天。

6时38分，一架俯冲轰炸机炸毁了发电站，从而使岛上的供电和一个蒸馏水厂陷于瘫痪。这也许是给中途岛造成的最大破坏。水平轰炸机还炸毁了码头区和主要储油区间的输油管路，造成十分严重的破坏。

日本重点轰炸目标是沙岛。3个贮油罐被彻底炸毁。油罐里的油整整烧了两天，滚滚的浓烟飘扬在整个岛上，连高射炮的火力发挥也因为浓烟弥漫而受到影响。

陆战队驻地的一条从海里抽水的管道被一颗炸弹炸断。一个水上飞机机库也被炸毁起火。其他各类建筑物，有的被炸，有的因炸弹落在附近，有的因弹片，也有的因气浪冲击，遭到不同程度的破坏，发生晃动。

屋顶上画着巨大红十字的海军诊疗所，被两颗炸弹以及爆炸后燃起的大火夷为平地。海军洗衣房也挨了一颗炸弹，被炸塌一部分，其中的衣物全部化为灰烬。

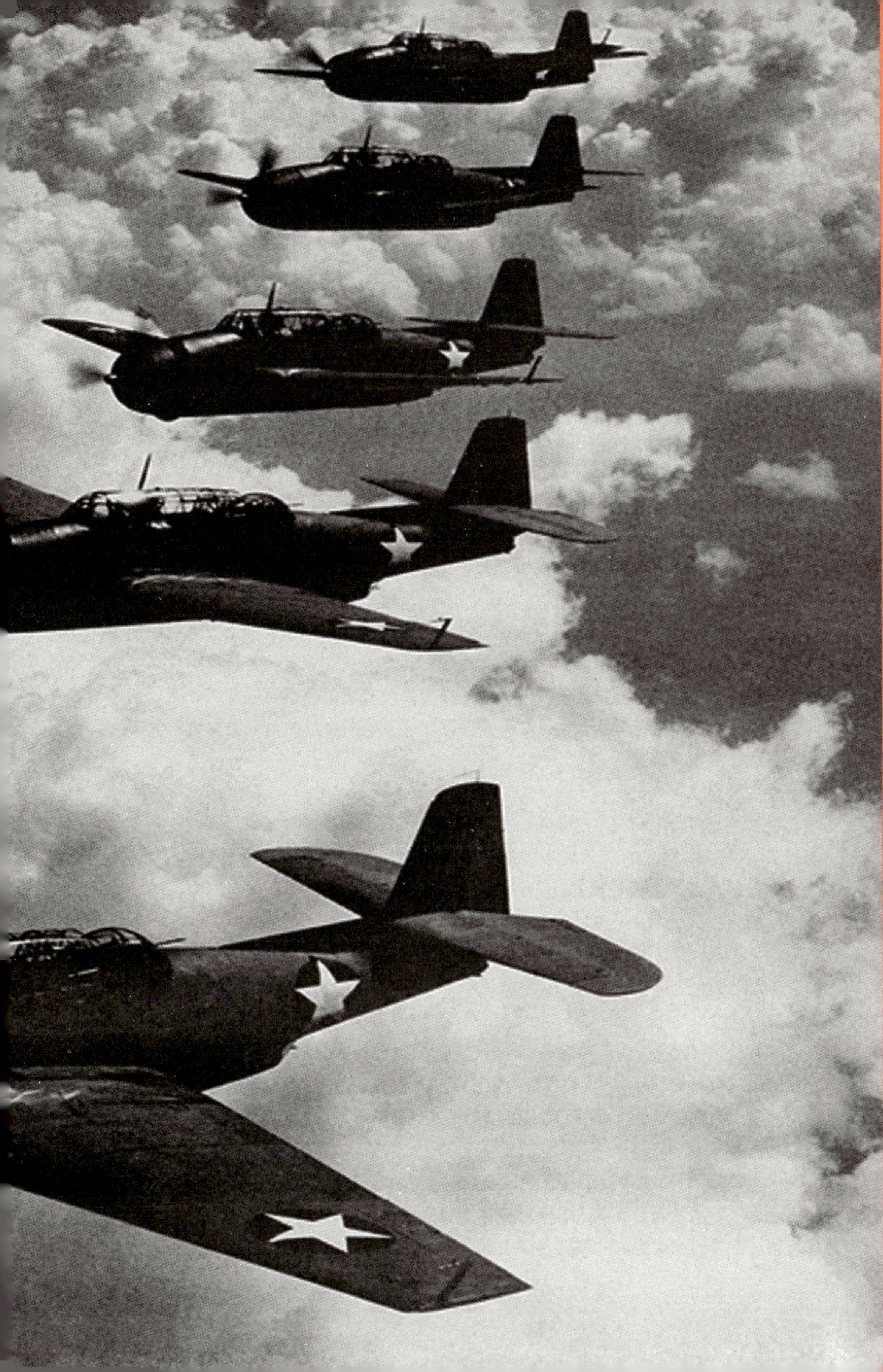

↑ 美战机编队在空中排列。

紧跟在轰炸机后面蜂拥而至的是战斗机，它们向发现的所有目标扫射，负责掩护的"零"式战斗机更是疯狂，它们如狼似虎地来回穿梭疾驰，在烟雾中看到什么就扫射什么。

　　中途岛守军的90毫米、40毫米和20毫米的高射炮响成了一片，几艘鱼雷艇上的机关炮也吐着火舌。在火烟中穿行的日军飞机，接连中弹，断翼落海。一个俯冲轰炸机中队长将800公斤巨型炸弹投下后，接着俯冲翻转，在15米高度呼啸而过，向高炮阵地放出一排机枪弹，然后打了个嘲弄的手势，欲从美军炮手的头顶飞走。然而，不一会儿他的飞机变成了一条火龙，"潇洒"地画了个曲线，在海面炸起巨大的水柱。

　　6时43分，南云收到友永的电报："我们完成任务，正在返航。"

　　空袭历时半个小时，美军伤亡30余人。地面一些设施被炸，数个机库燃起了大火。24架战斗机被击落15架，重创7架。美军的高射炮击落了10架日机。岛上的储油罐烈焰翻腾，犹如巨大的火把。从表面看，全岛一片狼藉。

　　实际上，由于美军预先有所准备，中途岛上受损的情况并不是很严重。地面上大约有20人死亡，数字相当小。跑道受到轻微的破坏。空袭后的检查发现，遭破坏的设施大多数都能修好。几天后，中途岛驻军全体出动，努力恢复供电，修复供水管道和下水管道，扑灭零星小火，清除瓦砾废墟。

　　友永清楚地知道这一切，他显然对第一波轰炸效果不满意。日军没有遇上轰炸机或巡逻机，这些飞机才是重要的目标。从飞机上看，地面上的机场跑道完好无损。此外中途岛上的高射炮一直进行对空射击。种种迹象表明，第一波轰炸没有取得理想的效果。

　　将近4时，友永率队返航，由于他的发报机被打坏了，他向身边的另一架飞机举起了一块小黑板，上面潦草地写着：

　　"有必要发动第二次攻击。"

　　那位驾驶员点点头表示明白了这条建议。

　　一场交锋下来，中途岛的美军战斗机几乎全军覆没。友永的第一攻击波损失了9架飞机，其中"零"式机两架，轰炸机7架，另有32架飞机受了轻伤，但不妨碍它们飞行两个钟头返回航空母舰。

No.3 战斗打响了

　　几乎日本联合舰队第1机动部队的飞机对中途岛进行狂轰滥炸的同时，6时零几分，从中途岛起飞了美第一波攻击机群，共6架TBF和4架B－26。10分钟后，6架TBF鱼雷机贴着水面飞了过来。

　　7时整，"赤城"号旗舰收到了友永建议第二次空袭中途岛的电报，南云中将正在踌躇之际，舰上响起了空袭警报。大约7时1分，科林斯和费伯林同时到达目标海区上空。欧内斯特有生以来第一次看到如此庞大的舰队，洋面上展开的壮观场面使他看得着了迷。

日本人已发现这批不速之客。"赤城"号在7时5分最先报告："敌机9架，方位150度，距离2.5万米……"

随即，这艘庞大的舰艇以战斗速度迎着这些飞机驶去，尽量避免把两侧暴露给敌人。

3分钟后，7时8分，"赤城"号和"利根"号开始对空射击。1分钟以后，10架"零"式战斗机腾空而起，前去迎战美机。

此时，美军飞机编队已经乱了阵形，正在各自为战。为防止液压装置失灵而无法投雷，飞机把弹舱门全部打开了，但飞机的速度却因此受到影响。对"零"式战斗机来说，这些飞机本来都是活靶子。日机蜂拥而至，但是，这些没有战斗机掩护的鱼雷机不要命地穿过火网直扑"赤城"号。3架"零"式战斗机被迫朝着自己的高射炮火迎了上去。几秒钟后，机腹射手兼报务员、三等航空兵费里尔发现炮塔里已经无声无息。他回头一看，只见炮手曼宁已经扑在机枪上，被零式机的子弹夺去了生命。费里尔才18岁，可他现在一下子变得成熟了。以前他总觉得自己是这个世界的中心，死亡只是一种理论上的现象，只发生在这个世界边缘的人们身上，可是如今，死亡就发生在自己的飞机上。

接着，一架"零"式机俯冲下来，一阵扫射把飞机的液压系统打烂了，还打伤了费里尔的手腕。另一架零式机射出的一颗子弹穿透了费里尔的帽子，他当即昏死过去。这样一来，飞机上就只剩下欧内斯特一个人了，他同时担当起驾驶员和机组乘员的角色。正当他驾驶飞机准备自救之际，飞机再次中弹，升降舵失灵。由于脖子上挨了一下，他几乎失去自控能力。伤势倒不重，但脖子负伤也像头部其他部位负伤一样，血直往外冒。他感到一股热乎乎的东西顺着脖子往下淌。

升降舵失灵、一名机枪手死亡、另一名昏迷不醒，自己也像被戳了一刀的猪，血流如注。欧内斯特知道现在已不可能去攻击航空母舰了。他朝着左侧一艘巡洋舰飞去，投下仅有的那枚鱼雷，然后拼命拉起机头，一心想尽快逃离这个死亡的地狱。看来就剩下自己这架飞机了，否则两架"零"式机为什么老缠着不放。

欧内斯特进行规避，已从日舰队上空飞过去。此刻，敌舰处于他和中途岛之间，他只能祈求上帝，保佑他能迂回飞回中途岛。电器系统全部失灵，液压系统也被击毁，弹舱门关不上，罗盘在尾部，不知读数是多少，空速计和油压表也都完蛋了。事实上，飞机上还能运转的除发动机外就是欧内斯特了。他驾驶这架飞机摇摇晃晃地先朝南飞，而后再折向东。及至他看见云层中一柱黑烟时，他穿出云层，发现下方是库雷岛。这时他知道了自己的方位。更幸运的是，费里尔恢复了知觉，爬回了自己的位置。9时40分，他们全然不理会地面上让他们离开的信号，在中途岛着陆。飞机在地上打了个转，在滚滚扬起的尘土中戛然停住。派往中途岛的鱼雷机分队中，在这次攻击后生还的只有欧内斯特和费里尔两人。

与此同时，科林斯率领的轰炸机小队径直扑向南云的舰队。他们先稍向左舷，而后一个急转直向右舷，以避开对空火力。他们没有理会下面的巡洋舰，而是直接朝舰队中央部分一艘大型航空母扑过去，那是"赤城"号。

此时，所有敌舰都在对空射击；6架"零"式战斗机从200米高处朝他俯冲。科林斯俯冲到60米，敌机的大部分子弹都从他上方飞过，但紧紧跟随他的其他两架飞机则没有他这么幸运，很快中弹起火，随后就一头栽到海面上。

"赤城"号使出浑身解数左避右闪，一个左满舵，接着一个右满舵，但仍处于科林斯攻击范围内。科林斯认为只要鱼雷方位准确，他就能击中敌舰。他在730米高处投下鱼雷。科林斯亲眼看见一条鱼雷直接冲向航空母舰。"赤城"号拼命躲闪，鱼雷从侧翼划水而过。另外一枚鱼雷向右舷破浪冲来，另两枚鱼雷落在左舷，其中一枚从航空母舰尾侧飞驶而过，另一枚自行爆炸。

"赤城"号上第二波鱼雷机的飞行员们聚集在甲板上兴致勃勃地观战。舰上所有高炮都在对空射击，可是不时还有飞机呼啸着冲过来。人们不断发出惊呼："要撞到舰桥上了！"可都在离舰桥仅几米的地方被炮火击中，骤然下跌，一头栽进海里。

"赤城"号上的人乐得手舞足蹈。有人不断说着俏皮话。

9时15分，科林斯和默里的两架飞机摇摇晃晃地返回中途岛，美军第一次攻击南云舰队的行动结束了。

中途岛美军鱼雷机的攻击虽说损失惨重，而且没有给对手造成丝毫伤害，但是它们自杀性的攻击却使日本人犯了一个致命的错误。当拂晓时第一攻击波起飞袭击中途岛后，南云中将立即下令正在4艘航空母舰上待命的第二攻击波，也是108架飞机，其中战斗机、俯冲轰炸和鱼雷机各1/3做好出击准备。当时南云中将认为第一攻击波足以完成摧毁中途岛的任务，因此，第二攻击波是准备用来攻击可能出现的美国航空母舰部队的。尽管大家都不太相信美国航空母舰会在这个时候出现，但有备无患，南云还是采取了稳健的做法。

可是，接到友永大尉要求第二次空袭中途岛的电报后，"赤城"号舰桥上出现了争论，有人坚持必须掌握一半兵力应付出现敌人舰队的意外情况，有人认为所谓意外情况纯属臆想，让半数兵力闲置待机简直难以理解。

如果说刚接到友永大尉请求的时候，南云中将还有些犹豫，那么美军鱼雷机的攻击则坚定了他的决心。南云觉得，既然始终没有迹象表明附近存在敌人的水面舰队，就应该集中力量迅速而彻底地摧毁中途岛的防卫力量，为即将实施的登陆战扫除障碍。南云虽然亲眼目睹了"零"式战斗机如何干脆利落地敲掉来犯的敌机，但他也清楚地感到，中途岛仍然具有空中攻击的实力，而且这些美国飞机一旦前去攻击笨拙的运输舰，它们的战绩肯定会好得多。

因此，刚一粉碎鱼雷机的进攻，南云立即下令第二攻击波的飞机准备再次空袭中途岛。这就是说，"赤城"号和"加贺"号上的36架鱼雷机必须卸下已经装好的全部鱼雷，换上攻击地面目标的800公斤炸弹。已经在飞行甲板上排列整齐的鱼雷机一架架地送回机库，飞行人员、地勤人员和军械人员拼命地从事这一吃力的换装工作。这一折腾估计需要近一个小时。

南云和他的幕僚们谁也没有想到，这场混乱才刚刚开始。

第6章
CHAPTER SIX

急转直下的
战局

★日本搜索机的出现也使稍靠后一点的弗莱彻改变了决心，尽管另外两艘敌人航空母舰的情况还未查明，但亲身经历了珊瑚海首次航空母舰对阵的弗莱彻懂得，抢占先机对胜利是至关重要的。他决定"约克城"号的半数飞机马上起飞，仅留一半作为预备队。

★南云权衡再三，犹豫不决，足足考虑了10分钟。最后，他决定：将轰炸机送回下边的机库，清理出飞行甲板，回收第一攻击波的轰炸机和空中巡逻的战斗机；收机完成后，舰队暂时北撤，推迟攻击美国舰队的时间。

No.1 晴天霹雳

尽管出现了个别搜索机延迟起飞，美军鱼雷机前来袭击等插曲，但直到6月5日9时15分之前，南云机动部队的行动都在按计划有条不紊地进行着。

但是，10多分钟后形势大变。前面提到的那架迟了半小时出发的"利根"号上的搜索机，9时20分左右飞到了300海里远的搜索扇面的终点，一路上什么也没有发现。飞行员慢悠悠把机头掉向北面，打算向北飞60海里后，再掉头向西返回。这位不知名的飞行员孤零零地游荡在水天一色的大海上，不免感到几分无聊，精力也不再那么集中。让一个人在两个小时之内盯着单调乏味的海面，恐怕谁都会感到疲倦。

飞行员看了看右边，除了海水就是天空；当目光移向左前方时，他打了个激灵。一群军舰犁开海水，拖着白色的航迹驶往东南方向。他来不及飞近详细观察，马上用电键敲出："发现10艘军舰，好像是敌舰。方位10度，距离中途岛240海里。航向150度，航速20节以上，时间4时28分。"

这份电报犹如晴天霹雳，震撼了"赤城"号舰桥上的南云中将和他身旁的所有幕僚。因此，7时45分，南云急忙下令两艘母舰的截击机立即停止换装工作，并命令整个舰队做好准备，应对可能的攻击。

日军搜索机发现的目标正是早就待命的美国特混舰队。当时，美国航空母舰上的飞机已经开始起飞。

美国舰队是在4时不到抵达这一地点的，第16特混舰队在前，第17特混舰队在后，相距

→ 战斗前，美军飞机正在抓紧时间装弹。

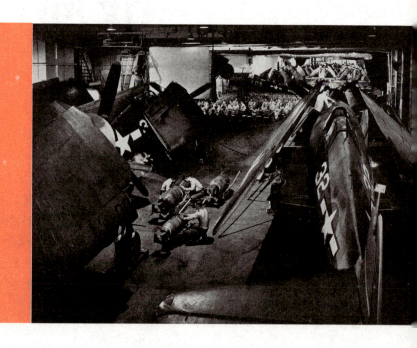

约10海里向前疾驶。

4时45分，斯普鲁恩斯急令已在空中的飞机立即出发，不用等候其他正在起飞的飞机。

日本搜索机的出现也使稍靠后一点的弗莱彻改变了决心，尽管另外两艘敌人航空母舰的情况还未查明，但亲身经历了珊瑚海首次航空母舰对阵的弗莱彻懂得，抢占先机对胜利是至关重要的。他决定"约克城"号的半数飞机马上起飞，仅留一半作为预备队。

5时38分，"约克城"号上的17架俯冲轰炸机、12架鱼雷轰炸机和6架战斗机向西面飞去。

美国人过虑了，他们事后才知道，此时，南云机动部队正处于日益加剧的混乱中。

No.2 美国人打乱了南云的计划

自7时28分得知附近发现美国水面舰队的惊人消息后，南云方寸大乱，先是匆忙修改前令，命令各舰飞机停止换下鱼雷，继而怒气冲冲地要"利根"号的搜索机立即查明敌方有没有航空母舰。

在焦急的等待中，来自中途岛的美军飞机又执意不让南云部队有丝毫喘息之机，接二连三地飞来攻击。

7时48分，中途岛美军岸基飞机的第二波攻击降临了。这次来的是14架陆军航空兵的B－17"空中堡垒"。它们是美国最新型的陆军轰炸机，拂晓前就离开了中途岛，本想去攻击

← 舰载机保护着美舰艇编队驶往预定海域。

西面的日军运输船队，但中途改变了计划，前来攻击日本航空母舰。这种"空中堡垒"很坚实，载弹4吨多，只要命中了水面舰只，破坏性是非常可怕的。可是，陆军飞行员缺乏攻击海上活动目标的经验，再加上B－17是高空投弹，命中的机会自然不大。它们在6,000多米的高空扔下炸弹后，洋洋得意地飞走了。陆军飞行员回去吹嘘说，有4颗炸弹命中了两艘航空母舰。实际上，所有的炸弹除了在海上炸起一束束壮观的水柱之外，日军舰只未受丝毫损伤。同样，水面上大小舰船的高射炮尽管集中火力猛射，但也没有一炮命中。

B－17刚刚结束攻击，8时正，又一批16架美军俯冲轰炸机飞临上空。担任前卫的驱逐舰纷纷释放烟雾，并用高射炮组成一道弹幕，企图阻止美军飞机突入航空母舰头顶。刚刚返回舰上补充油弹的10多架"零"式战斗机再次迎了上去，用高超的技术一架又一架地把美国飞机送入海底。眨眼间，美军飞机剩下了一半，但仍勇敢地逼近"飞龙"号航空母舰。一阵硝烟腾起，"赤城"号上的人们心都揪了起来，"飞龙"号这次难逃劫难了。稍过片刻，雄起起的"飞龙"号冲出了硝烟，什么事也没有似地继续航行。侥幸返回中途岛的8架美军俯冲轰炸机中有6架受伤报废。

看上去，南云部队的防空作战获得了全胜。到8时30分，天空再次恢复平静之时，南云部队虽然遭到中途岛美军岸基飞机的鱼雷攻击、高空轰炸和俯冲轰炸，但却未损伤一丝一毫。相反，中途岛的航空攻击兵力却被打成了残废，再也没有力量向南云部队挑战了。

但是，中途岛岸基飞机的惨重牺牲并非徒劳无益。将近一个半小时的连续攻击，迫使南云部队不得不全力应付头顶的威胁。准备为第二攻击波护航的36架"零"式战斗机不得不一次又一次地升空迎战美军。因航空母舰不断地进行规避动作，机库内的弹药换装工作也无法正常进行，大大延续了作业的进度。而且，原来严整的队形在战斗机起飞和降落时频频移动，大为分散，所以极需利用战斗间隙收拢队伍。

来自中途岛的威胁和干扰，使南云部队针对美国水面舰队的一切作战准备全部乱了套。

更要命的是，就在对中途岛美国飞机的防空战斗接近尾声的时候。8时20分，"利根"号的搜索机终于发来了南云中将一直等待的电报：

"敌舰队后面似乎有一艘航空母舰。"

"赤城"号舰桥上的每一个人都紧张起来，大家都希望这个消息不确实。既然是"似乎"，那么至少有一半可能是误报，否则，美国舰队的飞机为什么迟迟不来进攻呢？

10多分钟后，又接到该搜索机的报告："敌舰队中还有两艘巡洋舰。"

南云中将处于进退维谷的境地。如果立即下令已经准备好的36架俯冲轰炸机前去攻击敌舰队，可能遭到惨重损失，因为没有战斗机护航。还有，要不要使用停在"赤城"号和"加贺"号飞行甲板上的那些装上对地面目标攻击用的炸弹的鱼雷机？这些炸弹虽不如鱼雷，但如能直接命中，仍能使敌舰受到重大损失。但是，鱼雷机比俯冲轰炸机更需要战斗机掩护，否则，它们很容易成为敌人战斗机的活靶子。中途岛来的鱼雷机不是刚刚表演了这样悲惨的一幕吗？

南云权衡再三，犹豫不决，足足考虑了10分钟。最后，他决定：将轰炸机送回下边的机库，清理出飞行甲板，回收第一攻击波的轰炸机和空中巡逻的战斗机；收机完成后，舰队暂时北撤，推迟攻击美国舰队的时间。

南云的想法是颇有道理的。他的部队搭配得当，在实力上也占很大优势，所以，如果把他的全部兵力投入一次大规模的攻击中去，那是不难把敌人歼灭的。这种战略是正统的战略，但有一个缺陷，忽视了时间因素。战斗的胜利并不总是属于力量强大的一方，而往往是属于能更迅速果断地去应付没有预料到的情况，并能更迅速地抓住瞬间即逝的战机的一方。

在发出了清理飞行甲板、准备回收飞机的命令之后，疲惫不堪的地勤人员开始再次把鱼雷机送到下边的机库，以便腾出甲板好让在空中的飞机降落。同时，他们开始按照新的命令，在机库里重新卸掉炸弹，再装上鱼雷。

在返航的飞机一架接着一架降落在飞行甲板上的时候，下面机库甲板上在拼命赶着给鱼雷机重新装雷。只穿着短袖衬衣和短裤的地勤人员匆忙地卸掉重磅炸弹，来不及把卸下的炸弹送回到下面的炸弹库去，只好堆积在机库旁边。他们未曾想到，后来正是这些随便放置的炸弹，在美机来轰炸时成了致命弹，把他们的军舰彻底葬送了。

6时18分，第一攻击波在空中进行战斗巡逻的战斗机全部回收完毕，紧接着又展开了紧张的进攻准备。各航空母舰的升降机升起又降下，把那些已经换上鱼雷或对舰攻击炸弹的飞机一架架地提上飞行甲板。

"加油干！攻击队定于7时起飞！""赤城"号舰桥上下达了新的命令。

新的攻击波计划包括54架鱼雷机（"赤城"号和"加贺"号各18架，"飞龙"号和"苍龙"号各9架）和36架俯冲轰炸机（"飞龙"号和"苍龙"号各18架）。但是战斗机的数量比原来第二攻击波减少了2/3。因为考虑到敌舰载机必将来攻，绝大部分"零"式战斗机必须用于保护舰队本身，所以只挤出12架"零"式机来掩护轰炸舰队。

8时55分，收回飞机的工作将近完成时，南云采取行动执行他的计划其余部分。他向各舰发出了灯光信号，下令："收机作业完成后，部队暂时向北航行。我们计划接触并歼灭敌机动部队。"

在发出上述命令的同时，南云向"大和"号上的山本海军上将和指挥攻略部队的近藤海军中将发电报："8点整，发现敌航空母舰1艘，巡洋舰5艘和驱逐舰5艘。敌方位010度，距离中途岛240海里。我们将驶向敌人。"

9时18分，中途岛攻击队和进行战斗巡逻的战斗机全部收回。南云部队的航向改为030度。为了减少中途岛岸基飞机的威胁并取得对美舰队的有利阵位，舰队的航速增加到30节。

这时，航空母舰上的地勤人员忙于给刚刚降落的飞机加油、补充弹药，只需1个小时的时间，南云的100多架飞机组成的攻击部队就可以全部准备完毕，同时去攻击美军的航空母舰特混编队了。

但是，就在这1个小时内，战局却急转直下，出现了令人震惊的变化。

9时20分，从外围警戒的驱逐舰上传来了"敌人舰载飞机正在向我接近"的警报。一直倚靠着降落伞包，躺在飞行指挥所旁边的渊田下意识地看了看手表：9时20分。"他们终于来了。"渊田喃喃自语。

一切情况表明，美国人已经事先发现了日军主力舰队，而攻击目标是航空母舰。他们连番派出"复仇者式"鱼雷轰炸机，咬住"赤城号""加贺号""苍龙号"和"飞龙号"这一点，南云心里都非常清楚。这位对帝国和天皇一片赤胆忠心的海将，原想在中途岛巧出神兵，大打出手。眼下舰队的处境如履薄冰，凶多吉少。美国人的拦腰一击，完全打乱了事先制订的作战计划。南云站立在旗舰舰桥上，双瞳无光，神不守舍。他指挥过无数次海上战役，从来没有像现在这样紧张。每艘航空母舰都在千钧一发中。

美军的鱼雷轰炸机飞来一批又一批，大型B-26轰炸机也相继参战。南云舰队远离本土，中途岛登陆受阻，欲战受敌，欲罢不忍，除了继续硬拼，没有任何选择。他命令已经装好鱼雷的水平轰炸机火速卸下全部鱼雷，立即升空迎战。第二攻击波的出击，只能暂时作罢，保卫自己舰队是当务之急。

No.3 先下手为强

当美军中途岛派出的侦察机首次报告发现日军航空母舰时，美国航空母舰编队正位于日军航空母舰编队东北方向大约200海里处。两支航空母舰编队的总指挥官弗莱彻将军立刻命令"大黄蜂"号和"企业"号航空母舰"向西南急进，一经查明敌航空母舰位置，立即予以攻击"。

而此时"约克城"号由于派出搜索敌人的10架舰载机还都未返舰，弗莱彻将军本人则率"约克城"号等舰逆风徐徐东进，以便收回派出搜索的飞机，在回收侦察机后随后跟进。

斯普鲁恩斯在美国海军中以老谋深算而著称。他认为，只有将敌我之间的位置缩小到适宜距离，并选择一个有利的战机令突击机群起飞，才能取得最大的战果。因此，他没有急于令他的舰载机起飞，而是暗暗地等待着时机。

大约7时，斯普鲁恩斯推算他的舰队距南云部队大约还有150海里，而且他预计袭击中途岛的日机这时候即将返回母舰加油装弹。斯普鲁恩斯认为攻击的绝好机会到了，遂下令舰载机开始起飞。

在一阵震耳欲聋的飞机发动机轰鸣声之后，35架轰炸机和15架鱼雷机离开"大黄蜂"号母舰，在10架战斗机的护卫下，从两种不同的高度，首先向南云编队所在的水域飞去。

紧接着，"企业"号的33架俯冲轰炸机和14架鱼雷机陆续升空，在10架战斗机的护卫下，一前一后向目标飞去。这样，美机共起飞117架的飞机，分为4个机群飞向预定目标。

当弗莱彻所率的第17特混编队将派出搜索的飞机全部收网后，便立即掉头向西南急进，前去追赶斯普鲁恩斯所率的第16特混编队。

弗莱彻在追赶斯普鲁恩斯时，知道"大黄蜂"号和"企业"号上的117架飞机已经升空了。他想，根据敌情通报得知，袭击中途岛的日本航空母舰共为4艘至5艘，到目前为止仅仅发现2艘，因此不能把全部的力量都用出去。否则一旦发生意外情况，将无以应对。他决定将"约克城"舰上的飞机留下一半，以准备对付尚未发现的航空母舰。

于是，他命令"约克城"号舰长以1/2的舰载机投入战斗。这样，又有6架战斗机、17架轰炸机和12架鱼雷机从"约克城"舰上起飞，编成一队。这是美方派出的第5个机群。

这样一来，斯普鲁恩斯终于抢占了进攻的先机，而且是在南云部队回收飞机并忙于给飞机加油、装弹的最有利的时候。

由于天空浓云密布，美军派出的第一批攻击机中，由沃尔德伦少校率领的15架鱼雷机很快就与由斯坦厄普·林海军中校率领的34架俯冲轰炸机失去了联系。

"大黄蜂"号起飞的10架战斗机也没能参加战斗，它们因油料耗尽全部迫降海上，从而未经战斗就损失了自己的飞机。

第一批来犯的鱼雷机被击落后，空中的"零"式机除一部分滞留空中进行战斗警戒之外，其他的掉头寻找各自的航空母舰，准备加油装弹。还未等它们落下，6时38分，"赤城"号舰桥上的掺望哨又喊了起来："敌鱼雷机，右舷30度，低空接近。"

接着，舰首左舷的掺望哨也叫道："敌鱼雷机，左舷40度，正在迫近！"

来者正是被格雷弄丢了的"企业"号上的14架鱼雷机。中队长尤金·林赛少校手下的飞行员要比沃尔德伦的毛头小伙子强多了，他们参加过马绍尔群岛、威克岛的多次战斗。就是刚调入中队的飞行员的飞行时间也在2,500小时上下，而且大部分时间玩的是鱼雷机。

6时50分，林赛把全部飞机分为两支，冲向"加贺"号航空母舰。但是，"零"式机的攻击太凌厉了，鱼雷机尚未接近到能发射鱼雷的距离，就有半数从队形中消失了，其中一架飞机上悬挂的鱼雷被一串子弹击中，当即火光一闪，连同飞机一起炸了个粉碎。只有4架飞机发射了鱼雷，但都被"加贺"号巧妙地躲了过去。其实，有些鱼雷根本就不用躲，那些美国飞行员为了躲避"零"式机追杀，完全是在慌乱中投下鱼雷的。艾伯特·温切尔的飞机就是其中的一架。

温切尔明知离目标太远，还是把鱼雷放了出去，因为他已经没有机会拉起俯冲重新发动攻击了。"零"式机咬得那么紧，简直就像贴在身上一样，子弹呼啸着从两旁掠过，机身不时发出阵阵颤抖，肯定是中弹了。

好在"零"式机已经不像前几场战斗那样穷追不舍了。几个小时连续不断的空战，已经使"零"式机的驾驶员们感到疲于应付了。虽然油料还剩不少，他们却一个个飞回航空母舰，乘补充弹药的短暂间歇，喘口气休息一下，然后在地勤人员的祝贺和鼓励声中，再次爬进机舱起飞。就这样周而复始、循环往返，许多驾驶员已经记不清自己是第几次升空了。

日本人虽然不追了，可温切尔和他的机枪手又卷入另一场战斗。他们还没有飞离战场，油箱里的油就哗哗地往外淌，发动机也不转了。他们被迫降落在海面上，并抢出了救生筏、应急口粮、急救包和降落伞。这些东西哪个都是救命的宝贝。

他们就这样在海上漂了几天。偶尔有飞机从远处嗡嗡飞过，温切尔就站起身又喊又叫，摇动着身边最显眼的东西。但是，离得太远，飞机不可能看见茫茫大海上的小小救生筏。

一直熬到第17天，中途岛的一架巡逻机搭救了他们。

7时整，也就是上一场战斗刚刚结束两分钟后，第三批美国鱼雷机赶到了战场上空。这是最晚起飞的"约克城"号上的飞机，它们来得正是时候。与前两批"大黄蜂"号和"企业"号的鱼雷机不同，"约克城"号的12架鱼雷机有6架

↓准备从"企业"号航母上起飞的美军鱼雷机。

战斗机掩护。

整个6月5日的空战中，只有这一次美国的战斗机参加了战斗。起初，美国的战斗机确曾吸引了几架"零"式机的注意力，也没有全军覆没。除了一架被击落，另一架受伤返回时摔在"约克城"号的甲板上之外，其他4架安全返回。不过，这并不是因为飞行员的格斗技术高超，而是由于"零"式机撤开它们去对付正在冲向航空母舰的鱼雷机。

7时10分，"苍龙"号上的藤田正想抓紧时间吃两口饭，从早上到现在，连续作战的他还未曾吃过一点东西。凄厉的警报声中，连机舱也未出的藤田塞了一口饭团，就又与其他两架"零"式机起飞迎战了。他们是"苍龙"号上唯一能立即起飞的3架战斗机。藤田升空后马上遭到美国战斗机的纠缠，但他不顾敌人战斗机的火力，径直扑向鱼雷机队，并击落了其中的两架。当他再度准备攻击时，又有不少"零"式机参加围歼。藤田的飞机不幸被己方的高炮火力击中起火。由于距海面太近，降落伞在他落入水中的瞬间才打开，像鱼网一样把他罩在水中，挣扎了许久才拣了一条命。

藤田落水后，大约20架"零"式机怒吼着集中攻击美国鱼雷机。中队长兰斯·梅西少校的长机顿时成为众矢之的。虽说梅西是美国海军里最有作战经验的鱼雷机驾驶员之一，但也架不住"零"式机的猛烈进攻。他未能飞越由驱逐舰组成的外围防线就首先遇难。僚机驾驶员最后看见他时，他已经从烈焰升起的座舱爬到了残破的机翼上，身上的火苗被空中的疾风吹成了一个火把。还有6架鱼雷机也同梅西一样，尚未到达投掷鱼雷的有效距离时就被击落了。日军航空母舰上站满了等待起飞，去攻击敌舰的轰炸机飞行员。

"零"式机锐不可当的进攻刺激得他们欣喜若狂，每当一架鱼雷机掉入大海，甲板上的人们就打着口哨表示庆贺。

只有5架鱼雷机接近了目标。分队长威廉·埃斯德斯一马当先，对着"赤城"号冲去。"赤城"号上的日本人都等着鱼雷溅水而来。可奇怪的是埃斯德斯和他的分队没有投雷，他们在最后时刻撤开"赤城"号，贴着舰桥呼啸而过。南云中将和周围的幕僚们下意识地缩了缩脖子，随即转过目光追寻鱼雷机。啊！美国佬是去攻击"飞龙"号。只见低飞的鱼雷机晃动一下，5颗鱼雷在海面上激起5朵浪花，拖着白色的航迹冲向"飞龙"号。

"飞龙"号舰长加贺止男大佐死中求生，一连串口令喊出去，庞大的航空母舰像驯服的马驹似的猛向右舷急转，让过了舰首的3颗鱼雷。另外两颗鱼雷划破海面，从距舰尾很近的地方疾驶而过。投下鱼雷后，5架鱼雷机拼命爬高，想逃离死地。但只有两架摆脱了"零"式机的追逐，其中埃斯德斯的飞机已经看见了"约克城"号，可最终还是溅落海上。

至此，从3艘美航空母舰出动的共41架鱼雷机，只有6架得以生还。更可悲的是，美机所投鱼雷竟无一命中敌人的航空母舰。南云舰队安然无恙。

南云传令把已装好鱼雷的飞机升到飞行甲板上，各舰队逆风航行，准备起飞。只要再有5分钟，日机即可腾空对美舰队实施毁灭性打击。

5分钟！对日本人来说，再也没有比这5分钟更宝贵的了。从随即发生的惨剧来看，再也没有比这5分钟更可怕的了。在这短暂的5分钟内，日本海军350年来最大的悲剧发生了。

第7章
CHAPTER SEVEN

沉重的打击

★大约7时20分左右，对美国最后一批舰载鱼雷机的空战结束了。在整个防空作战的过程中，南云的4艘航空母舰一刻也没有停止反击的准备工作。一架架飞机在下层机库甲板上完成了弹药换装，并迅速提升到上层的飞行甲板，排好了起飞队形。

★空中格斗离"约克城"号越来越近，等双方厮杀到舰队上空时，小林的俯冲轰炸机已有10架被击落了。空中的电波异常复杂，不时夹杂着"万岁"的喊声，那是日本飞行员遇难前的最后呼喊。

No.1 生死存亡5分钟

大约7时20分左右，对美国最后一批舰载鱼雷机的空战结束了。在整个防空作战的过程中，南云的4艘航空母舰一刻也没有停止反击的准备工作。一架架飞机在下层机库甲板上完成了弹药换装，并迅速提升到上层的飞行甲板，排好了起飞队形。

7时20分，看到各舰的反击准备基本就绪，南云遂传出号令："准备起飞。"

7时24分，"赤城"号舰桥的扩音器中传出起飞命令。担任护航任务的第一架"零"式战斗机轰鸣着飞离甲板。只要5分钟，攻击机群的全部飞机就可以升向空中。

"俯冲轰炸机！"瞭望哨的狂呼竟然压过了甲板上机群的巨大吼声。

正在欣赏攻击机群展翅起飞的渊田猛抬头，只见3架黑色轰炸机的身影急剧变大，几乎是垂直地俯冲下来，凄厉的尖啸声就像铁片划破玻璃似的撕裂着人的神经。

"炸弹！"许多黑色的圆柱体从机翼下摇晃着直落下来，渊田本能地卧倒在指挥所的防弹护板后面。先是刺眼的闪光，跟着就是巨大的爆炸声。渊田被炽热的气浪掀了个跟头，头脑里"嗡嗡"作响，一片茫然。"赤城"号上的高射炮顿时哑了，全舰死寂无声。几秒钟后，下层机库里发出几声沉闷的响声，那是刚刚换下、还来不及收进弹药库的炸弹在连锁爆炸。

渊田爬起来望望天空，俯冲轰炸机的黑影已经消失了，再看看四周，他不禁毛骨悚然。"赤城"号中部升降机后面裂开了一个大洞，升降机像块烧焦了的煎饼，卷曲着塌进机库。刚才还阵容严整的机群已面目全非，有的尾部翘向空中，机体里伸出青蓝色的火舌。有的机体分裂，被烧炸的子弹四下横飞。即使有几架完好的飞机也成了没用的废物，因为飞行甲板已经成了奇形怪状的东西。大火发出"呼呼"的叫声，日本兵在大火中奔跑呼叫，火焰迅速向舰桥燃烧。每一次诱发的爆炸都震撼着甲板上的上层建筑，浓烟从熊熊燃烧的机库直灌全舰各处。

"赤城"号上的炸弹、鱼雷连续爆炸，飞行甲板上一片目不忍睹的景象，救护队的救火人员在炽热的气浪面前束手无策。剧烈燃烧的火球将飞机库变成了一座呼呼燃烧的大高炉，大火将舰体完全包围。

首先给南云带来灾难的是"企业"号的俯冲轰炸机队，带队的是克拉伦斯·麦克拉斯基少校。他除了指挥自己的中队之外，还指挥加拉赫上尉和贝斯特上尉的两个中队，一共有33架轰炸机。

麦克拉斯基的机群是最先出发的一批飞机，但却最后到达战场。4时45分离开舰队后，麦克拉斯基在6,000米高空飞了1个小时又35分钟，6时20分，他们到达了预定截击地点。可向下望去，只有浩瀚无垠的大海，日本机动部队并不在这里。原来，南云部队自决心进攻突然出现的美国舰队后，为了避免东南面中途岛上飞机的攻击和干扰，已经转向北面行驶。可是，麦克拉斯基并不知道南云的新方位，他面临向哪个方向搜寻的重大抉择。一旦判断失误，他的机群就会白跑一趟，因为他们的飞机已经消耗了大量油料，所剩油料只能再维持15

→中弹起火的日军『赤城』号航母。

分钟的搜索，届时再不返航，他们就只能迫降在大海上。

时间刻不容缓，麦克拉斯基迅速看了一眼标图板，决心背对中途岛，向西北方向搜索。事后，尼米兹称赞这个决定是"这次战役中最重要的决定，产生了决定性的后果"。

俯冲轰炸机群向西北飞了大约7分钟，还是什么也没发现。麦克拉斯基开始怀疑自己的判断有误。突然，下面波光粼粼的湛蓝色海面上，出现了一道军舰驶过后留下的长长的白色航迹。麦克拉斯基急忙抓起望远镜，顺着这条航迹向前观察，发现了一艘向北疾驶的军舰。

这个糊里糊涂当了美军"向导"的舰艇正是南云第1机动部队的"岚"号驱逐舰。它是为了对付一艘美国潜艇而掉了队，此刻正急匆匆地追赶大部队。"岚"号驱逐舰上的人们做梦也没想到，承担保护航空母舰职责的自己，竟然引狼入室，成了敌人轰炸机的导航舰。

7时10分，麦克拉斯基透过云层空隙看见了海上的航空母舰编队。机群开始降低高度，稍后即下降到4,500米左右。机会太好了！这正是斯普鲁恩斯千方百计要捕捉的最佳战机：航空母舰的飞行甲板上排满了等待起飞的飞机，大多数"零"式战斗机正在或已经返回航空母舰加油，空中仅有为数不多的几架"零"式机在飞翔，而且都在低空。

7时24分刚过，麦克拉斯基拉下脸上的氧气口罩，第一次打破无线电静默，下令各中队选择目标发起攻击。处于最下方的贝斯特中队刚刚开始俯冲，就发现麦克拉斯基已像一支利剑一样，从他们身边射了下去。

画在飞行甲板上的大红团——就像日本的国旗——直径足有15米，俯冲轰炸机瞄准这个醒目的太阳直插下去。贝斯特率领的5架俯冲轰炸机命中了"赤城"号。他们在762米高度投下了每颗重达450千克的大炸弹，其中直接命中两颗，使"赤城"号顿时就变成了人间地狱。

正在甲板上观看作战的源田迅速钻进隐蔽物背后，一个特大的爆炸声响了，紧接着耳边传来舰身炸裂的声音。一声紧连一声，耀眼的炸弹闪光从伏卧的缝隙中射入眼帘，热烘烘的弹片冲击波从身上擦过。

一阵阵巨响之后恢复了片刻的寂静。

源田转动头部仰望天空，美军轰炸机已经不见踪影。"大概只有3架。"源田一边这样想，一边抬起身来看看受害的程度：甲板中部升降机近侧被炸开一个大窟窿，升降机倒在飞机库附近。舰身后部也中弹了，舰尾部分甲板已经隆起，一架"零"式战斗机仰在那里熊熊燃烧。

受害最惨的是飞机旁边的地勤人员。这些人肢体断裂，胳膊、腿、内脏等乱七八糟横列在甲板四处。方才还在紧张工作的人们，现在已经变成大小不一的零碎肉块，这种不寻常的光景谁见了都会浑身打颤。

说时迟那时快，令人生畏的诱发爆炸开始了。

飞行甲板上停放着的已经发动引擎的机群开始起火，很快就成为火海。飞机上的燃料、鱼雷、炸弹，一旦引火，就像活了的生物一样，一瞬间跳了起来，发出巨大音响。一架又一架的飞机在自燃爆炸声中化为碎碴，引燃甲板上流淌着的汽油。火势由甲板向舰桥延伸。

最要命的是甲板下面飞机库的大爆炸。飞机库内放有0.3秒信管的几百公斤炸弹。随着被引爆后的巨大轰响，"赤城"号舰身断裂，开始下沉。

飞机库在爆炸，飞机在爆炸，鱼雷和炸弹一个接一个地在爆炸。

每发出一次巨响，"赤城"号舰体就剧烈地晃动一下。

"已经完蛋了！"源田中佐在彻底绝望心情的支配下，听凭命运的摆布。

实际情况是，美军轰炸机投下的3颗炸弹中只有两颗命中。位于"赤城"号附近的"筑摩"号和"利根"号军舰察觉到的时候已来不及采取措施，眼睁睁地看着惨剧上演。

美机投下的第一颗炸弹擦过"赤城"号左舷前部，在距离舰体2米的地方落入海里爆炸。飞落而下时切断了"赤城"号的无线电天线。爆炸掀起的巨大水柱，高过舰桥两倍，直扑舰上人群，舰身剧烈摇动。

第二颗炸弹命中位于舰体中部的升降机位置。弹头笔直贯穿甲板，在飞机库内爆炸。

第三颗炸弹命中舰尾，彻底摧毁了正要升空作战的机群，毁坏了舰舵。

瞬间突发的灾难，使还活着的水兵不知采取什么自救措施为好。人们从各自岗位上逃离出来，涌入底舱避难。底舱通风孔灌入的浓烟又逼迫他们往外钻，楼梯踏板和扶手的钢板、钢管被烈火烧得通红，肉体一挨就焦。纷乱之中许多水兵窒息死亡。

10时左右，"赤城"号全面丧失了作战能力和指挥机能。对外界的通讯系统也已中断。10时46分，南云这个为日本军国主义扩张政策在海洋上驰骋作战30余年的帝国骁将，这时不得不在美军"野猫式"轰炸机弹落如雨的打击下，垂头丧气地爬上舰桥的窗口，抓住一根缆绳，仓惶逃命了。11时30分，"长良"号放下软梯，南云和参谋爬上舰去。接着，"赤城"号上的全体伤员也转移到"长良"号巡洋舰上。不多时，巡洋舰开动了，桅杆上飘扬着南云的将旗。

天近傍晚，海上鏖战一刻也没有停止。美国飞机不顾坠毁，继续轮番轰炸，加上发现敌舰上的炮火减弱，轰炸得越发疯狂了。"赤城"号附近的两艘巡洋舰相继受重伤。

6月5日凌晨，山本终于忍痛下达了炸沉"赤城"号航空母舰的命令。20分钟内，附近的4艘驱逐舰同时向"赤城"号发射鱼雷。美国俯冲轰炸机趁火打劫，也前来补枪。登时，这艘作为强大帝国海军象征的第一流航空母舰，在中途岛海战才打响的第一天，就在太平洋里安息了。

"加贺"号的命运更糟糕。麦克拉斯基和加拉赫的25架飞机接二连三地向下俯冲。"加贺"号飞行长天谷孝久中佐顺着刺耳的尖啸声向上望去，正对着的阳光刺得他眼睛都睁不开。美国人的战术很高明，他们顺着阳光俯冲，下面的高射炮手因阳光眩目，看不清目标，只好凭感觉盲目发射炮弹。

第一批3颗炸弹炸偏了，爆炸激起的水柱像瀑布似地倾泄到甲板上。三屋全身被浇得透湿，几个水兵被掀向舷侧，翻入大海。第4颗炸弹在右舷排列整齐的飞机中开了花，霎时间，飞行甲板上一片火海。那些飞机全都加满了油，装满了弹，它们七倒八歪，喷着烈火。飞机上的驾驶员根本就来不及反应，就化作了灰烟。

接着落下的两颗炸弹均未中的。

第7颗炸弹直接掉进升降机井里，在机库甲板的飞机中爆炸。第8颗炸弹炸中了舰桥边的一辆加油车，油料带着火光四下飞溅，整个舰桥和四周的甲板区全被烈焰紧紧裹住。冈田大佐和指挥中枢的其他人员都当场阵亡。命中该舰的第4颗，也是最后一颗炸弹正好落在军舰中段的左舷处。"加贺"号开始倾斜。舰上的电力、动力系统全部中断。甲板上到处都是大火，几乎找不到一处可以躲避的地方。水兵们只好像下饺子似地往海里跳，以免被活活烧死。通往下层的通道全被大火封闭，舰上的大部分乘员被封在下面。

尽管消防队员拼死努力想挽救军舰，但火势根本无法控制，航空母舰被烧得仅剩下一个躯壳。9个小时后的16时25分，当暮色笼罩着中太平洋的时候，"加贺"号发出两声爆炸的巨响后，变成一堆支离破碎的燃烧的废铁壳，很快就沉海了。舰上2,000多名官兵，有2/3被救出，另有800多名官兵死也不肯离舰。5万吨级航空母舰"加贺"号是联合舰队的精锐，官兵们实在不忍离去，在一片悲惨的"军神护佑，武运长久……"的歌声中，他们与母舰一起魂归大海，殉葬于阴森的水下墓地。

两艘航空母舰在转眼之间就完蛋了。

几乎在同一时间，位于"赤城"号北边一点的"苍龙"号航空母舰，仅仅晚了不到一分钟，也被3颗炸弹直接命中。不过，这不是麦克拉斯基的人干的，而是来自"约克城"号的俯冲轰炸机的杰作。

"约克城"号的17架俯冲轰炸机在马克斯韦尔·莱斯利少校的率领下，比"企业"号的同行们晚动身了一个小时。但是他们的运气要好得多，没有飞冤枉路，而是直接飞抵南云部队的上空，并且是与麦克拉斯基的机群前后脚到达的。这种"天衣无缝"的配合纯属偶然，连他们自己也不知道，还有一支兄弟部队也在同时发起了进攻。

莱斯利的麻烦出在自己身上。起飞不久，他就示意大伙儿作好投弹准备，自己也按下飞机上新装的电动开关，想让炸弹进入投弹位置。未曾想，这新装的玩意儿不灵，一按就把炸弹掉进了海里。出现这种故障的还有3架飞机。莱斯利非常沮丧，尚未见到敌人，自己就有4架飞机解除了武装。虽然还有机枪，可机枪打不沉航空母舰。

大约7时25分的时候，莱斯利拍拍脑袋，示意其他飞机随他俯冲。他自己一马当先，用仅有的武器——机枪向"苍龙"号舰桥扫射。可惜的是，预想中的场景没有出现，机枪卡壳了。莱斯利成了手无寸铁的人。他可不想赤手空拳地挨揍，于是迅速向东南方飞去。

这一来，霍姆伯格少尉的飞机就成了带队长机。他从望远镜式的瞄准镜中窥见了"苍龙"号甲板上的大红圈，对准它一直俯冲到60米的高度才拉起机头。飞离军舰时，霍姆伯格瞥见他的目标爆炸起火，成了五彩缤纷的彩球。随后3分钟内又有两颗炸弹命中了"苍龙"

↑美军舰用舰炮进行防空攻击。

号。3个巨大的弹洞沿左舷一字排列，炸弹舱、鱼雷舱和油罐都被相继引爆。

"苍龙"号的主机停车了，轮舵系统也无法操作了，消防系统被彻底摧毁。甲板下面烫得像锅炉，活着的人都拥上了甲板。医生和卫生兵们把已经要死的伤员先放在一边，忙着抢救尚有一线希望的人。突然，有一声剧烈的诱发爆炸把前甲板上聚集的一批官兵掀进大海。

晚上16时13分，"苍龙"号渐渐在天昏地暗的大海中沉没了。

得手后的美国轰炸机抛下身后3股浓浓的烟柱，踏上了返航的归途。空中仅有的几架"零"式战斗机也失去了不久前的威风，忙着为自己寻找着陆点。"约克城"号的俯冲轰炸机很走运，在作战中没有损失一架飞机，只是在返回自己舰队上方后，才有两架迫降在海面。"企业"号的俯冲轰炸机群的损失稍大一点，有14架飞机迫降海上，其中一部分是由于油料耗尽。麦克拉斯基本人的飞机降在航空母舰上后，油箱里的油料只够用来浸湿一条领带。

No.2 力挽狂澜的山口

此时，在南云舰队的编制中，只有山口的"飞龙"号航空母舰了。当第一次发现美军舰载飞机时，山口曾向南云建议，立即打击敌人航空母舰。但建议被拒绝。山口感到危险将至，便命令全舰官兵小心谨慎，"飞龙"号与舰队始终保持一段距离，所以美机轰炸时，该舰毫发未损。4艘航空母已经有3艘被炸，失去战斗能力，惟独"飞龙"号尚安全，南云遂将空中作战指挥权交由山口，命令他立即对美舰队发起空中进攻。

现在就看"飞龙"号的了，他们并不指望能挽回败局，但至少应该让美国人也付出相应的代价。

眼下的灾难局面正好给山口提供了力挽狂澜的机会。

7时40分，18架俯冲轰炸机和6架"零"式战斗机在全舰人员的默默的目送下消失在天际。这样一种编组比例显然不够理想，护航的战斗机少了点儿，尤其在弄不清敌人有多大兵力的情况下，更是一种冒险。可是不能再等了，这是山口目前所能出动的全部飞机。

小林攻击队在40多米的高度向东搜索前进。本来，单靠他们自己是难以发现目标的，多亏发现了正在返航的"约克城"号上的俯冲轰炸机。小林示意飞行员们悄悄地跟踪敌机。这与前不久"岚"号驱逐舰无意中为美国轰炸机引路的情况如出一辙。可是，小林的运气不如美国同行好，当他们发现美国舰队时，"约克城"号上的雷达早在45海里之外就发现了他们。

"约克城"号立即发出信号，要第17特混舰队的其他军舰组成"v"形编队，以迎接空袭。驱逐舰以30节高速迅速组成了外层防御，"约克城"号上的12架战斗机也升向了空中。与此同时，弗莱彻向附近的第16特混舰队发出求援讯号。斯普鲁恩斯立即从自己正在空中巡逻的16架战斗机中派出6架前往支援。

在日本机群距离美国舰队还有15海里远的时候，美国战斗机迎头扑了过去。随即展开的空战激烈壮观，6架"零"式机和数倍于己的美国战斗机搅在一起，上下翻飞。"零"式机想把美国战斗机全部吸引到自己周围，以便使轰炸机不受阻拦地攻击航空母舰。但是，美国飞机太多了，仍有好多架战斗机摆脱了"零"式机的纠缠，追逐着日本的俯冲轰炸机。

空中格斗离"约克城"号越来越近，等双方厮杀到舰队上空时，小林的俯冲轰炸机已有10架被击落了。空中的电波异常复杂，不时夹杂着"万岁"的喊声，那是日本飞行员遇难前的最后呼喊。

又有两架俯冲轰炸机撞在美国护卫舰队绵密的高射炮火网上。9时整，剩下的6架俯冲轰炸机各自为战，以单机呈曲线迫近，使下面的炮手难以对付。"约克城"号右舷的机关炮一齐对准第一架尖啸着俯冲而下的轰炸机开火，将飞机截为三段。但飞行员在被击中的一刹那，及时地投下了炸弹，击中了离4号炮位不到7米的舰舷。这颗炸弹把飞行甲板中部炸出一个3米多的大洞，造成舰库内3架飞机起火。机库里的官兵立即打开消防装置，很快将火扑灭。

第二架飞机投弹完毕，刚刚仰起机头，就被准确的炮火击中了暴露的腹部，在航空母舰上方凌空裂成了碎片。它投下的炸弹紧擦舰尾而过，入水即猛烈爆炸。机身的碎片和炸弹的弹片扫向后左舷炮的几名炮手，切掉了他们的脑袋或手臂。

另一批飞机从左侧冲下来，但其中只有一架投下了炸弹，接着这架飞机也落入离左舷不远的海里。这是一颗装有延期引爆的炸弹，它像坦克似的在飞行甲板上"隆隆"前冲。它穿过副舰长办公室，又闯进战斗机飞行员的休息室，幸亏飞行员都在空中作战。炸弹把舱室里的大咖啡壶撞坏后，又一路势如破竹，最后在烟囱里爆炸。冲击波使锅炉熄灭，还把一号、二号和三号锅炉的升烟道全部炸断。"约克城"的航速立即降到6节左右，又过了20分钟，"约克城"号就失去动力，纹丝不动了。

第三颗，也是最后一颗命中弹落入一号升降机的井里，在下面第4层甲板上爆炸，造成前汽油库和弹药舱隔壁的舱室起火，使弹药舱面临烈火引爆的巨大威胁。

日本飞行员的攻击水平很高，第一次进攻就命中3弹。不过，"约克城"号的抢险队要比日本同行的本领强，他们很快就控制住了灾难。经过两个小时的奋力抢修，蒸汽压力不断上升，抢修工作继续进行，"约克城"号的航速也逐渐增加。"约克城"号奇迹般地又一次投入了战斗。其中修复飞行甲板仅用了25分钟，重新启动用了1小时又10分钟。

与此同时，弗莱彻决定把帅旗移至"阿斯托利亚"号。虽然"约克城"号一时还没有危险，但它作为旗舰已经不合适了。这项决定十分明智，也非常实事求是，它体现了真正的弗莱彻作风。他和参谋人员离开巴克马斯特舰长和他的舰员，彼此各司其职、互不干扰，这对于各有关人员都更合适。弗莱彻没选别的护航舰艇，所以选中"阿斯托利亚"号，一来是因为它就在附近，二来是因为他的参谋长和亲密战友波科·史密斯正在该舰上指挥着各巡洋舰。

13时13分，弗莱彻的参谋人员开始从右舷攀绳而下，登上"阿斯托利亚"号的二号机动救生艇。弗莱彻刚跨出一条腿，又停下来对负责的水手长说："干这玩意我他妈的有点老啦，最好用绳子把我吊下去。"于是两名水手兵把他像条大鱼似的拴在单套结绳子的一端，慢慢放了下去。

17分钟后弗莱彻一行上了"阿斯托利亚"号，继续指挥战斗。

小林没有回来，包括他的飞机在内，一共损失了3架战斗机和13架俯冲轰炸机。直到这时，山口少将才得知，对手包括"企业"号、"大黄蜂"号和"约克城"号3艘航空母舰。

虽然从前来进攻的敌机数量上看，山口已预感到对方可能不止一艘航空母舰，但现在得知的消息仍使他十分震惊。一比三，即使把刚刚蒙受打击的那艘除外，美国人还有两艘一流的航空母舰，而且，谁敢保证那艘航空母舰就一定失去了战斗力？战前曾判断在珊瑚海被击沉的"约克城"号不是又出现在战场上了吗？

山口少将决定，动用现有的全部能动的飞机发动第二次进攻，否则就可能不再有机会了。他七拼八凑，把包括"赤城"号和"加贺"号上降落在此的飞机加在一起，组成了10架鱼雷机和6架战斗机编组的攻击队，并指定由"飞龙"号飞行队长友永大尉率队攻击。

9时45分，16架飞机依次起飞，领头的是友永那架尾巴涂成黄色的带队长机。甲板上的人们默默地目送着机群远去，许多人脸上淌着热泪。

随之发生的空战实际上是两个小时前那场格斗的重演。"约克城"号的雷达再次在几十海里以外捕捉到来犯的敌机。全舰立即停止给战斗机加油，迅速排干加油系统，用二氧化碳将它封住，同时派出舰上的14架战斗机迎敌。此外，斯普鲁恩斯的第16特混舰队也派出了一些战斗机。

先起飞的6架美国战斗机方向没错，但高度与迎面而来的日本攻击队相差了1,500米，因此，双方没能碰头。

11时26分，友永发现了一艘航空母舰。他根本来不及去寻找另外的航空母舰，前方就出现了一群美国战斗机。不是冤家不碰头，这艘航空母舰又是"约克城"号。不过友永并不知道它是谁，所有日本飞行员都以为眼前的庞然大物是一艘从未受过打击的航空母舰。

6架"零"式战斗机成功地缠住了数量占优势的美国战斗机，而友永的鱼雷机编队则趁机扑向那艘航空母舰。11时34分，友永下令已经散开的机群从不同方向开始攻击。鱼雷机立即从2,000米下降到离海面只有100米的高度，直冲"约克城"号而去。

还有500米了，一架鱼雷机几乎贴着海面发射了鱼雷。鱼雷拖着白色的浪花与"约克城"号成直角射了过去。鱼雷机来不及拉起来，转舵从"约克城"号舰首擦了过去。飞行甲板上的美国水兵望着脚下疾掠而过的飞机惊叫起来："日本人真玩命，飞得这么低！"

鱼雷机驾驶员没听到爆炸声，脱离后回首后下方，只见腾起的水柱正在下落，接着看到左舷中部冒出滚滚浓烟。

几乎同时，第二颗鱼雷插进了"约克城"号左舷靠前一些的部位。爆炸过后，"约克城"号失去动力，向左舷倾斜了17度，甲板上未固定的东西滑落海中。又过了10分钟，倾斜度已达26度，左舷飞行甲板的边缘几乎接触到海面。幸亏当时风平浪静，否则只需一个浪头，"约克城"号即会翻转倾覆。舰上的电力系统全部瘫痪，各部位的联系中断，燃油舱汩汩外淌的燃油随着倾斜的舰体向各个部位蔓延，只要有一丁点儿火星就会酿成全舰的大火。

↓ "约克城" 号航母在日军轰炸之下，沉入太平洋。

"约克城"号这次是彻底报销了。

抢出舰上的人员成了唯一的紧急任务。11时55分，蓝白色的信号旗升了起来——弃舰。300多名官兵抬着伤员，在极度倾斜的甲板上爬行着离开。

即使受损这样严重，"约克城"号是两天多后才沉没的。在此之前它一直不死不活地漂浮在海面上。一度撤离的消防队又重新登上去，千方百计地想再次救活这艘屡屡受创的航空母舰。最后为它送葬的是日本的"伊－168"号潜艇。

6日清晨，潜伏在中途岛附近的"伊－168"号潜艇艇长田边弥八少佐收到一份特急电报，令其迅速抵达中途岛东北方150海里的水域，寻找并击沉一艘受伤的敌人航空母舰。这个任务并不轻松，因为航空母舰周围一定会有好几艘驱逐舰护卫，潜艇很可能在进抵攻击位置之前就被发现，并遭受深水炸弹威胁。

6日一整天，乘潜艇驶向预定地点的空闲时间，田边一直呆在驾驶台上苦思冥想。田边设想，最好能在拂晓时找到航空母舰，这样既可以凭一点亮光看清猎物，又能借助比较暗淡的天色隐蔽自己。

夜色笼罩了太平洋，海面上一片朦胧。"伊－168"号浮上水面，以16节航速向目标航行。越是接近目标区域，田边就越小心谨慎。

6月7日来临了，1时10分，田边透过望远镜凝视着逐渐亮起来的天际，他看见了一个黑点。太棒了！发现猎物的时机和位置都恰到好处。"伊－168"号从西南方迎着再再升起的旭日航行，艇上所有的人都能清楚地看见衬托在天幕上的"约克城"号的轮廓，而对面的敌人却很难察觉仍然隐藏在一丝夜色中的潜艇。

"减速！"田边担心在水面上破浪航行的潜艇会被巡逻飞机发现。大约3时许，身边的观察哨提醒说："艇长，有驱逐舰。"

"下潜，航速降至3节。"田边控制潜艇像鳗鱼一样悄然滑向目标。他透过潜望镜数了数，共有6艘驱逐舰，成两列环绕在距"约克城"号1,000米的外围，此外，还有扫雷艇。

海面上非常平静，潜望镜容易被发现。于是，田边收起潜望镜，靠听声音在水下继续前进。此后的接近动作异常缓慢，田边作为一个潜艇指挥官，具有这个行当必须具备的最重要的素质——耐心。他每隔一个小时才升一次潜望镜，观察片刻马上就收起来。他只有一次机会，没有十分把握，他宁肯什么也不干。

听！头顶上传来驱逐舰驶过的声音。这说明已经进入了敌人的警戒圈了。全艇人员紧张极了。9时37分，田边再次冒险升起潜望镜，天哪！航空母舰庞大的身躯像山一样耸立在眼前，连上面忙忙碌碌的每一张面孔都看得清清楚楚。太近了，只有不到500米。在这个距离上攻击，鱼雷会从航空母舰的下面钻过去。

田边赶忙收起潜望镜，下令倒退。"千万不能冒险，一定要克服侥幸心理。"田边拼命抑制着自己的冲动。在这么多驱逐舰的警戒下，必须首发命中，否则……

"伊－168"犹如鲨鱼嘴边的小鱼一样，提心吊胆地再次钻过警戒线，以便寻找一个合适的攻击点。真是困难重重，惊险万分。这么一次微小的调整竟然花了近一个小时。10时30

分，当田边再次从潜望镜中观察时，"伊－168"与"约克城"号之间的距离正好相距1,500米，而且整个舰体的一侧全部横在瞄准镜里。恰在此时，有一艘驱逐舰也闯进了瞄准镜里。这个不该来的倒霉蛋是"汉曼"号驱逐舰。

"准备发射！放！"两枚鱼雷应声射出。几秒钟后，又向同一方向发射了两枚。

"约克城"号发现了4条白链似的鱼雷航道，舰上的机枪鸣枪报警。"汉曼"号拼命向鱼雷射击，想在鱼雷击中目标前把它们引爆。可是什么都来不及了。"汉曼"号首当其冲，被第一枚鱼雷炸为两截，3分钟后就从海面上消失了。另外两枚鱼雷从"汉曼"号底下钻了过去，在"约克城"号上激起两声巨响。

再次遭到重创的"约克城"号又支撑了10多个小时，于6月8日凌晨1时58分在惊涛骇浪中徐徐下沉。

No.3 与"飞龙"号一起沉没

在"约克城"号下沉的同时，尼米兹收到电信：中途岛西北170海里处，有3艘日军起火的航空母舰，其中两艘已经沉海，现在"野猫式"和"无畏式"轰炸机正在攻击"飞龙"号。中途岛刚刚从夏威夷调来的12架B－17型轰炸机，也立即投入了战斗。

11时45分，望眼欲穿的弗莱彻和斯普鲁恩斯收到了搜索机的报告："航空母舰1艘、战列舰2艘、重巡洋舰3艘、驱逐舰4艘，方位北纬31度15分、西经179度05分，航向0度，速度15节。"

"全部能参战的轰炸机立即起飞！"随着斯普鲁恩斯一声令下，集中在"企业"号上的24架俯冲轰炸机，在加拉路上尉率领下，于12时50分离开舰队，扑向目标。不过，还是没有战斗机护航，战斗机必须留下来保卫舰队，尤其在"约克城"号遭空袭后就更显得非常必要。

13时45分，斯普鲁恩斯下令舰上所有能参战的俯冲轰炸机全部起飞，这个机群的飞机总共24架，其中11架载弹重1,000磅的炸弹，其余飞机载弹重500磅的炸弹。

15时30分，全部飞机都已起飞，扑向"飞龙"号航空母舰。

加拉赫的机群先是发现了海天相接处袅袅升起几柱浓烟，那是被击中的航母。紧接着，他看见了北边不远处的"飞龙"号及其护航舰只。加拉赫故技重施，从背阳方向迅速接近目标。没有雷达的日本人又一次措手不及，当几架"零"式机前往拦截，高射炮匆忙开火时，俯冲轰炸机已经飞临"飞龙"号的上方。

只见13架美机背阳而下，向"飞龙"号直扑过来……

"右满舵！""飞龙"号的加来舰长一声令下，航空母舰首先避开了头3颗炸弹。

加拉赫的飞机对准"飞龙"号浅黄色的甲板直冲而下，炸弹偏了，落在目标后面的海里。随后的两架飞机也没有命中目标。"飞龙"号笨重的身躯在加来舰长的操纵下，令人难以置信地左右急转，避开了一颗又一颗大炸弹。

多亏几架攻击战列舰的飞行员灵活机动，他们一发现加拉赫的机群攻击未果，马上抛开战列舰，掉转机头冲向航空母舰。4颗炸弹在瞬间从高空投下，连续命中，全部在舰桥附近爆炸。烈火完全挡住了指挥区的视线，不断诱发的爆炸一次次加重创伤。

"飞龙"号的第三波攻击飞机原定由桥本率领，他在待命出击前想抓紧时间打个盹。他刚刚闭上眼睛，猛然听到了"可怕的爆炸声"，刹那间，又被令人窒息的浓烟所包围。舱盖被关闭，过道上挤满了从底舱爬上来的人。又一声剧烈爆炸把军舰震得直晃，所有的灯都熄火了。桥本憋得难忍，就朝着亮处跑去，想吸口新鲜空气。那亮处原来是炸出来的洞。洞外一切都在燃烧，幸亏桥本戴着手套，才能从洞里爬出来。由于他没戴帽子，火星溅在头上，把头发都烧着了。旁边有个人递给他一个面具，尽管那面具烧得只剩下一半，而且上面全是灰，桥本却十分感激地把它接了过来。

加来舰长为避免再度中弹，只好指挥"飞龙"号全速前进，由此而产生的风助长了火势的蔓延。当时位于"长良"号上的南云等人看到，"飞龙"号从舰首至舰尾一片大火，"像头发了狂的牛一样拼命地奔跑"。

这时，从"大黄蜂"号上起飞的15架美军轰炸机也赶到了。由于"飞龙"号已是一团大火，不需要再对其攻击，于是这批飞机转而向"利根"号和"筑摩"号巡洋舰发起攻击。但是，投下的炸弹竟然没有一颗击中新的目标，似乎除了航空母舰之外，其他船只都有神灵在护佑。

21时23分，"飞龙"号完全失去航速，"飞龙"号最后完全失去动力，在原地漂浮，开始倾斜，不断进水，倾斜到15度，25度……"风云"号驱逐舰开到燃烧的航空母舰旁边，协助灭火。"夕云"号驱逐舰在一旁急得团团乱转，也没有办法。日军舰员两次进入机舱的拼死努力均告失败，"飞龙"号已完全无法拯救。

这时，山口通过"风云"号驱逐舰向南云海军中将报告，接到的命令是"立即弃舰"。而此时，山口与"飞龙"号舰长加来止南决心与舰共存亡，用布将自己绑在舰桥上以确保能与"飞龙"号一起沉入海底。

6月6日2时10分，东方刚刚开始发白，遵照山口的最后指示，阿部海军大佐下令"风云"号和"夕云"号驱逐舰击沉"飞龙"号。5时10分，"风云"号和"夕云"号向"飞龙"号发射了鱼雷，在一阵震耳欲聋的爆炸声后，"飞龙"号缓缓下沉。而实际上"飞龙"号一直到8时20分左右才沉没在北纬31度38分，西经178度51分海域，"飞龙"号在作战中，除自愿与舰共存亡的两位指挥官外，416名舰员丧生。

第8章
CHAPTER EIGHT
山本的困局

★当黄昏前后，"飞龙"号失去战斗力，也使南云丧失最后的空中力量。南云和他的参谋人员已经意识到败局已定，眼下唯一能做的就是避免更大的损失，但是谁也不愿提议撤退。

★当舰队上下得知日本舰队遭到重创正在后撤时，都一致要求乘胜追击。斯普鲁恩斯表现出冷酷和睿智。他力排众议，决定见好就收，一旦攻击"飞龙"号的最后一批飞机返航，就立即掉头向东规避。

↑山本五十六正装像。

No.1 三道命令

　　11时30分，失去了旗舰的南云转移到了"长良"号巡洋舰。日军判断，美军航母的警戒舰只有7艘巡洋舰和5艘驱逐舰，而日军机动编队有两艘快速战列舰、两艘重巡洋舰、1艘轻巡洋舰和12艘驱逐舰，完全可以凭借炮火优势消灭美舰，但此时在"长良"号附近只有5艘驱逐舰，其他军舰，有的正在为3艘受伤的航母提供警戒，有的正与"飞龙"号航母，"榛名"号、"雾岛"号战列舰，"利根"号、"筑摩"号重巡洋舰一起北撤。

犹豫不决的南云，直到11时50分才向山本和登陆编队司令近藤报告目前的不利局面和准备采纳大石的建议组织与美军舰队的水面决战，11时53分用无线电向各舰下达集结令，命令第10驱逐舰战队、第8巡洋舰战队和第3战列舰战队沿170度航向全速前进。"长良"号及5艘驱逐舰则以24节航速向东北航行，与各舰会合。11时56分和59分，南云两次重复此项命令。

13时，"利根"号的侦察机报告美军正在撤退，毫无疑问，只有巡洋舰和驱逐舰作为警戒兵力的美军舰队，绝不会用火炮和鱼雷来与日军进行水面舰艇之间的决战，最聪明的办法是尽量与日军舰队保持一个安全距离，利用舰载机的空中优势，加上中途岛岸基航空兵的支援，实施猛烈空中打击。而且美军还可利用相当数量的侦察机，查明日军舰队的位置，并保持一定距离，甚至还能布置一个圈套让日军舰队来钻。因此，南云决定放弃在白昼组织海上决战的企图，但是心有不甘的南云，还决定组织夜战。于是南云下令暂时西撤，同时进行夜战准备。

当黄昏前后，"飞龙"号失去战斗力，也使南云丧失最后的空中力量。南云和他的参谋人员已经意识到败局已定，眼下唯一能做的就是避免更大的损失，但是谁也不愿提议撤退。

18时30分，"筑摩"号用灯光信号报告：二号侦察机在燃烧中的美军航母以东30海里，发现敌4艘航母、5艘巡洋舰和15艘驱逐舰正向西航行。这一情报所提到的军舰数量正确，但是把两艘巡洋舰当成了航母！实际上此时，美军除了受伤的"约克城"号航母之外还有两艘航空母舰、8艘巡洋舰和15艘驱逐舰。这表明，美军的兵力要大大高于日军的估计，加上日军没有雷达，又只有一架夜间侦察机，要找到美军并战胜敌人，即便有天大的运气也是办不到的。而且一旦夜战失利，天亮后将无法逃脱美军的攻击，南云意识到了这种危险，最后决定放弃夜战企图。

日军主力舰队方面，6月4日凌晨，当南云的飞机起飞后前往空袭中途岛时，山本五十六远在南云后面450余海里的海面上。

从前一天起，山本就被胃病折磨着，但此刻在听取参谋们的报告时还是精神焕发。整个参谋处都觉得战役是在顺利地进行着。山本非常自信，他认为这一次还会像在珍珠港那样，日本人成为整个战场的主宰者。但战局的发展却大出他的意料。

早晨7时28分，侦察机发来电报："发现10艘敌舰！"

这封电报猛然将沉浸在美好梦境中的山本惊醒。

"大和"号旗舰舰桥上的人闻讯后都显得十分紧张，山本更是紧绷脸皮，一言不发。

大约10分钟后又来一个补充报告说，在敌人后队里有一艘航空母舰。

这可是一大块肥肉！"大和"号舰桥上的人们兴奋得不得了。联合舰队首席参谋黑岛问道："南云不是要求准备好第二攻击波，可能攻击敌水面部队吗？"

航空参谋佐佐木十分自信地回答说："是的，第二攻击波很快就能干掉它们。"

三和作战参谋插话说："第二攻击波是不是已经出发去空袭中途岛啦？"

刚才不久大家都还在期待南云派出第二攻击波去空袭中途岛，以歼灭敌岸基航空兵呢！佐佐木显得一阵慌乱，他急忙打电话问无线电室，有没有第二攻击波已经飞往中途岛的消息。"还没有消息。"

大家这才松了口气，都认为美军航空母舰肯定会被南云的舰载飞机炸毁，以为过不了多久就可以听到南云报来的佳音。

8时47分，"利根"号的观察飞机又送来另一消息说，在中途岛东北250海里的地方又发现两艘敌巡洋舰。9时左右，一架侦察飞机报告说有10架舰载飞机进袭南云部队。在往后几乎两小时中再没有听到关于南云部队的消息。

尽管情况隔绝，山本与其幕僚并不感到什么不安。

但是，10时50分，通信参谋和田雄四郎海军中佐满脸沉痛，一言不发地把一份急电递给了山本，这是阿部海军少将从"利根"号上发来的电文：

"遭敌舰载机和陆上飞机攻击，'赤城'号、'加贺'号和'苍龙'号起火。拟以'飞龙'号与敌航空母舰交战，我们暂时北撤，重新集结兵力。"

噩耗传来，犹如晴天霹雳，山本和他的幕僚个个目瞪口呆。

山本本人或者他的参谋们并没有指望这场大规模海战之后舰队还能完好无损。损失1艘航空母舰，他仍完全可以泰然处之。损失两艘，虽说是严重的挫折，也还可以忍受，但现在却是3艘！损失如此惨重，完全出乎意料。

期待中的轻而易举的胜利，突然一变而成为灾难。山本一遍又一遍地看着电报，气恼得连话都说不出来。

现在只有一个办法能挽回败局，那就是迅速集中分布在各个海域的兵力，用战列舰的重炮与美国特混舰队进行一场经典式的水面较量。

司令部的参谋们坚信，只要战列舰和巡洋舰能够靠近敌人到火炮射程之内，美国特混舰队仍然不是日本的对手。除去4艘航空母舰外，联合舰队还有60多艘各种驱逐舰，11艘大型战列舰，11艘重型巡洋舰和12艘轻型巡洋舰。这些强大的水面作战舰只威力无比，只要一两个齐射，就可以把任何敢于迎战的对手击个粉碎。

应该承认，日本人的这种信心不无道理，要是面对面地对打，美国人必败无疑。问题在于这些数字是加在一起的。实际上，除了南云部队处于战场之内，其他部队都分散在交战地点的或北、或南、或西的数百海里，甚至近千海里之外。角田觉治少将的两艘攻击型航空母舰为主的第2机动部队距战场最远，没有两天是无法从阿留申群岛到中途岛的。高须四郎中将的4艘战列舰、两艘巡洋舰为主的强大舰队位于角田和南云之间，距两地均有几百海里，一时也是鞭长莫及。山本亲率的以"大和"号等3艘战列舰为核心的，外加1艘轻型航空母舰的舰队，尚处于南云部队西面约300海里的地点。只有南云部队以南、中途岛以西的近藤信竹中将的1艘航空母舰、两艘战列舰、8艘重型巡洋舰和两艘轻型巡洋舰组成的舰队，最有可能在预定的时间赶抵战场，但估计最快也要到当天夜半时刻赶到。至于剩余的其他船只就指望不上了。

山本开始痛感自己的五个指头伸得过于长了，以至于一时无法凑成有力的拳头。尽管如此，山本于12时20分向部队发出电令：

各部队按下列要点行动，以攻击中途岛以北之敌：

1. 主力部队9时的位置是北纬34度35分、东经171度05分，航向120度，航速20节；
2. 登陆部队的近藤本队以部分兵力掩护登陆输送队暂向西北退避；
3. 北方部队的角田航空战队速与南云机动部队会合；
4. 第3、第5潜艇战队进入警戒线展开。

发出这道命令后，山本和他的幕僚最关心的是中途岛美军还有多少航空兵力，因为这是制定下一步作战计划的主要依据。虽然日本的3艘航空母舰都失去了战斗力，但"飞龙"号还完好无损，可以用它来攻击美军的航空母舰。此外，还可进行水面夜战，或者采取别的攻击手段。但攻击美军岸基航空兵力只能依靠机动部队。从友永机队要求对中途岛实施第二次空袭看，第一次攻击不会很成功。山本因此担心，如果不立即摧毁中途岛的航空基地，美国人可能从夏威夷调去更多的飞机，这样的话，占领中途岛就更难了。

此时，黑岛海军大佐建议，派一支水上部队乘着夜色炮轰中途岛。山本采纳了这个建议，命令离中途岛最近并有高速军舰的近藤海军中将的部队主力去执行这一任务。山本还决定，把原定的中途岛和阿留申群岛的登陆作战推迟到歼灭美军航空母舰部队以后。按照这些决定，山本于13点10分又发出新的命令：

1. 使用C号方案进攻敌船队；
2. 登陆部队派出部分兵力于今夜炮击并摧毁中途岛上的陆上航空基地；
3. 中途岛和阿留申群岛的登陆行动暂缓实施。

据当时担任第1航空舰队参谋的渊田美津雄说："使用C号方案进攻敌舰队，就是把中途岛和阿留申两地的海上部队全部集中起来，去同敌人舰队决战。"

按照山本的命令，近藤中将派其第7战队（栗田所部）前去炮击中途岛机场，各登陆输送队掉过头来向西航进。

这时，山本急切希望角田率领的另外两艘航空母舰尽快到来。可是，"大和"号于15时30分收到角田发来的电报却是："我部收回袭击荷兰港的攻击机队之后，尽速南下。6日晨，将在北纬44度40分、西经176度20分进行补给，尔后去与南云部队会合。我队4日15时的位置在荷兰港西南120海里处。"

通过战术计算，山本知道角田部队在8日下午之前根本赶不到中途岛战场，他的这一打算只好作罢。

这时候，"大和"号陆续收到一些侦察机的报告。综合这些报告，联合舰队司令部对当前敌情作出了基本判断：在美舰队中至少有大型航空母舰3艘、重巡洋舰5艘、驱逐舰15艘，这是一支很难对付的强大兵力。

17时55分，山本又收到一份更为不利的电报："'飞龙'号中弹起火。"

看来这艘航空母舰也指望不上了。但山本还是不肯就此罢手，他认为南云部队、近藤部队都离敌人舰队不算很远，实施夜间决战的可能性仍然存在。夜战不仅是日本海军的传世法宝，而且在夜间美军的舰载机发挥不了作用，日本完全有战胜对手的把握。于是，山本于16时15分再下电令：

1. 敌特混编队正在向东退却，其航空母舰已基本被歼；
2. 中途岛海域的联合舰队各部务须火速前去追歼残敌，并攻占中途岛；
3. 主力部队将于6日零时到达北纬32度10分、东经175度43分水域，航向90度，航速20节；
4. 机动部队、登陆部队和先遣部队皆须迅速捕捉并攻击敌人。

接到急令后，角田少将的第2机动部队立即收拢部队，向南转向，准备南下与南云部队会合。高须中将与山本大将亦率各自的部队向南向东疾进。分散在夏威夷和中途岛之间担任警戒的10余艘潜艇也转向中途岛方向潜行。

最有可能先抵战场的近藤中将遵照山本的命令，一面指示庞大的运输舰队暂时西撤，脱离中途岛岸基飞机的火力打击范围，一面下令4艘重巡洋舰和两艘驱逐舰向中途岛疾驶，务必于当晚炮击中途岛，摧毁岛上的飞机和航空设施，以使拟定的水面船只大决战不致受到岛上飞机的威胁。同时，近藤亲率"瑞凤"号航空母舰和两艘战列舰、4艘重巡洋舰及大群驱逐舰劈波斩浪，全速赶赴北面的战场。

南云部队接到的命令是，与敌人保持若即若离的距离，一俟夜幕降临，立即以全部兵力向东接近敌人，力争缠住对手，等近藤部队赶到后，合力在夜战中歼灭敌人。

No.2 剥夺南云的指挥权

日本人有理由充满信心。日本海军非常注重夜战训练，论夜战恐怕世界上没有哪个国家的海军能比得上日本人。但是他们忽略了一点：美国舰队压根儿就不想摸黑与日本人较量。扬长避短，这个道理谁都懂。因"约克城"号的损失而刚刚接手全部指挥权的斯普鲁恩斯对此心如明镜。

尼米兹的慧眼识珠又一次表现出其价值。他在关键的战役中启用了斯普鲁恩斯，而斯普鲁恩斯则不负尼米兹的厚望，在关键时刻，他作出了一个正确判断。

当舰队上下得知日本舰队遭到重创正在后撤时，都一致要求乘胜追击。斯普鲁恩斯表现出冷酷和睿智。他力排众议，决定见好就收，一俟攻击"飞龙"号的最后一批飞机返航，就立即掉头向东规避。

6月6日1时整，斯普鲁恩斯停住了脚步。

与山本大将期待的相反，他的夜战计划一开始就出现了许多问题。联合舰队原以为，位于战场中心的南云部队会遵令把美国舰队粘着在战场附近。未曾想，南云中将另有打算。

南云失去3艘航空母舰后，虽然备感沮丧，但"飞龙"号上山口少将的斗志仍给予他一线希望。在山口少将舰载机进行反击期间，南云向各舰发出简短的命令："舰队集合，准备前去攻击敌人。"

随后，南云率领舰队向东北方向航行了一个多小时。但是，在接近敌人的过程中，南云继续作战的信心越来越弱。他的担心并非没有道理：尽管还有"飞龙"号的舰载机可以用来进攻，但敌人已经占据了空中优势，而且还有中途岛的岸基航空兵的支援。在这种情况下，美国人肯定要和日本舰队保持一定距离，以发挥空中优势。不管怎么追，与敌人接触交战的可能性是不大的，而且还会使自己处于敌人舰载机的打击之下。

等到"飞龙"号损失后，南云认识到败局已定，他唯一希望的是避免更大的损失。但是，联合舰队接敌夜战的命令十分明确，尽管南云对此深表怀疑。从内心讲，南云和他的幕僚也与山本大将一样盼望夜幕降临，但目的全然不同。山本要利用夜幕实现积极进攻的夜战，而南云却要借助夜幕收拾残局和掩护撤退。南云的企图虽然比山本消极得多，但似乎更加实际一些。就在南云部队犹豫不决的时候，15时30分，"筑摩"号重巡洋舰发来灯光信号："我二号搜索机发现敌人4艘航空母舰、6艘巡洋舰和15艘驱逐舰。敌舰队正向西航行。"

这个报告与事实相去甚远，但已经方寸大乱的南云中将宁可信其有，也不敢再次冒险了。南云决心不理会山本的命令，他留下几艘驱逐舰打扫战场，自己率领主力转向西北方向撤退。为了向山本解释自己的意图，18时30分，南云向"大和"号发出报告："敌人兵力共有5艘航空母舰、6艘重巡洋舰和15艘驱逐舰。敌人正在西进之中。我军正向西北撤出，航速18节。"

得到该答复后，山本尽量控制住情绪，用和缓的口气吩咐说："通知近藤中将，从现在起由他统率全部夜战部队，包括南云的第1机动部队。"

南云中将被剥夺了指挥权，这在太平洋战争爆发以来还是第一次。接到山本的任命后，近藤信竹深感震惊，随即就开始履行新的权力。20时40分，近藤毫不客气地给正在率领舰队西撤的南云发去一份生硬的电令："你部除正在从事救援任务的驱逐舰之外，立即向东回航，参加夜战！"

No.3 山本的抉择

海军军令部连续不断地收到惨败的电讯。永野海军大将越来越担忧中途岛战局的发展。"赤城"号被炸沉，"加贺"号和"苍龙"号继之也遭到同样的命运，旋即又传来"飞龙"号的噩耗，山口和加来舰长与母舰一同"玉碎"……永野大将和他的幕僚们预感到这场海战的失败已成定局。特别是当初对山本将军的作战计划持反对态度的人，这时无不幸灾乐祸，但他们又隐隐地痛惜，山本五十六的一步错棋很可能把日本全部海军家当都输给美国人，永野何尝没有这种忧虑。他担心的不只是作战的延缓和4艘航空母舰的折戟沉沙，最怕的是，山本为了挽回败局，一味蛮干，孤注一掷，动用全部的兵力，去跟美国人当前压倒优势的海空力量较量。但他又不情愿横加干预，也不想下达一个强制撤退的命令，因为不仅军令部的人，甚至连裕仁天皇和东条英机都怀着一种转败为胜的侥幸心理，默默地盼望着，凭着山本几十年海上作战的丰富指挥经验，或许能扭转战局。

可是，联合舰队旗舰"大和"号上的参谋都意识到，中途岛一战已成定局，帝国海军彻底败阵了。但是人们看着山本将军那副硬拼到底的神色，没有一个人敢于建议全军撤退。与东京方面军令部的人们相似，都巴望着司令长官在此千钧一发中，能够作出明智的决定。

与愈发急躁的参谋们相反，身为参谋长的宇垣缠反而冷静下来。现在是6月5日22时，离天亮只有3个多小时了，看来夜战的可能性越来越渺茫了。白天一到，日军将失去全部优势，处于美军舰队的直接威胁之下。

想到这，宇垣认为必须提醒一下山本："长官，我们似乎应该考虑一下天亮后的行动了。"

山本轻轻地点了一下头。宇垣缠马上吩咐："别让夜战部队追得太远，以免天亮前后出现情况时，我们无法控制。"

这实际上等于是放弃夜战的另一种婉转的说法。

6月5日，对山本来说，可以说是他戎马生涯中最不幸、最痛苦的一天。他被迫发出他最不愿意发出的命令："我以大日本帝国联合舰队司令长官的名义，命令舰队停止作战行动，撤回本土。"

当时，在"大和"号下层舱的作战指挥室里，参谋人员们正彻夜守在铺有一张海图的大桌子旁，紧张而不安地等待着战局的发展，深怕再继续打下去。听到山本最后下达的命令，他们禁不住松了一口气。是的，再不能打下去了，"大和"号附近已经发现了敌潜艇，如果被美国人端了老窝儿，群龙无首，战局前景不堪设想。

5分钟后，即6月5日2时55分，联合部队总司令发出一道命令：

(1) 取消中途岛战役。

(2) 中途岛登陆部队和航空母舰第一进击部队（缺"飞龙"号与其护卫各舰），立即集结起来，各部队必须在6月6日上午在北纬33度、东经170度处汇合。

(3) 外围部队："飞龙"号及其护卫各舰和"日新"号必须在指定时间赶到上述位置。

(4) 运输舰大队须向西开进，迅速摆脱以中途岛为基地的敌机。

这是日本帝国77年来海军史上第一个宣布彻底失败的命令，而这个命令又是由日本海军界威望和声誉最高的山本五十六发出的。不久前，山本在军令部挥舞着拳头的吼声，如今变成了一场轻举妄动的噩梦。

同时，要把分散的日本部队集结起来并使它们从现在仍然受到威胁的地区内撤退出来，还是一项艰巨而冒险的任务。

第9章
CHAPTER NINE

颓势，
难以拯救

★东边水天线上，一轮红日突破密集的云层，一跃跳出了水面。6月6日来临了。不过，至少在天刚刚放亮的时候，美国人并没有敢奢望对手会全军后撤，他们脑子里旋转的是如何对付日本人新的一轮进攻。

★6月6日上午9时，日本东京霞关大本营海军部。不到40平方米的作战室里一片寂静。人们反复翻阅一个小时以前接到的电报。电报并没有看错，4艘航空母舰确实被击沉了，原来准备好的庆祝美酒已经喝不成了。

No.1 日本舰队仓皇谢幕

几乎在山本发布命令取消中途岛战役的同时，日本部队又触了一次霉头。接到撤退命令的时候，栗田健男少将率领的第7巡洋舰战队的4艘重型巡洋舰距中途岛只有不足100海里了。经过黄昏和大半夜的高速航行，这几艘日本海军中最新最快的巡洋舰已经把驱逐舰抛在很远的身后。栗田少将知道，要想避免天亮后美军岸基飞机的轰炸，就必须在拂晓前赶到中途岛，并毫不延迟地展开炮击。如果能乘暗夜消灭岛上的飞机，或者摧毁岛上的机场跑道，那么，自己的舰队就可以免遭来自空中的灭顶打击。为了确保这一目的能够实现，栗田少将还做了万一炮击失败，就派各舰水兵敢死队上岸实施强行爆破的准备。

栗田趴在海图上略一计算，天哪！向东距中途岛仅仅几十海里了，向西到敌机攻击圈的边缘却有500海里。这段距离足够跑一天多的，这期间巡洋舰将始终受到敌机威胁。

"后队变前队，立即返航！"栗田一声令下，各舰在黑暗中急剧掉头。忙乱中，排在后面的"最上"号未能看见微光定向灯的信号指示，继续前行，结果与前面正在转向的姊妹舰队相撞。一声巨响过后，"最上"号的舰首部分被撞掉，另外一艘姊妹舰也受了轻伤。

日出后不久，山本部队便和近藤率领的部队彼此望见了。到了7时它们已经会合，从中途岛西北320海里处转入西北的航向。

此时，南云所辖的分散的各舰继续向西北撤退。从清晨以来，它们就接到停止中途岛作战的命令，奉命向主队集结。按照计算和计划，南云应在此时此地和联合舰队会合。当发现他还没如期来会时，山本派出"凤翔"号上的一架搜索机去寻找。果然在东北约40海里处找到了。于是，到了11时55分，绝大部分的南云军舰都已集结，并与其他部队会合。集合起来的阵容比起出发时的情况来就大不相同了：大型航空母舰连一艘也没有剩下来，驱逐舰只有半数在场，有6艘派去护卫受伤的航空母舰了。

山本从旗舰上看出去，整个舰队充满了凄惨的景象。

舰队会合后，当天下午，从各驱逐舰上把各母舰幸存者进行转移。装载幸存者的各驱逐舰立刻把伤员往战列舰"陆奥"号、"长门"号、"榛名"号和"雾岛"号上搬运。转移工作很困难。风浪大作，使驱逐舰不能靠泊于战列舰。舰队只好停航，用气艇穿梭往来盘运，其中重伤员还得用担架。工作一直继续到黑夜。暗云四垂，一颗星星也看不见。战列舰的病房和住舱全挤满了，绝大部分伤都是灼伤。

东边水天线上，一轮红日突破密集的云层，一跃跳出了水面。6月6日来临了。不过，至少在天刚刚放亮的时候，美国人并没有敢奢望对手会全军后撤，他们脑子里旋转的是如何对付日本人新一轮的进攻。

中途岛上的所有守军又像前一天一样紧张起来，斯普鲁恩斯的特混舰队也在疾速向中途岛靠拢。岛上和舰上的搜索机早早就撤了出去，以便尽可能早地发现来犯的日本舰队。总之，在美国人看来，他们仍然是防御的一方，尽管局势已经大大缓和了。

不过，这种担心没有持续多久，中途岛的岸基搜索机首先发现了正在蹒跚着向西撤退的

↑ 遭受重创的日军巡洋舰。

"最上"号等军舰。紧接着，不同方向的搜索机也相继发来了令人鼓舞的报告：

日本舰队已经离开了昨天的位置，而且都是背对中途岛。

毫无疑问，日本人不打算进攻了，他们正在逃跑！于是，美国特混舰队和中途岛的岸基飞机立即向西展开了追击。

真怪，头一天防御的时候，美国人虽然也有表现不好的时候，但毕竟把握住了胜机。可是事隔一夜后，当美国人转入进攻时，其表现却很难让人恭维。

从上午5时起，中途岛上的指挥官把所有剩下的飞机全部派出去攻击落在后面的"最上"号等4艘军舰，但在一天内连续多次的进攻中，美国人除一架被击中着火的飞机摔落外，没有一颗炸弹命中目标。日本人的军舰仍然继续向西航行，直到夜幕再次将它们包裹起来。

这一天，斯普鲁恩斯的特混舰队毫无收获。整个6日上午，斯普鲁恩斯都在为难：处于中途岛北面的特混舰队既可以挥师西南，去收拾"最上"号等被认为是战列舰的目标，也可

← 战斗中，日军疯狂开火，妄图阻拦美军。

以进一步向西北追歼南云部队的残部。后一个目标似乎更诱人。此外，西南面的那几艘受伤的军舰已经有中途岛的飞机去攻击了。权衡再三，斯普鲁恩斯下令向西北追击。

12时45分，"企业"号和"大黄蜂"号的54架轰炸机离开舰队上空，前去进攻只知道大体方位的南云部队。但这一天，退却中的南云部队非常幸运，他们的上空始终笼罩着大片低垂的云层。有好几次，舰队都听见头顶上"隆隆"的飞机声，不过都是"只闻楼梯响，不见人下来"。

美国飞机返航途中，有几位飞行员发现了海面上有一艘孤零零的"巡洋舰"。其实，这是奉命前去处理"飞龙"号航空母舰的"谷风"号驱逐舰，完成任务后正在掉头追赶大部队。这次美国飞机没有想到跟踪驱逐舰去寻找其他日本舰队，而是迫不及待地展开猛攻。13时36分，第一批6架俯冲轰炸机像老鹰抓小鸡似地从天而降。一个半小时后，第二批26架俯冲轰炸机再次展开围攻。15时45分，第三批6架又一次光临。没有任何火力威胁，飞行员就像演习一样，轻松地投弹，并互相逗笑。

谁都不怀疑"谷风"号必死无疑，只有舰长胜见基中佐力图死中求活。他操纵军舰左冲右突，时而加速猛冲，时而倒车急退，有时干脆急刹车一动不动。空中的美国飞行员误以为军舰又会机动规避，自以为聪明地把炸弹投到想定的提前位置上，结局自然是大上其当。

胜见中佐没有单纯躲避，舰上的所有火器不停地开火，连对水面舰艇作战用的主炮也尽量向空中射出一颗又一颗的枪弹。一些美国飞机返航后发现，机身上有许多小弹孔，那肯定是日本水兵用机关枪扫射造成的。

美国人走后，"谷风"号检查伤情，除了一颗靠近弹爆炸造成的轻微损伤外，军舰居然安然无恙，而且还击落了一架俯冲轰炸机。事后，"谷风"号备受赞赏，由于它的吸引，敌人的大队机群未能发现就在附近集结的日本舰队主力。

6月6日白昼的大好时光浪费了，美国人当天的追击未能取得任何值得称道的战果。斯普鲁恩斯站在舰桥上等待着他的战鹰顺利归来。"大黄蜂"号的飞机在日落时已经降落完毕，"企业"号的飞机还不知在何处游荡。斯普鲁恩斯决定，冒暴露位置的风险为飞机导航。整个舰队奉命打开全部灯光，巨大的探照灯光柱在夜空中交叉扫射，海面上一片通明。正在寻找航空母舰的飞行员们犹如发现海市蜃楼那样欣喜若狂。飞机全部回收后，斯普鲁恩斯告诉手下："请别打扰我的睡眠。"很快就酣然入睡。

按照他临睡前的指示，特混舰队把航向由西北改向正西。"今晚睡个好觉，明天天亮后，我们再去收拾西南面的敌人。"

这个转移进攻矛头的命令意味着西北面的日军主力摆脱了追击，同时也意味着"最上"号等4艘军舰成为美军的打击目标。

No.2 被粉饰的失败

6月7日这一天原本是攻占中途岛的"N"日，清晨，山本照常乘电梯来到"大和"号舰桥。离开中途岛600多海里了，舰队主力已经脱离了美国岸基飞机的攻击范围，即使美国舰队追上来，浓雾也为整个舰队提供了很好的掩护。胃病发作、神经衰弱的山本唯一担心的是"最上"号等军舰的安全，如果能熬过今天，撤退就算成功了。

两艘旗舰并肩而驶，"大和"号和"长良"号的桅杆上飘扬着山本和南云的将旗。至此，联合舰队共损失4艘航空母舰、1艘重巡洋舰，另有3艘巡洋舰和驱逐舰受伤，共被美军击落332架飞机，占全部舰载机一半。死亡2,800余名官兵。负伤的人数更多，各战列舰上的病舱和卧舱里躺满了伤员，过道上也横七竖八地躺着被烧伤的官兵。有的伤势过重，奄奄一息，无法挽救，为了减轻舰船的负荷，只好忍痛把重伤员抛进大海。

3时30分，山本得到报告："发现敌舰载飞机两架。"

此时，山本率领的联合舰队已经远离中途岛600余海里，而美舰却尾追不舍。山本意欲杀个回马枪，他拼凑了大约100架飞机，企图诱敌深入，待美国舰队追进威克岛岸基航空兵50架中型轰炸机的作战范围之内，再发起反击。6月6日下午3时，山本发出作战命令："在本地区作战的联合舰队各部队，就在威克岛航空兵攻击范围内接触并歼灭敌机动部队。"

可是，斯普鲁恩斯已经料到了山本这一手，他压根就没有打算再远追下去。当日4时59分，"大黄蜂"号的26架俯冲轰炸机在8架战斗机的护卫下出发了。斯普鲁恩斯过于谨慎了，他的8架战斗机根本无需起飞，因为目标上空不存在日本飞机。

找到那几艘军舰太容易了，它们取最短的直线向西逃跑，根本没有时间在海上做较大范围的迂回。因为那样做虽有可能增加被美国飞机漏掉的机会，但同时也意味着自己要在敌人飞机的威力圈内停留更多的时间。

不到两个小时，俯冲轰炸机就在中途岛以西500海里处抓住了目标。海面上一大片油迹

↑ 在日本国内，天皇召开御前会议。

在阳光下泛出显眼的光芒，隔很远就能发现。在接下来的战斗中，"最上"号两处中弹，一颗炸死了炮塔上的人员，另一颗命中军舰的中部，炸坏了鱼雷发射管。多亏舰上的消防军官有先见之明，在前一天不顾舰长的反对，把鱼雷和深水炸弹以及所有易燃易爆的物品全部抛入大海。他这样做的理由很简单：我们现在是在逃命，而不是进攻！由于舰上没有可爆炸的物品，"最上"虽然多处中弹，但未能引发致命的连锁爆炸。

夜幕又一次笼罩了太平洋，斯普鲁恩斯的特混舰队又一次掉头向东。这次不是为了规避，而是要班师回营。斯普鲁恩斯不想再追了，再追就超出了中途岛岸基飞机的警戒范围，同时也将进入威克岛日本岸基飞机的范围。特混舰队的任务是保卫中途岛，而不是进攻日本人占领的岛屿，那是以后的事。

斯普鲁恩斯见好就收，山本失去了最后扳回的机会。

当"企业"号上的人意识到战斗已经结束时，全舰上下一片欢乐。

在中途岛海战中，美方损失1艘航空母舰、1艘驱逐舰和147架飞机，死亡307人。日本损失4艘航空母舰和一艘重型巡洋舰，伤1艘战列舰、1艘重型巡洋舰、一艘油船和3艘驱逐舰，

52架飞机被击落，另有280架飞机随舰沉入海底，死亡3,057人，其中包括几百名训练有素的海军飞行员。美国海军以少胜多，取得了决定性的胜利，日本海军遭到空前的惨败。经此一战，太平洋上的主动权开始逐步转入美国人手中。日本被迫完全放弃了对斐济、萨摩亚、新喀里多尼亚岛的进攻计划。

6月6日上午9时，日本东京霞关大本营海军部。不到40平方米的作战室里一片寂静，人们反复翻阅一个小时以前接到的电报。电报并没有看错，4艘航空母舰确实被击沉了，原来准备好的庆祝美酒已经喝不成了。

6月6日下午，对中途岛一直满有胜利把握的东条英机，邀请德国和意大利两国武官在多摩川地区举行乘马会。正在游乐途中，参谋次长田边盛武驱车匆匆来到他跟前，告诉他中途岛遭受惨败的消息。

此前，海军军令部也获悉联合舰队惨败的消息。由于事情重大，无人敢向天皇报告。直到次日天皇垂询中途岛方面的战况，永野才吞吞吐吐报告了详情。天皇听毕，目瞪口呆，长久说不出一句话来。

3天后，天皇召集御前会议，讨论对策。最后，天皇和东条英机决定以谎言来粉饰这场失败，并对整个海战过程进行保密。

遵从东条英机和天皇的指示，中途岛海战中被击沉的航空母舰和巡洋舰上幸存的日本士兵，一踏上日本的土地，立即被软禁在鹿儿岛基地，不许和任何人见面。伤员也是在夜间被送往医院。其他的人，一律不让休息，匆忙被派到太平洋上其他基地去。对那些从沉没舰艇上死里逃生的官兵们集中管理，不准自由行动。一些随军记者回来后，也被无理禁闭，不允许向外界透露中途岛海战的真实消息。

东京电台和《每日新闻》大肆吹嘘，联合舰队一举攻占阿留申群岛，击沉美军航空母舰两艘，击落美机120多架，战果赫赫，胜利空前。又以"节约报国"为借口，不准东京市民举行任何形式的庆祝会和提灯晚会。

不消说，所有涉及这次战斗的文件性材料全被列为"绝密"。以这些材料为依据的作战后的报告之起草工作也受到极其严格的限制，至于写成的报告在整个战争期间都是一点不透风的。在日本投降前夕，几乎所有这些文件全都烧毁了。

但无论日本当局怎样千方百计地粉饰，那3,057多名日本官兵已经尸沉太平洋的泥沙里，永远不能回到故乡了。

一边是地狱里的悲鸣，一边是尽情的欢呼。6月6日凌晨，据中途岛海域美军侦察机报告，发现在中途岛以西的所有日军舰队，都在集中向西移动。侦察机观察到的情况，证实了夏威夷情报站事先通过测向电台得到的消息，日军不是在组织战斗，而是全线后撤。据飞机在空中报告，从中途岛向西行进的两艘巡洋舰，后面拖着两条明显的油迹，可能是被炸伤了。一切迹象表明，日军舰队像一条被猎枪打伤的野狼，夹着尾巴逃跑了。

喜讯传到夏威夷，传到太平洋舰队作战指挥室里，指挥官和参谋人员们登时群情振奋，欢呼雀跃。

前线的斯普鲁恩斯将军终于打破沉默，明确来电报告，日本舰队确实放弃了进攻中途岛的作战计划，全线撤退了。

中途岛的胜利，首先应该功归夏威夷情报站的全体成员和太平洋舰队的全体官兵。尽管尼米兹给予罗彻斯特高度评价，并为他请功，但是由于他的孤僻性格和同僚的嫉妒，加之金上将认为在华盛顿、珍珠港等地从事密码工作的人有成百上千，不应过于突出某一个人，所以这位功臣并未获得应有的荣誉。直到44年后的1986年，美国海军部才向已经去世的罗彻斯特追授国会勋章，以表彰他在中途岛战役中所做出的卓越贡献。

6月13日，弗莱彻将军率领第17特混舰队返回珍珠港。几小时后，斯普鲁恩斯将军也亲率第16特混舰队胜利返回基地。部队相继进入港口时，司令部升将旗表示欢迎致敬。尼米兹将军及其参谋部成员们在军港上迎接，并登上旗舰与指挥官和水兵们握手，感谢他们取得辉煌的战绩。舰队凯旋归来后，官兵中有的晋升一级军衔，有的荣获一枚银鹰军功章。

至此，太平洋战争胜利的曙光，已经闪现在美军的头上。

03

BATTLE

第三篇 > 海战·莱特湾

194

第1章
CHAPTER ONE

麦克阿瑟与菲律宾

★刹那间，上千门舰载炮齐声怒吼，震耳欲聋。五彩缤纷的信号弹窜上天空。朝霞映亮了莱特湾的碧水，上千艘登陆艇驶向滩头。一场东方的诺曼底之战就此打响了。为了同艾森豪威尔的诺曼底登陆D日行动区别开来，麦克阿瑟特意把这一天定为A日。

★12点刚过，伊巴机场的雷达操作员发现了入侵的日本飞机，他用电传打字机向克拉克机场报告，但收报员和飞行员一块吃午饭去了。最后，一名执班上尉接到伊巴机场打来的紧急电话，但为时已晚。大批日机呼啸而来，机关炮喷着火舌，炸弹倾泻而下。

No.1 "菲律宾人民，我又回来了"

1944年10月19日夜，菲律宾中部莱特岛以东海面。天色漆黑，暗月无光。才是中秋，太平洋的海水已经有些刺骨，暗黑的海水显得格外地阴森，衬着幽暗的天空，仿佛透露出一股难以抑制的躁动不安。

暗黑的海水撕扯着莱特湾的海岸，也噬咬着停泊在海面上的一支庞大舰群。在这支庞大的舰群中，有一艘显得格外宏伟，映着其他船舰上露出的微光，隐隐约约可以看到在它的船舷上写着"纳希维尔"几个字母。船舷边，有一个高大而消瘦的身影，他足有1.8米高，身板挺得笔直，穿着军便服。他五官端正，威严而富于表情。他的身体里似乎充满了精力，演员和军官的动作兼而有之，显然是一个标准的职业老军人。他默默地注视着莱特岛的方向，犀利的眼神仿佛能穿透无边的黑暗，直指向远处的莱特和更远方的帝国巢穴。这就是道格拉斯·麦克阿瑟上将。他虽然有一个昵称"道格"，可是除了马歇尔上将这么叫他之外，谁也不敢当面称呼。他的部下习惯于管他叫"将军"。

此时，他强抑住内心潮水一般的感情，嘴里默默地念叨着《圣经》中那些熟记在心的段落，然后闭上双眼、轻声地说："我祈祷全能的上帝，在早晨保佑这些船上的每一个人。"说完，他转身回到了船舱。明天就要涉水登陆了，麦克阿瑟在做他的最后准备。他又一次找出那把他父亲用过的短筒大口径袖珍手枪，轻轻地抚摸着那有些斑驳、但依然线条分明、铮铮有力的枪管和枪把，"就像我自己一样。"他心里默默想着。他最后一遍整理了自己的演讲稿。稿子很短，但无疑是历史性的，他准备一踏上菲律宾的土地就对着麦克风发表这篇演说，让媒体把他的声音传遍菲律宾、传遍亚洲、传遍整个世界：是的，我又回来了。

10月20日，天渐渐亮了起来。麦克阿瑟一生中最激动的黎明终于来临了。

"将军，开火吗？"传令兵崇拜地望着他，问道。

"开火！"麦克阿瑟坚定沉着地说。

刹那间，上千门舰载炮齐声怒吼，震耳欲聋。五彩缤纷的信号弹窜上天空。朝霞映亮了莱特湾的碧水，上千艘登陆艇驶向滩头。一场东方的诺曼底之战就此打响了。为了同艾森豪威尔的诺曼底登陆D日行动区别开来，麦克阿瑟特意把这一天定为A日。

一艘希金斯小型快艇在蒙蒙的细雨中借着潮势顺利向滩头驶去。船舷上站着麦克阿瑟，穿着他的特色行头——整齐的军便服、闪亮的太阳镜和软塌塌的军帽——走下了小艇，一手拿着他标志性的玉米棒芯烟斗、一手叉着腰，迎风而立，骄傲地远眺着烟雨笼罩着的莱特岛。

登陆的码头是在塔克洛班的红滩，但是码头早就被炮火打成了废墟，离海岸还有45米，麦克阿瑟就跃下了登陆艇，涉过齐膝深的冰冷海水，在枪炮声中一步步坚定地踏上菲律宾海岸。随军摄影记者掌握时机地拍下了这一动人的涉水上岸镜头；这是第二次世界大战中最著名的场景之一，这区区数十步的涉水之程，使麦克阿瑟激动不已并永生铭记。他说："这几十步是我有生以来意义最深远的脚步。当我走完这几十步时，我知道我确实回来了，回来

打击巴丹的死敌来了。因为在那里的日军尸体上，闪烁着本间将军的王牌部队第16师的徽章。"

整个莱特湾里已经停泊满了各种型号的大小船只。阴雨绵绵、光线暗弱，灰色的军舰映衬着铅灰色的天空和大海，显得非常雄伟，处处都透露出斗志和杀机，非常像4个月前诺曼底登陆的画面。

→ "我又回来了！"麦克阿瑟面对菲律宾说出了意味深长的一句话。

下午2点，麦克阿瑟马不停蹄地巡视了在红滩登陆的步兵第24师。这时，登陆作战的准备工作已经完成、而美国及其他国家的记者也早已在海滩前各就各位，等待着这位曾经人称"吕宋拿破仑"的名将发表演说，正式宣布光复菲律宾行动的开始。不远处，一辆机动的电台卡车接通了"纳希维尔"号的大功率无线发射台；英语、马来语、华语和西班牙语播音员早已经向全世界宣布有重要消息播报；远在千里之外的美国各大广播公司也已得到通知，随时准备中断正常播出的节目，播报一条重要消息。

麦克阿瑟走向记者们，他的身后紧跟着一些美国和菲律宾官员，其中也包括即将宣誓就职的菲律宾总统奥斯敏纳。麦克阿瑟接过新闻记者递过来的话筒，深深地吸了口气，此时，金凯德的舰队正在向莱特岛海岸纵深开炮，雷鸣般的炮声正好充当了他发表这一历史性讲话的伴奏曲。麦克阿瑟清了清嗓子，难掩内心激动、用充满豪情的嗓音大声宣布："这里是自由之声广播电台，我是麦克阿瑟将军！菲律宾人民，我又回来了！凭着主的恩赐，我的部队又站在菲律宾的土地上了……"

他抓着麦克风的手开始不由自主地抖动起来，声音也呜咽起来，两行清泪顺着脸颊流向菲律宾的大地。

"这片土地上流遍了我们两国人民的鲜血。我们为摧毁控制你们日常生活的残酷敌人，为恢复不屈不挠的基础力量和你们民族的自由，回来了！"

"团结在我的周围，让巴丹和科雷希多不屈不挠的精神发扬光大。当战线向前推进到你们所在的地区时，你们要挺身出来战斗，利用每一个有利的机会打击敌人。为了你们的家园和家庭，战斗！不要害怕，让每一个手臂都坚强如钢，神圣的上帝为我们指路，去争取正义的胜利！"

演说通过电波，传遍了岛屿、丛林，传遍了整个菲律宾、欧洲和美国。

麦克阿瑟将军故地重归，两年前的誓言终于实现了。

No.2 伤心地，菲律宾

重回菲律宾为什么会让麦克阿瑟这位久经沙场的老将这么兴奋、这么激动？这还要从两年半之前说起。

时间转回到1941年12月8日，马尼拉时间凌晨3时40分。此刻，马尼拉还笼罩在一片黑暗之中，风光旖旎的马尼拉湾此时也失去了白天的亮丽和喧嚣，在沉沉的黑幕下水波不兴。在马尼拉湾附近的一幢豪宅前，卫兵们也松松垮垮地靠在枪上半睡半醒。突然，急促的电话铃声在二楼一间豪华卧室中响起，显得格外突兀和刺耳。睡在床铺上的那个人像神经反射一样立刻抓起话筒，用低沉的声音说："我是麦克阿瑟。有什么事？"

突然，他像被电到了一般，腾地一下坐起身来，冲着话筒大喊道："什么？我没有听错吧？日本人刚偷袭了珍珠港？"

他缓缓地放下电话，整个人都仿佛突然之间麻木了一般，一种不祥的预感涌上他的心头，日本人动手了？

麦克阿瑟出身将门。美国传记作家小克莱·布莱尔在他的《麦克阿瑟》一书中描写道："道格拉斯·麦克阿瑟，出身名门，学者，爱国者，脾气暴躁，放肆，专断，固执"。他具有典型的美国军人气质。他身材高大，6英尺4英寸（1.8米），一双深褐色的眼睛炯炯有神，腰板总是挺得笔直，总是喜欢穿一身笔挺的将军服，头戴一顶帽檐软塌塌的军帽，手里总习惯性地拿着他招牌似的玉米棒芯烟斗，他这身充满个性化的打扮和他那极度自信的气质使他成为媒体热衷追逐的焦点，也使他成为美国士兵的偶像。

他如此热爱这个群岛、并和它结下不解之缘，这和他父亲的巨大影响是分不开的。

他的父亲阿瑟·麦克阿瑟是一位战功累累的名将，阿瑟少年从军，两度入伍，在美西战争期间，曾一度率众攻入马尼拉，一时名声大噪，在其后的镇压菲律宾人民起义过程中，多次立下"战功"，成为美国各大报刊竞相称颂的"英雄"。1900年5月，他出任侵菲美军司令和军事总督，达到其军事生涯的最辉煌时期。虎父无犬子，麦克阿瑟自幼受父亲影响，从小就把从军当作自己唯一的职业选择。小道格拉斯不仅自幼视父亲为心目中的偶像，而且从他那里继承了刚毅、果敢和倔强的个性。美国前总统理查德·尼克松曾这样评价道："麦克阿瑟的整个一生，包括他天不怕、地不怕，有时甚至近乎蛮干的表现，从某种意义上说，都是为了力争无愧于他的先父阿瑟·麦克阿瑟将军。"他们父子的戎马生涯有许多相似之处。两个人都获得过国会荣誉勋章，都是在菲律宾达到个人事业的顶峰，都念念不忘亚洲和太平洋地区对美国未来的重要意义，都同文职官员闹得不可开交，并因此而影响了他们的前程。

19岁的时候，道格拉斯·麦克阿瑟考入了心仪已久的美国西点军校，朝着他的梦想迈进了一大步，对此，他充满了自豪："这是我孩提时代全部梦想的实现，作为一个西点人的那种自豪和激情，从来没有丝毫地减弱……是我最大的光荣。"此时的他已出落成一个风流倜傥、潇洒漂亮的大小伙子了，被人称为"军校有史以来最英俊的学员""典型的西部牛仔"。他身高5英尺10英寸半，体重135磅，身材健美修长。有人说他像王子一样神气，黑头发黑眼睛，即使只穿游泳裤，你也一眼能看出他是个军人。为了管住这位漂亮的士官生，使之不受风流韵事的干扰而影响学业，他母亲也一同跟着来到西点，住在学校附近的一家旅馆里，一陪就是两年，直到阿瑟从菲律宾回国后，她才离开儿子。在这两年里，麦克阿瑟几乎每天都要去看她，并因此而受到同学们的嘲笑，说他是个大孝子，是唯一在母亲的陪伴下就学的西点军校学员。

在西点军校，他勤奋学习，常常在入夜后还用毯子围住床的四周秉烛夜读。第一学年结束时，在全班134名学员中，麦克阿瑟的成绩名列第一。在其后的三年中，麦克阿瑟的学习成绩除第三年降到第四名外，均为全班第一。到毕业时，他的总成绩平均为98.14分，据说是25年来西点学员所取得的最高成绩，在以后的许多年里也无人敢向这一成绩挑战。

毕业后，他踏着父亲"闪光的足迹"，来到了菲律宾，想子承父业干出一番事业。在此期间，他表现突出，到第一次世界大战结束后，麦克阿瑟被任命为西点军校的校长。当时的西点一片混乱，"比时代落后了40年"。麦克阿瑟上任后进行了大刀阔斧的改革，使学校的面貌为之一新。

在西点供职3年后，麦克阿瑟再度来到菲律宾。1930年8月，他回到华盛顿，接任美国陆军参谋长，时年50岁的他也因此成为美国历史上最年轻的陆军参谋长。

1935年，他和罗斯福总统闹崩了，辞去了美国陆军参谋长的职务，并应菲律宾总统奎松之邀，来到了他的"第二故乡"。由于父亲的缘故，他始终对菲律宾有一股特殊的感情。

1936年，麦克阿瑟接受了菲律宾总统奎松授予的"陆军元帅"军衔，自此，人们常常亲切地把他称为"麦帅"。与此同时，他正式退出了美国陆军，在马尼拉坐享无限风光和尊崇。美国的自由主义批评家不无讽刺地送给他了一个很贴切的称号——"吕宋的拿破仑"。在菲律宾，他负责训练和指挥菲律宾军队，在这个东南亚前哨海岛群上，他深深感到日本人军事压力的沉重。一到菲律宾，麦克阿瑟就着手组建菲律宾军队，加强菲律宾的防务。他曾经夸下海口说："到1946年，我将把这个群岛变成太平洋的瑞士，任何侵略者必须付出50万人、3年的时间和50亿美元的代价才能征服它。我是遵照上帝的旨意来这里的，这是我的使命。"

1941年，日本随着军事实力和经济实力的不断增强，不断在亚洲制造事端，并伺机准备夺取美国等国在亚洲的保护地和殖民地。日美关系日益紧张，战争的危险如阴云压城，时刻悬在人们的头顶上。7月27日，罗斯福总统出于防务上的考虑，重新起用了已经退出现役的"菲律宾通"麦克阿瑟担任远东美军司令，毕竟，像他这么优秀的指挥官在美军中也是凤毛麟角。麦克阿瑟临危受命、担任远东美军司令，率领不足2万人的美军和13万菲律宾军人守卫漫长的海岸线。

麦克阿瑟本想好好整顿一下菲律宾的防务，可惜的是战争竟然来得这么快、这么突然，完全打了他个措手不及！

卧室中的麦克阿瑟迅速走下床去，没有叫醒勤务兵，穿上军装匆忙赶往司令部，日军突

袭珍珠港，美国很快宣战，太平洋战争爆发，这对于孱弱的菲律宾来说，又意味着什么呢？

其实，麦克阿瑟此时不相信日本人会很快进攻菲律宾。他根本看不起"日本佬"。

那些日本兵，绑腿不整，军衣肥大，裤管宽松，罗圈腿短得可笑。在他未得知珍珠港事件真相之前，一直以为日本人在那里一定遭到了严重挫折。这种错觉使他丧失了正确的判断力，他相信，几乎肯定受挫的日本人是不可能很快在西太平洋这样广大的地区内同时动手的。"菲律宾仍将保持中立，不会受到日本人的攻击。"这种判断使他在开战的最初几小时里对日本人的袭击危险缺乏足够的警惕性，因此疏于戒备，甚至做出失策的决定。当麦克阿瑟在4点左右来到办公室时，他的助手们已经在那里等他了。他们显然有些束手无策，对情势没有作出准确的估计，也未作出什么积极的决定，只是等待着。

就在麦克阿瑟犹豫不决、举棋不定的时候，气势汹汹的日军可没有闲着。8日上午，根据担任入侵菲律宾作战指挥的陆军中将本间雅晴的命令，日本派出300多架战机空袭了菲律宾。黑压压的机群突然飞临克拉克机场上空，铺天盖地般地进行狂轰乱炸，导致驻菲远东美军悲惨地经历了一场被称为"珍珠港第二"的空前浩劫。

此前，远东空军司令刘易斯·布里尔顿少将多次建议出动克拉克机场的B－17"空中堡垒"式重型轰炸机轰炸台湾，以阻止日军战机可能对菲律宾发动的攻击，但是麦克阿瑟迟迟作不出决定，如今，日本海军第11航空舰队的192架飞机已经逼近了美军机场。

即便是在这万分危急的时刻，美军也毫无防备，在克拉克机场上，还是呈现出一派和平的景象，机场地勤人员悠闲地吃着午饭，聊着国内的来信和种种花边新闻；战机的驾驶员也懒洋洋地靠在飞机上、或者是在机场上享受着马尼拉明媚的阳光；几名美军士兵在机场边兴致勃勃地和几个美丽的菲律宾女郎调着情；在俱乐部，机械师和轰炸机组的人员一边喝着饮料一边收听着电台广播，突然，播音员报道说："据未经证实的消息，日机正在轰炸克拉克机场。"立刻，俱乐部里响起了一阵哄堂大笑，有人还怪叫道："是愚人节笑话吧，说得太晚了。"

11点前后，在空中盘旋的B-17轰炸机陆续返回克拉克机场，3架准备执行侦察任务的飞机装上了照相设备，其余15架装上了炸弹。在忙碌了一阵之后，飞行员们大都下班吃午饭去了，飞机则停在地面上。这是一系列错误中的最后一个大错误，它使此刻的吕宋岛出现了一个短暂的类似珍珠港那样的警戒间隙，只不过一个在清晨，一个在正午。

12点刚过，伊巴机场的雷达操作员发现了入侵的日本飞机，他用电传打字机向克拉克机场报告，但收报员和飞行员一块吃午饭去了。最后，一名执班上尉接到伊巴机场打来的紧急电话，但为时已晚。大批日机呼啸而来，机关炮喷着火舌，炸弹倾泻而下。

→ 日军第14军司令本间雅晴率部
在吕宋岛登陆。

9个小时前发生在珍珠港机场上的悲剧，又在菲律宾重演！

整个袭击持续了约一个小时，使美国远东空军受到致命打击。日本人在未遇抵抗的情况下摧毁了停在克拉克机场的全部18架B-17轰炸机和伊巴机场72架战斗机中的55架，几乎消灭了麦克阿瑟赖以防守菲律宾的空中力量，从而赢得了入侵菲律宾的制空权。在接下来的一周里，美军战斗机几乎消耗殆尽，麦克阿瑟不得不命令布里尔顿将剩下的轰炸机全部转移到澳大利亚。到12月25日，即麦克阿瑟下令退守巴丹的第二天，布里尔顿带着他的最后4架战斗机离开了菲律宾。

随着空军力量的被摧毁，美军水面舰只也危在旦夕。12月10日，80多架日本轰炸机和52架先进的零式机攻击了马尼拉附近的甲米地海军基地。

在两个小时的空袭中，日机一批接一批地对这个重要的港口实施轮番轰炸。其间，麦克阿瑟夫人和她3岁的小儿子站在马尼拉饭店顶楼的平台上，失魂落魄地观看着这幅可怕的景象；麦克阿瑟则站在离基地仅600米的司令部大厦上，眼巴巴地看着从军港上升起的熊熊烈焰和滚滚浓烟，气得暴跳如雷。基地被彻底地摧毁了；然而最令他痛心的是他所储备的233枚超级磁性鱼雷被全部炸毁。据信，这种鱼雷是海军装备的最新式武器，它可以发射到舰艇的龙骨下爆炸，一枚就可以击毁一艘驱逐舰或轻型巡洋舰，两枚就可以炸沉一艘战列舰、重巡洋舰或航空母舰。

经此空袭，美亚洲舰队的大部分舰只不得已仓皇南下逃往爪哇海。麦克阿瑟意欲在海面上打击登陆日军的作战企图，也像肥皂泡一样破灭了。

美国海军撤走之后，日军登陆如入无人之境。在甲米地遭袭的同一天，日军第14集团军先遣部队田中支队开始在吕宋岛北部的阿帕里登陆。第二天，日军营野支队登陆西海岸的维甘。第三天，日军木村支队登陆吕宋岛东南端的黎牙实比。三路日军分别夺取了当地机场，并向马尼拉方向进击。麦克阿瑟正确地估计了日军的企图，认为这几次小规模的登陆行动，不过是为了掩护那即将到来的主要行动而采取的牵制性攻击，因此，他除派小部队与之周旋外，主力按兵不动。

12月22日，日军开始大规模地对菲律宾发动进攻。日方派出了一支拥有76艘运兵船的庞大入侵舰队，载着本间雅晴中将第14集团军共8万人的登陆部队，进攻马尼拉西北110英里的林加延湾。为支援登陆，日军还动用了海军第3舰队和第11航空舰队及空军第5飞行集团对港口地区和马尼拉进行狂轰乱炸。

面对如此危机，麦克阿瑟再三向华盛顿请求援助，但是华盛顿此时的重心都放在欧洲战场，对于麦克阿瑟的求助总是抱着爱莫能助的态度。麦克阿瑟的最后一支支援力量也没指望上，潜艇保卫菲律宾的计划也彻底破产。在随后几天，潜艇一艘接一艘地奉命驶离马尼拉，哈特、威克斯等海军将领也乘潜艇弃马尼拉而去。这种明显的逃跑行为，使麦克阿瑟勃然大怒，却又完全无可奈何。

12月22日，日军第14集团军第48师主力在舰炮掩护下，开始在三个滩头堡登陆。温赖特将军指挥他的北吕宋部队4个师共2.8万人在滩头阻击日军，但那些缺乏训练、装备低劣、战斗力极差的菲律宾部队几乎一触即溃，其中两个师迅即土崩瓦解。民兵们面对那些训练有素、张牙舞爪的日本兵，吓得慌忙丢下手里的老式步枪，争先恐后地向山里逃窜。只有罗萨里奥的正规骑兵团进行了顽强抵抗，将敌人的进攻推迟了几个小时。

第二天一整天，日军后续部队接连上岸，在巩固了滩头阵地后即向吕宋岛腹地推进，以便与10天前在维甘登陆并正在向南挺进的营野支队会合。麦克阿瑟在这一天乘坐吉普车巡视了林加延前线，亲眼看到了被温赖特将军称为"一群乌合之众"的菲律宾民兵部队如何被日军打得丢盔卸甲、狼狈逃窜的情景。但他出于自尊，仍不愿执行唯一的军事选择，即退守巴丹的"橙色计划"。

从前线回来后，他向陆军部紧急要求增派战斗机和轰炸机阻止日军向马尼拉推进，并希望海军运来更多的部队和物资。

"除非援军到达，否则整个西太平洋都将陷落。"他连连向华盛顿发出警告。

→ 马尼拉附近的美军基地遭到了日军的袭击。

可是他哪里知道，此时远在华盛顿的罗斯福眼睛死死地盯着欧洲这只"聚宝盆"，哪里顾得上远东这些"坛坛罐罐"。而且，美、英首脑正在华盛顿举行代号为"阿卡迪亚"的会议，重申了首先集中力量打败德国的政策，在此之前，太平洋的作战将致力于以现有的人力和物力遏制日本人，甚至不惜放弃菲律宾这样的重要基地。

这就是所谓的"欧洲第一"战略。

"阿卡迪亚"会议的结果让东条英机大喜过望，开始更肆无忌惮地横扫东南亚。

12月24日拂晓，日军第16师主力7,000人在南吕宋东海岸距马尼拉仅112公里的拉蒙湾登陆。帕克将军指挥的1.6万南吕宋部队在稍作抵抗后同样被打得落花流水，迅即崩溃。随后，日军第65旅1万人也在拉蒙湾登陆。

到这时，麦克阿瑟才真正意识到他的军队已危在旦夕。很明显，日军的企图是实施南北夹击，将麦克阿瑟的部队合围在中吕宋平坦开阔的地域一举全歼，然后以吕宋为基地继续向南推进。为避免更大的灾难，出路只有一条，那就是迅速果断地将部队撤到马尼拉湾北面的巴丹半岛上去，即回到原来的"橙色计划"上去，这是唯一的选择。24日晚，麦克阿瑟通过无线电终于向部队下达了执行"橙色计划"的命令，撤向巴丹半岛。

得知美菲军正撤往巴丹半岛，本间雅晴禁不住得意地笑了，因为显然他们正在钻入一个死胡同，除了跳海，没有任何退路。日本人高兴地宣布，假如能生俘麦克阿瑟，日本将在东京帝国广场当众绞死他。

1月10日，日军开始进攻巴丹。此时，外无援军，内无粮草，麦克阿瑟绝望了，他电告华盛顿："我意欲在巴丹战至全部毁灭，然后再使科里吉多岛玉碎。"

他把那支他父亲使用过的巴掌大的科尔特45型小手枪找了出来，准备"玉碎"，可是却发现这枪没有子弹了，后来他的助手赫夫中校费了好大劲才找到两粒合适的子弹。

"谢谢！"麦克阿瑟对他说，"这样，我就不用被他们活捉了。"

麦克阿瑟决心成为战死疆场的美国英雄，但是，此时华盛顿却有些坐不住了，陆军参谋长马歇尔开始积极营救他，因为，在美国再也找不出比麦克阿瑟更懂步兵战略和战术的将军了，美国确实需要这样的帅才。

但是，固执的麦克阿瑟就是不领情，他答复马歇尔说，他和家人将与守军共生死。

1942年2月20日，菲律宾总统奎松一家搭乘潜艇前往澳大利亚，临行前把图章戒指放在麦克阿瑟的手中，哽咽地说："当他们发现你的尸体的时候，我希望他们能知道你是为了我的祖国而战死疆场的。"

2月22日，马歇尔以总统的名义命令麦克阿瑟离开那个鬼地方，并通知他，华盛顿已经任命他挂帅建立西南太平洋指挥部。麦克阿瑟终于答应为了更重要的使命、给自己一次活的机会，去承受一次空前的耻辱。

海军派来了潜艇接他，但是麦克阿瑟勃然大怒："想让我从海底溜走？没门！老子要堂堂正正地从海面上冲破敌人的封锁线！给我一艘鱼雷快艇。"

所有的人都吓坏了，但是又拗不过他，只有胆战心惊地祈求老天保佑平安无事。

↑ 巴丹半岛指挥部内，麦克阿瑟静静地坐着，似乎在思考着什么。

1942年3月11日傍晚，科里吉多港码头，麦克阿瑟终于登上了鱼雷艇。

他站在甲板上，任狂乱的海风刺痛着他的脸，用力抓住栏杆的手都泛青泛白，他久久凝视着科里吉多的山岩，在这个长仅4.8公里、最宽处仅1.6公里的弹丸小岛上，他留下了指挥官温赖特和数万名官兵。在深邃的马林达隧道里，还存有上千吨军用物资。

鱼雷艇怒吼着驶离了菲律宾，麦克阿瑟脸色苍白如纸，牙关紧咬，嘴角抽动，突然，他一把拉下头上的军帽，朝着菲律宾的方向用力挥舞："再见，菲律宾。我还会回来的。一定！"

3月17日上午9时30分，历经了5天传奇般的、被62岁的麦克阿瑟称作是"一次闷在混凝土搅拌机里的旅行"之后，九死一生的麦克阿瑟终于抵达了澳大利亚的阿德莱德，一出车门，黑压压的人群立刻围了上来，有人还在掩面哭泣，记者们把镜头都对准了他。

尽管此刻罗马的墨索里尼把他称为"懦夫"，东京的报纸讥讽他是"逃兵"，柏林的戈培尔嘲笑他是"脚底沫油的将军"，他却气势一点不减。

虽然在巴丹战败，但他在国内却获得了空前的政治声誉。他毕竟最先顶住了日本人的侵略狂潮，为美国赢得了时间，树立了信心。在英语世界，甚至还掀起了一股"麦克阿瑟热"。美国参议员罗伯特·小拉夫莱特建议把6月13日命名为"麦克阿瑟日"，以纪念1899年他考入西点军校的这一天。国会以253票的压倒多数通过了授予麦克阿瑟荣誉勋章，连历届美国总统也没有获得过这种创纪录的票数。当罗斯福选择威廉·李海上将当他的首席军事顾问时，《时代》周刊愤愤不平："要是老百姓投票的话，责无旁贷的是麦克阿瑟。"连一向板着面孔的《纽约时报》也受了这些日子里狂热情绪的感染，"道格拉斯·麦克阿瑟名字的魅力混合了好莱坞塑造的忠实士兵理查德·戴维斯的理想主义色彩。"《民族》杂志告诉它的读者："国民对领导人最钦佩的心理素质，就是'将军'那样的斗士性格。"连老成持重的普利策奖金名牌记者瓦尔特·李普曼也禁不住赶浪头地写下了这样的溢美之词："他作为一个伟大的统帅，有广阔而深邃的洞察力。他知道怎样激发和领导他的士兵前进。"

澳洲本地的报纸当然不甘落后，它们用头版整面篇幅刊登了麦克阿瑟的头像。《纽约太阳报》记者发自伦敦的专访消息说："自从电影明星瓦伦丁诺之后，还没有哪一个人像麦克阿瑟那样家喻户晓，伦敦报纸动辄把他比做纳尔逊和德雷克。"连苏联《真理报》和《消息报》也在头版显赫地位发表评论员文章，说麦克阿瑟"像俄国士兵一样勇敢"。

甚至美国商人也不放过用另外一种方式来表达对他的"崇敬之情"。美国商人当然都是生意精，他们看到曼哈顿教堂中受洗的新生儿大量地用麦克阿瑟作名字，灵机一动，推出了款式新颖的"麦克阿瑟服"以及"麦克阿瑟蜡像""麦克阿瑟牌甜豌豆""麦克阿瑟牌铁锁"等等商品。至于用他的名字命名的桥梁、建筑、花展、生日舞会、水坝等等，那就更不胜枚举了。连他的死对头富兰克林·罗斯福总统也发表演说，祝贺他胜利突围、荣任新职、将拉开美国反攻的序幕。

此时，虽然他还不知道马上会有这么多的荣誉即将降临到自己身上，但是麦克阿瑟依然气势不减，神气非凡，面对着记者的相机镜头和人群渴望的眼神，他坚定地说：

"美国总统命令我冲破日本人的防线，从科里吉多岛来到澳大利亚。据我所知，这一目的是为了解放菲律宾。我虽然脱险了，但我还是要打回去的！"

"我还要打回去的"这句话就这样载入了史册，成为军事史上流传最广的一句名言。

而因此也就有了本篇序章中那激动人心的一幕。

No.3 目标，吕宋岛

为什么要花这么大的篇幅讲麦克阿瑟呢？这不仅仅是因为他担任西南太平洋盟军总司令一职，负责指挥美国的军队击败太平洋海域的日军，解放东南亚和菲律宾，也不仅仅是因为他和菲律宾有着这么深的不解之缘、或他的经历实在太富有传奇性；主要是因为他就是菲律宾战役的始作俑者，我们甚至可以说，没有麦克阿瑟，可能就没有了莱特湾海战，正是在他的一再坚持、甚至是一意孤行下，美国最高决策层才最终决定在进攻日本本土之前先解放菲律宾，从而有了震惊世界的史上最大海战——莱特湾海战。

所谓世事总无常、风水连年转，曾经气焰嚣张一时、风头一时无两的日本帝国也开始走上了末日。在横扫东亚、东南亚和西太平洋之后，面对以美国为首的盟军强大的经济和军事实力以及亚洲各国、尤其是中国军民的猛烈抵抗，日本帝国皇军抵挡不过连年的消耗、且后继无援，终于日薄西山，开始在各个战场走下坡路。

1943年，太平洋风向逆转。早在1942年6月，在太平洋上爆发了激烈的中途岛海战，日本人以惨败告终，损失了4艘航空母舰、1艘重型巡洋舰、300架飞机和最好的海上飞行员，这次海战，是日本海军350年来的第一次决定性败仗，打破了日本海军不可战胜的美梦。从此日本人丧失了太平洋战争初期所占据的制海权，日军从此由胜转败、由全面的进攻转为守势，而美军则由防御转入进攻，掌握了太平洋的主动权。1943年，作为西南太平洋盟军总司令的麦克阿瑟娴熟地指挥了一次又一次的两栖登陆，在众多的岛屿和群岛之间疾步如飞。日本人"按下葫芦起来瓢"，被麦克阿瑟的"蛙跳"战术搞懵了。到1944年上半年，盟军在各个战场上都取得了巨大的胜利，在太平洋战场，尼米兹将军夺取了马里亚纳，蒙巴顿将军进军印度支那，7月，麦克阿瑟夺取了新几内亚，日本在东南亚已经面临三面被围的困境，全面击败日军指日可待。此时，菲律宾也在向麦克阿瑟招手了。

那么，在太平洋战场上，美军的下一个进攻目标应该确定在什么地方呢？这在盟军司令部引发了激烈的争论。

6月26日，珍珠港。

6月的珍珠港风光旖旎，景色宜人，虽然处于战时，各地都保持着高度的戒备，但是在明媚的夏威夷海滩上，还是有不少人乘着大好的阳光在海边嬉戏、游水。

但是在珍珠港的作战室中，气氛却没这么轻松，与会的人除了罗斯福总统保持着他招牌式的微笑外，其他人都绷着脸，一脸严肃地端坐在会议桌旁。

罗斯福总统是在6月26日下午和随行人员乘坐"巴尔的摩号"重型巡洋舰抵达珍珠港的。麦克阿瑟风尘仆仆地从布里斯班赶来迎接，由于那边天气还很寒冷，所以麦克阿瑟穿着厚厚的冬季军装。

晚饭后，在这个作战室中，罗斯福、麦克阿瑟和尼米兹就太平洋战场一下阶段的行动计划展开了讨论。

室内的墙上挂满了作战地图，罗斯福用一根木棍指着地图上的棉兰老岛说："将军们，我们从这儿向哪里进攻？"

金海军上将腾地一下站起身来，大声说："总统先生，我们海军认为，应该绕过日军防范森严的菲律宾，直取台湾。"

听到这番话，麦克阿瑟立刻露出一副很不屑的表情，而另一位重量级人物尼米兹却露出赞同的神情。

金上将接着说："海军认为，此举将为封锁荷属东印度与日本之间的海上交通线提供一个同吕宋岛一样有利的基地，并获得更便于进攻日本本土的前进基地。与在菲律宾进行旷日持久的争夺战相比，这样既可迅速打败日本，也可早日解放菲律宾。"

尼米兹点了点头，站起身来，走到作战地图前，边用木棍指划着、边谈了谈自己事先准备好的方案。

"我同意金上将的意见，目前，我军应当进占台湾，并以此为基地作为发动对日军最后一役的主要基地。"他停了停，看看麦克阿瑟，继续说：

"在发动进攻前，我们可以先摧毁菲律宾群岛的日军空军基地，但没有必要进攻整个菲律宾群岛。"

罗斯福总统不由自主地点了点头，这的确可以加速战争的进程，尽早结束对日作战。但是，此时正值罗斯福总统刚被提名准备参加连任竞选之际，他不愿因麦克阿瑟这位备受反对党推崇的军事天才而发生什么麻烦，为此，他甚至抱病来到了夏威夷，听取麦克阿瑟的意见。

他把目光转向麦克阿瑟，麦克阿瑟迎着他的目光，急不可耐地一下站了起来，大声地说："莱特，总统，先是莱特、然后是吕宋。"

他进一步阐述说："绕过菲律宾群岛中的大多数岛屿，在军事上和政治上都将招致灾难性的后果，总统先生，为此美国舆论会谴责您。而占领莱特乃至整个菲律宾群岛，我们将会获得一个更大的进攻基地。"

面对麦克阿瑟的激烈反对，会场一时鸦雀无声，众人又把目光集中在了主心骨尼米兹将军的身上。尼米兹将军手托着下巴低头思索了片刻，然后，抬起头，环顾了一下四周，清了清嗓子，朗声说："这一计划似乎过于复杂、而且作战时间容易拖得过长。"

他顿了顿，看了麦克阿瑟一眼，接着说："我建议可以采取这种方案，即西南太平洋部队在太平洋舰队的支援下，在棉兰老岛登陆或修建机场，使日军在吕宋岛上的航空兵部队陷于孤立，然后同中太平洋部队会合，一起向日本占领的中国台湾和厦门一带挺进……"

"不行，"麦克阿瑟不等尼米兹说完，立刻毫不客气地就打断了他的话，"这一方案实际上还是想扔下菲律宾不管，我坚决反对。我认为，绕过菲律宾而直接攻取台湾，从军事上讲是完全错误的，我认为这一战役是不会成功的。"

他一口气接着说："……占领吕宋岛是建立进攻台湾的空军基地的必由之路。此外，菲律宾诸岛是美国的管辖区。美国在道义上有义务解放她的1,700万亲西方人民和巴丹半岛上成千上万的战俘。"他越说越光火，重重地拍着桌子就站了起来。

麦克阿瑟之所以这么激动，是有原因的。当年麦克阿瑟离开巴丹岛、前往澳大利亚之后，在日军猛烈的进攻下，巴丹很快就失陷了，投降的7万余美菲军人被日军像牲口一样驱赶着，在丛林中长途跋涉了100余公里，前往圣费尔南多战俘营。一路上，俘虏们衣衫褴褛、饥肠辘辘，在日军的刺刀下行走。遭到毒打、生病和营养不良而奄奄一息的俘虏被弃之路旁，快要死去的俘虏被在枪口威胁下的伙伴活活埋掉。一次，日兵兽性大发，用刺刀活活挑死了300多名俘虏。在整个行军途中，被杀的以及死于饥饿、疟疾的人近1万名，活着到达俘虏营的6万人也被折磨得没有人样，一直被关在铁丝网围成的集中营里，直到大战结束。

这就是震惊世界的"巴丹死亡行军"，在人类战争史上，日本人书写了最为惨绝人寰的一页。

这也成为麦克阿瑟永远的心痛，他甚至把的专机和指挥部所在的地点都改名为"巴丹"，他发誓要打回巴丹，报仇雪恨。

此时，会场上一片寂然。罗斯福看到辩论勾起了麦克阿瑟的伤心往事，挥了挥手，中止了会谈。

第二天上午，会议继续进行，相比昨天，会场的气氛好得多，罗斯福悠闲地靠在他的轮椅上，兴致勃勃地听着尼米兹和麦克阿瑟争论，时不时还插上几句，巧妙地把他们俩的分歧尽量缩小。

这位下一届总统候选人此时也意识到，对于是否绕过菲律宾，这不仅仅是个军事战略问题，而且也的确是个政治问题。他对麦克阿瑟的警告不能不引起重视，这涉及到他能否连任总统的问题。如果他决定绕过菲律宾，就会背上抛弃老朋友的名声，那么在日益临近的大选中很可能使他遭受政治上的损害。另外，对于一个受到普遍尊敬的英雄，一个出尽风头的人物，他也不能不认真加以对待，以免这位惹不起的天不怕地不怕的将军真给他带来什么麻烦。

麦克阿瑟再次指出收复吕宋对取得战争胜利的必要性：马尼拉湾以及吕宋北部一旦到手，事情就好办了，就可以加强海空军对南方至日本资源交通线的封锁。他还告诫说，美军在台湾登陆不可能得到当地居民的协助，因为日本统治台湾已有半个世纪。菲律宾的情况则不同，美军可以从仇恨日本占领军的菲律宾人那里得到一切可能的帮助，况且在某些地区，强大的菲律宾游击队在驱逐日本人的战斗中已经取得了重大进展。

"但是，道格拉斯，"总统插话道，"要攻取吕宋需要付出较大的牺牲，我们恐怕承受不了。"麦克阿瑟回答说："总统先生，我的损失不会比过去大。正面攻击的时代已经过去。现代步兵武器太猛烈了，正面进攻已不合时宜，只有平庸的指挥官才会那么干，优秀的将领打仗是不会招致重大损失的。"于是，他把他的未来作战设想描述了一番，说他一旦控制了菲律宾，就回过头来收复荷属东印度，利用澳大利亚第1集团军进行地面作战。

　　最后，罗斯福总统倾向于麦克阿瑟的方案，尼米兹本来也是个乐意听取别人意见的人，便顺水推舟接受了麦克阿瑟的建议，即在攻打台湾之前，先解放全菲律宾。

　　其后一个月，尽管金海军上将和马歇尔极力反对，但是在麦克阿瑟的一再坚持下，美国参谋联席会议最终也勉强同意了进攻莱特岛的计划。于是，一个集"国家声威"和"个人荣誉"为一体的战略选择，就这样巧妙地融于攻占莱特岛的登陆作战计划之中。

　　至此，菲律宾战争已成定局，莱特湾海战也即将展开。

　　1944年10月19日，星期三。轻巡洋舰"纳希维尔"号行进在一支空前庞大的远征舰队

↓1944年，罗斯福总统与麦克阿瑟、尼米兹在一起。

里。这支舰队从荷兰汇集而来，仅海军人员就有5万人之多。千舟跨海、蔚为壮观。

麦克阿瑟站在"纳希维尔"号的舰桥上，眺望着菲律宾的方向，沉默不语。

31个月前，他被日本人从菲律宾赶了出来，历经九死一生、忍辱负重才得以脱险。这些年来，他一直盼望着今天，盼望着一雪胸中积怨，实现自己的诺言。随着"纳希维尔"号劈开层层浪花不断前进，麦克阿瑟觉得自己也在一步步地接近他毕生追求的目标。

No.4 飞翔在台湾的天空

虽然美国参谋联席会议最终同意先解放菲律宾，但也并不准备就便宜了驻扎在台湾的日本空军。

考虑到台湾是日军"不沉的航空母舰"，而且台湾距离莱特湾不远，日军的陆基航空兵肯定会对登陆的美军带来巨大的影响，为了防止在攻打菲律宾期间日军从台湾派出战机阻拦，美军决定先行轰炸台湾等地的日本航空基地。

1944年8月，尼米兹任命绰号为"公牛"的哈尔西将军担任第三舰队指挥官，具体负责登陆部队的海空掩护。

哈尔西是一位传奇性的勇士，年龄只比麦克阿瑟小两岁。他出身于祖辈吃风饮浪的航海世家。他的父亲威廉·哈尔西上校是美国海军中最优秀的舰长之一。老哈尔西在大西洋、地中海和加勒比海有一连串光荣的服役记录，并乘"堪萨斯"号巡洋舰完成了"大白舰队"的环球航行（20世纪初美国海军主力舰队进行的一次环球航行，因舰身漆成白色而得名）。

而哈尔西也不负家教，成为美国海军中名气最大的军人。他干过鱼雷艇、驱逐舰和巡洋舰，从海军准尉一直升到海军中将，而且上将的星章离他只有一步之遥。他的蛮勇、无所畏惧、富于攻击精神使他深孚众望，水兵们亲切地叫他"公牛哈尔西"。

珍珠港事件后，哈尔西看到被日本飞机炸毁的美国军舰，他发誓：打完这场大战之后，"只有在地狱中才能听到日本话。"由于他接替戈姆利指挥西南太平洋战区，瓜达尔卡纳尔的防战队士兵闻讯以后，竟跪在战壕边上高兴得哭起来："换上哈尔西，我们就有救了！"作为对日军进攻的回答，哈尔西下令在槽海西侧的一个海岛上，竖起一串每个字母都有4米见方的标语牌。上书：

杀死日本佬！杀死日本佬！更多地杀死日本佬！

接到任命，哈尔西丝毫不敢懈怠，开始为即将到来的大战积极做好准备。9月，在战役发起之前，哈尔西命令快速航空母舰编队指挥官米切尔"务必要瘫痪台湾岛上的机场，大量摧毁日军作战飞机。"

台湾是日本本土列岛通往菲律宾的中间站，面积3.6万平方公里。山高林密、溪流多而

← 美军将领哈尔西，素有
"公牛"的绰号。

湍急。西方人长期以来一直管它叫做"福摩萨"，这个葡萄牙称呼浸透了对中国人民的蔑
视。台湾自古以来就是中国领土，1661年，明将郑成功进行了一次大规模的两栖登陆，最后
赶走了荷兰殖民者。1894年日清战争以后，日本鲸吞了台湾，一方面血腥镇压了台湾人民的
反抗，一方面投资开发，加紧消化它。到1944年，日本在台湾已经修了70多个飞机场。当年
轰炸吕宋岛克拉克空军基地的飞机就是从台湾起飞的。

10月12日，天刚蒙蒙亮，米切尔将军率领他的第38特混舰队来到了台湾岛以东90海里的
海面上。他命令航空母舰一字排开，其他舰只散开在四周进行保护。一切就绪后，他向航空
母舰上的飞机下达了起飞命令。随着一发红色信号弹射上天空，航空母舰的飞行甲板上响起
了隆隆的飞机马达声。不一会儿，400余架舰载机腾空而起，向台湾岛方向飞去。

台湾岛日军指挥官福留繁海军中将发现美机后，采取了拼命的作战方式。他命令第6航
空大队起飞迎击，530多架战斗机全部被派往空中，同时，他命令全岛高射炮部队进入一级
戒备状态，并命令仅有的80架"1"式陆上攻击机全部挂上鱼雷和炸弹，从另一个方向迂回
袭击美舰队。

福留繁后来回忆说："一场可怕的空战在我的头顶上展开了。我们的舰载机大批向入
侵的美机扑去。我们的飞机看来干得很漂亮。我想，我不能要求它们打得更出色了。片刻功
夫，我看到飞机一架接一架地起火坠落。'打得好！打得好！一次大胜利！'我拍手称快。
可是接近一看，让我大失所望。天那！那些被击落的飞机全是我们的战斗机，而在我们头顶
上耀武扬威的全是美军的飞机！那些涂着美军标志的飞机，每一架机头、机翼处都喷出4～6

→ 舰载飞机停满了美军航母的甲板。

道又粗又长的火舌，日机碰上这些火舌就起火、冒烟。而我们的'零'式战斗机射出的弹道明显细小，那些子弹只配打打飞鸟，哪里能对付这些装备有厚厚防护装甲的美国战斗机呢？简直就是以卵击石。在这一边倒的片刻作战中，战斗很快结束了，我们彻底失败了。"

日本的飞行员技术更差，大部分陆军飞行员从未受过攻舰训练，无论是水平投弹还是俯冲投弹精度都不高。何况他们训练课目的内容是如何对付敌人的地面部队，而不是拥有大量防空炮火、无线电近炸引信、战斗机防护的机动舰艇，这些舰艇从三千米的空中看去，大的不及火柴盒，小的简直像一粒豌豆。

福留繁的530多架飞机在第一次迎击中就失去了1/3，其余的在第二次空战中基本上都被击毁。当美国空军第三次袭击台湾各机场的时候，福留繁已经再也派不出战斗机迎战了。尽管日机大部分都已经被击落，但福留繁仍不死心，此时，他把所有的希望都寄托在那80架迂回攻击的攻击机上。但是，结果一样让他大失所望，他接到报告说："我机群还未到达美舰队上空，便遭到美军战斗机拦截，损失惨重，目前已损失过半……"

这些轰炸机为了躲避雷达，都是贴着海面接近美国舰艇的，但是在美军的强烈炮火防御下，只有3架冲破了美军拦截机的阻拦，向航空母舰"富兰克林"号投下了炸弹。其中一颗炸中了甲板边缘的升降口，左舷起火，但很快就被扑灭。另一艘重巡洋舰却被鱼雷给炸穿了一个大洞，情况比较严重。

那些侥幸生还的日本飞行员，把日军自己的飞机坠毁当成敌舰中弹起火，纷纷报功。福留繁也顿感得意洋洋，赶忙向东京报告说取得了惊人的胜利。15日晚，日本大本营发布的战果声称："击沉敌航空母舰11艘、战列舰两艘、其他舰只4艘，击伤敌航空母舰8艘、战列舰两艘、其他舰18艘。"又称，12日后，"我方的损失：飞机未返航312架"。从广播中听到这一"辉煌战果"的日本臣民欣喜若狂，上街提灯游行以示庆祝，迷信政府的日本市民又在日比谷公园举行了庆祝大会，甚至天皇似也信以为真，传谕全国放假一天。实际上，美军军舰无一沉没，只有两艘巡洋舰被击破，1艘航空母舰受轻伤。

此时，麦克阿瑟的运输舰已经从新几内亚港起航了。

哈尔西通过东京广播电台得知日本朝野正沉浸在虚假的胜利之中，便决定将计就计，利用他们这种盲目的喜悦，设置一个圈套。他命令快速航空母舰部队的大部分舰只从台湾海域撤走，仅留下1个特混大队和两艘受伤的巡洋舰，这两艘受伤的巡洋舰还由其他军舰拖着，显得格外费劲地在海上行驶，来充当诱饵，以便引出日本舰队，伺机加以歼灭。

而日军为了夸大战果，打算集中其全部海、空军兵力，再次组织反击。遵照联合舰队司令官的命令，日军出动了其舰队的大部，其航空部队也从台湾、冲绳、马尼拉等航空基地起飞，前去攻击，可是找不到美航空母舰的主力，仅对其诱饵部队进行了攻击。当日军侦察机在菲律宾以东海面发现美军的其他几个航母大队，并报告说没有一艘明显受伤的航空母舰时，联合舰队司令官对前述的成果产生怀疑，指示航空母舰部队暂不出击。

哈尔西见日本舰队没有上钩，大失所望，只好先行率队向南驶去，准备去执行支援莱特岛登陆作战的任务。留下米切尔继续攻击台湾等地的日军航空基地。

在此后的三天里，米切尔又先后三次以大批轰炸机对失去防空能力的台湾岛进行轰炸，美军的轰炸机肆无忌惮地表演各种"特技"，在日军的头上投下一颗颗炸弹。另外，从中国境内基地起飞的109架陆军航空兵巨型B—29型轰炸机也轰炸了高雄地区，至此，日军在预定地区的航空设施已经全部被摧毁。

美军以损失80架飞机的微小代价，击毁了日军各型飞机近1,200多架，取得了辉煌的战果。台湾岛已经不可能对美军的莱特湾作战构成任何威胁。在整个作战地区，美军已经夺取了制海和制空权，为麦克阿瑟的登陆作战扫清了障碍。

10月14日，米切尔将军心满意足地鸣金收兵，下令返航，和哈尔西将军一道，挥师向菲律宾杀去。

↑美军舰载机群飞速转动着螺旋桨，即将起飞出战。

第2章
CHAPTER TWO

鱼死网破之战

★见诸人不语，小矶用力地一拍桌子，沉声道："根据目前的形势，为了更好地将敌人消灭于国门之外，我军应收缩防线，全力加强从菲律宾、台湾，经琉球群岛，到日本本土以及千岛群岛一线的防御。"

★身经百战的山下奉文立刻开始着手防御，他调整了吕宋岛上日军的部署，把仅有的兵力全部调出，决定集中力量在吕宋岛上与美军打一场持久的防御战。在中央平原以北、克拉克以西和马尼拉以东的地区，部署了三道牢固的防线，准备依靠山地的复杂地形进行抵抗。

No.1 "武士"的末路

　　菲律宾群岛位于西太平洋，有大小岛屿7,000多个，控制着太平洋上的交通线，人称"开启太平洋门户的钥匙"。莱特岛的面积在菲律宾群岛中排第八位。它像一个楔子一样，插在吕宋和米沙焉群岛为主的被菲律宾和以棉兰老岛为重心的南菲律宾之间，地理位置非常重要。美军一旦占领它，不仅可以将菲律宾群岛一分为二，而且还可以将日本本土到新加坡之间的漫长战线拦腰斩断。麦克阿瑟预计，在袭占莱特岛之后，日军将会从南北两面进行增援。莱特将成为"铁砧"：它将吸引日军蜂拥而来，并把它们歼灭在莱特。在莱特岛上消灭的日军越多，攻占吕宋和其他海岛就会越轻松。

　　在哈尔西率队轰炸日军占领的加罗林群岛、菲律宾和台湾过程中，他发现日军占领的菲律宾中部防务空虚，就立刻向美军参谋联席会议报告，建议取消在雅浦、莫罗太和棉兰老岛的前期作战行动，立刻从中部莱特岛地域发动进攻，从而加快进攻步伐。此建议引起了罗斯福的极大兴趣，麦克阿瑟表示赞同，美军参谋联席会议也很快批准了他的建议，并将下一个主攻目标锁定在菲律宾中部的莱特岛。就这样，攻击莱特岛的日期提前了两个月，定在10月20日。

　　10月17日凌晨，美军一支由巡洋舰和驱逐运输舰组成的先遣突击队，以3艘扫雷艇为前导，穿过波涛汹涌的海面先行进入莱特港。巡洋舰向湾口小岛苏兰开炮轰击。接着，美第6步兵营冒雨在岛上登陆，并很快控制了灯塔，消灭了岛上的30多名日军守军。

　　10月18日黎明，天气转晴，美军步兵营又毫不费力地登上了苏兰岛对岸的另一座小岛荷蒙汉。美军在岛上竖起标志灯，给后续大部队导航。

　　与此同时，突击营的另一部也顺利地在迪纳加特岛登陆，没有遇到任何抵抗。它们在岛的顶端"荒凉角"竖起了第二标志灯。舰队将在这两个岛之间进入莱特湾。

　　到当天中午，美军已经牢牢控制住了莱特湾的入口处。

　　此后不久，扫雷部队就在战列舰、巡洋舰等的炮火掩护下进入莱特湾内扫清航道，航空母舰的飞机也开始轰炸附近的航空基地。20日早晨，南北两支登陆运送队都已经进入莱特湾。自18日以来持续两天的火力准备，已经使岸滩和抗登陆阵地受到严重摧毁。北部运送队指挥官巴比遂组织北部登陆输送队在塔克洛班（莱特岛首府）附近实施登陆突击，南部登陆输送队指挥官奥尔金森组织南部登陆输送队在杜拉格（塔克洛班以南约30公里）附近实施登陆突击。至当日黄昏，已有登陆部队约6万人、装备和补给品10万余吨被送上岸滩。

　　此时，日薄西山、境况日下的日本帝国也已经意识到了形势的危急。

　　早在1942年，美日在中途岛爆发了自日德兰大海战之后最大的一次海上较量。本来从兵力上看，日军处于明显的优势，可是交战的结果却是日军遭到惨败，损失了航空母舰4艘和重巡洋舰1艘，而美军却只付出了1艘航空母舰和1艘驱逐舰的微小代价，这次海战，是日本海军350多年以来的第一次决定性的败仗，从此日本丧失了太平洋战争初期所占据的制海权，日军从此由胜转败，由全面进攻转向守势，而美军则由防御转向进攻，掌握了太平洋上的主动权。

此后，在1943年和1944年，美日又先后爆发了争夺瓜岛和马里亚纳群岛等地的战争，在这些战役中，美军都赢得了胜利，赢得了打败日军军国主义决定性的胜利。日军不但精锐的联合舰队受到了致命的打击，还丧失了瓜岛和马里亚纳群岛等战略重地。而此时世界反法西斯阵线的大反攻发展迅猛。在西欧，美、英盟军已于6月6日在诺曼底登陆，成功地开辟了第二战场。在苏德战场，苏军顺利地进行了一系列大规模的进攻战役，消灭了大量德军，收复了绝大部分失地。与日本结成"轴心"的德军正处于被东、西两线夹击之中，败局已定。在亚洲，入侵中国的强大日本陆军早就身陷困境，美国的重型轰炸机于6月16日已从中国成都机场开始轰炸日本九州的幡仓等地，使日本人普遍感到战火业已波及其本土。在这种情势下丢掉了瓜岛和马里亚纳群岛诸地，日本在太平洋上的"绝对国防圈"也由于丧失了核心地域而陷于崩溃状态，日本朝野上下惊恐不安。不仅一般臣民对东条英机内阁的不信任日益高涨，甚至许多阁僚也对东条的反感与日俱增。

在马里亚纳海战之后，日本遭受的惨败让东条英机迅速被赶下了台。皇室、军令部和大本营的头头脑脑商议了几天几夜，也没有找到一个可以接替东条的合适人选，本来想再次搬动属于温和派的前首相近卫，但是却被他婉言谢绝了，大概他心里明白，谁也不能收拾好这个支离破碎的烂摊子。

这就给了年已64岁的小矶国昭一个"千载难逢"的"良机"，东京最高当局电令他回国接印。小矶大喜过望，踌躇满志地立即飞回东京，走马上任去了。和丧心病狂的东条英机一样，小矶国昭也是个彻头彻尾的军国主义狂人疯子，也来自陆军，此前他一直任驻朝鲜占领军总督，人称"高丽之虎"，手上沾满了中国和朝鲜人民的鲜血。和东条英机一样，他生性嗜杀好战，骄傲跋扈，坚信大和民族优越于一切其他民族，他也醉心权术，嗜权若渴，梦想有一天能独揽大权，征服世界。

就这样，东京高层拉下了一个好战的陆军之虎东条英机，却又迫不及待地扶上去另一个更加好战的战争疯子，本已日薄西山的日本帝国，又向深渊中更加迈进了一步。

1944年7月19日凌晨，东京，寒气逼人。

月光透过碎云，抹在皇宫亮丽的琉璃瓦上，折射出耀眼的光芒。突

一、正在检阅军队的日本裕仁天皇。

然，一阵寒风袭来，吹得一排排参天古树飒飒作响。风声树声慢慢都止息了，此时天已蒙蒙亮，但万籁俱寂，依然静如墓地。

在一座和式宫室里，一个四十多岁的男子躺在床榻上。他睡得不安稳，辗转反侧，几乎惊动了身边躺着的皇后良子。

他个子不高，皮肤微黑，身体显得瘦弱，但绝不是营养不良所致，他的营养即便在实行配给制的战时日本也是第一流的。他就是日本昭和天皇裕仁。虽然一系列战争行动都在他的默许下发动，都由他直接或间接认可，但他又是一个普通人。他的爱好是并不是无尽的血腥，而是海洋生物学，甚至热心于收集蝴蝶标本。然而，缠绕在他周围的是野蛮嗜血的日本军阀。裕仁敏感的心灵，已经听到了灾难的声音，但他完全无能为力。

他叹了一口气，下了床，草草穿上衣服，走过厅室，来到御花园中。他踏着小径，走到花坛。花坛中还开着菊花。他走到一个平平的石台上，面向明治神宫的方向，跪下去，默默地祈祷。

离石台很近的地方，有一堆新土，土丘下有个坚实的防空洞。自从胆大包天的美国佬杜立特中校驾机从"大黄蜂"号航空母舰起飞空袭东京以后，人们就给他挖了这个洞。

因为那次空袭惊扰了天皇的御安，山本大将前来请罪，并发动了中途岛之战，4艘帝国最精良的航空母舰消失了。接着是所罗门群岛之战，是瓜岛之战，是俾斯麦海战，是塔拉瓦什么的。这一切都是为了他、都是所谓的为了捍卫他的尊严而战，"我真地这么需要这种尊严吗？需要的人是我、还是他们？"他心里默默地问着。

他当然无法说出口，否则，那群所谓的赤子忠臣们就该痛哭流涕、甚至剖腹自尽了。

军人们向前推进的时候总用他当招牌，正如他的宣战诏书所示："朕兹向美英两国宣战，陆海军官兵务须全力投入战斗，各级官员恪尽职守……以达到征战之目的……必能恢弘宗祖之遗业……以保持帝国之荣誉，朕实有厚望焉。"军阀们口口声声"八棱为宇"，借皇威以征服天下。

他祈祷完毕，又转向伊势神宫方向祈祷。他祈求祖宗保佑他，日本，在他看来，已经发疯了。他害怕，他胆战心惊。他担心这个"王道乐土"、这个"共荣圈"会在他手中灰飞烟灭，化作宫外那一树树凋败的樱花。

他祈祷着，为他的武士祈祷，为他的帝国祈祷。此时此刻，他们正在蓝色的海洋、绿色的平原、褐色的群山中作战，从雪原到雨林，从沙漠到城镇……

他凝神屏息，忘记了寒冷，忘记了风。

他转过身，在他的身后，匍匐着一位臣子，新上任的内阁总理大臣小矶。

"天冷了，陛下，请回宫吧。"

"爱卿何事？"他有些恼怒地问。这与其说是因为臣子的无礼，不经传唤就擅自进入内府，还不如说是因为他知道这位新强加给他的总理大臣肯定又有什么不好的消息要禀报。

"陛下，恳请召集最高战争指导会议，商讨皇军下一步如何发动反攻、永远摧毁陛下之敌人。"小矶不愠不火地禀报道。

"唉！"裕仁忍不住叹了口气，抬头看看了天。天已完全亮了起来，痛苦的一天又要开始了。

他有气无力地挥了挥手，说："就有劳爱卿召集，去吧。"

No.2 劣势之下的反击

半个小时后，裕仁天皇以此刻应有的庄重态度，身着大礼服，面无表情地端坐在上席。

在他的面前，端坐着帝国的"重臣"，包括内阁总理大臣小矶、陆军参谋总长、海军军令部总长及川古志郎海军大将等人，他们的一言一行都会直接影响到千里之外日本军人的生或死。他们构成了所谓的"最高战争指导会议"。根据小矶国昭的倡议，天皇同意废除了自侵华战争以来所采取的"大本营和政府联席会议"制度，改以"最高战争指导会议"来磋商和决定有关战争的根本方针。

其实，在座的重臣们几乎都清楚，日本的军力以至整个国力日趋衰微，目前连自保已是难说，更何况要争夺太平洋霸权和世界霸权。虽然如此，这些血液中浸满了武士道精神和大和民族优越感的"帝国骄雄"们谁也不愿、也不敢承认这个现实，都在嘴上逞英雄，裕仁也目无表情地看着这出讽刺剧的上演。

米内光政海相一直低着头不言不语，作为海军的首领，他也一直秉承海军开放又内敛的特色，没有陆军那么狭隘、那么无知地狂妄。更重要的是，他非常清楚现在海军的实力，在马里亚纳海战之后，日本的航空母舰、战列舰、巡洋舰、驱逐舰和潜艇加在一起，也只剩下了165艘。

"只有165艘了！"他不由得在心里叹了口气，当时，经过日本多年的苦心经营，到1941年，日本军舰在质和量上都已经可以与美国在太平洋上相抗衡，而且日本舰艇在武器与重量上甚至还略胜美国舰船一筹。想起当时那千舰争流、气势如虹的壮观，现在的日本海军真是江河日下啊，

这些舰只加起来还不到88万吨，而美国的同种军舰却有791艘之多，超过了352万吨。日本的舰队在数量上也仅相当于美国舰只的1/4。更重要的差距，还不单在艘数和吨位上，而是反映在质量上面。日本海军根本无力再建，已经溃不成军的航空母舰部队，已经不能以梦寐以求的舰队决战形式粉碎美国舰队的进攻，而美军仅已进入西太平洋作战的各种航空母舰就有30多艘，其特混舰队已经有可能进军至日本近海发动袭击了。

"我军目前形势一片良好，"陆军参谋总长大喊道，"在中国，蒋介石政府的战力已经耗尽，完全取守势，我支那派遣军马上准备发动一次大攻势，一劳永逸地解决支那问题。"

"是啊，我国空军在中国的作战表现也非常好啊。"立刻，就有人点头表示赞同。

"嗯，"陆军参谋总长挥动手，眼中冒出一股有如蛇一样的逼人寒光，大声地说，"我们的空军，无论是飞行员或者是飞机，都自夸是世界第一流的。在诺门坎、甘珠尔、达木斯克我们同俄国空军打仗，在马来亚我们同英国空军打仗，在太平洋上同美国空军角逐。我们都是胜利者。我们战无不胜，是因为我们飞行员的素质最高。除了掌握优秀机械的要素外，以军人魂的勇敢作战是最重要的。"

"是啊，"小矶满意地点头，接着陆军总长的话说，"我日本皇军具有独特的积极进攻精神。它的基础是不屈的大和魂。加上拼命训练，天皇神威。"

↑天皇裕仁是日军心目中的"精神支柱"。

所有的人都似出自本能一般地刷地一下站了起来，齐声高喊："天皇万岁！天皇万岁！……"

裕仁始终面无表情，神情冷漠地摆了摆手，喊声渐渐平息了下来。

口号是喊了，可下一步该如何应付严峻的形势，却没有一个人能找出逆转乾坤的计划来，会场顿时陷入一片死寂。

小矶冲米内光政点了点头，说："光政君，请你介绍一下目前海军的形势吧！"

米内为难地看了看小矶，颇有些无奈地汇报了海军现有的航空母舰、重巡洋舰等情况。

等他说完，海军军令部总长及川立刻接着说："当前，美国潜艇的破交作战空前猖獗，给我国运输舰只造成了很大的破坏，而我国造船能力却急剧下降。自开战至今，被击沉的舰只已达450万吨，在此期间新造的船舰仅为209万吨，损失大大超过了补充。"

小矶赞同地点了点头，说："目前，我国外运资源也颇不足，我陆海军因作战需要不断征用民用船只，致使从海外运回的原料骤减，国内工业生产、特别是飞机、舰艇等武器装备的生产大幅度下降……"

众人一片默然，这样下去，不要很久前线军队即将得不到武器弹药的供应，战争就无法继续下去。

小矶用征询的目光环顾了一下四周，问道："诸君有何高见？"

见诸人不语，他用力地一拍桌子，沉声道："根据目前的形势，为了更好地将敌人消灭于国门之外，我军应收缩防线，全力加强从菲律宾、台湾，经琉球群岛，到日本本土以及千岛群岛一线的防御。"

大家纷纷点头表示赞同。

米内严肃地说："我军还有可畏之实力，有'大和'级、'长门'级和'金刚'级战列舰多艘，精于炮术的日本水兵，菲律宾周围70余个机场上的上千架飞机，且菲律宾离美国后勤中心珍珠港有9,000公里，只要能打掉一半的舰艇，美军就休想在菲律宾、台湾等地登陆。"

海军军令部部长及川有些兴奋地说："据报，哈尔西的快速航母舰部队已经在台湾空战中被打成残废，那么，真正出现在菲律宾沿海的舰队航空母舰就不会超过10艘，用如此众多的海空力量去对付它们，该不是太困难的事吧。就算是困难也必须破釜沉舟。因为菲律宾一丢，联合舰队将被切断，泊在林加岛的南部支队也将失去补给和炮弹，泊在濑户内海的北支队更会失去南洋的石油，结果还是无法作战。成功失败，只有这么干他一下子啦。"

陆军参谋总长也忍不住伸出双手，手掌向下一压，吼叫着："诸君，干掉敌人！只要以自己火热的进攻精神从正面冲入敌阵。归根到底就是这个样子呀！"

1944年7月21日，日本大本营遵照此次会议所制订的方针，确定了"做好准备，不管敌军的进攻来自任何方向，均能随时集结陆海空的军事力量，进行迎击，并将其击溃"的作战方针。据此，而拟制了"捷号"作战计划，根据盟军可能进攻的方向，制订了4个作战预案，即"若菲律宾方向遭到进攻，则实施捷1号作战；若九州南部、琉球群岛和台湾方向遭到进攻，则实施捷2号作战；若本州、四国、九州其他地区和小笠原群岛方向遭到进攻，则实施捷3号作战；若北海道方向遭到进攻，则实施捷4号作战。"并规定捷1号、捷2号作战计划于8月底完成，另两个作战计划于10月底以前完成。

这样，日军统帅部的"捷1号"作战方略就和麦克阿瑟的作战设想不谋而合。

形势已经很明显，许多日本人都看得出来，盟军的下一个主要攻势可能指向菲律宾。菲律宾一旦落入盟军手中，日本就无法从海上把南洋的战略物资、特别是荷属东印度的石油运回国内，势必陷入绝境。因此，在"捷号"作战的4个预案中，菲律宾的防御被视为重点。

根据形势，日本海军将残存的作战舰艇编成了3支部队来参加捷1号作战。第1游击部队，由栗田健男海军中将指挥，停泊在新加坡附近的林加锚地，拥有战列舰7艘、重巡洋舰11艘、轻型巡洋舰两艘、驱逐舰19艘。该部队担任此次海上作战的主角。第2游击部队，由志摩清英海军中将指挥，在日本内海待机，拥有重巡洋舰两艘、轻型巡洋舰1艘、驱逐舰4艘。机动部队本队，由小泽治三郎海军中将指挥，也在日本内海待机，拥有航空母舰4艘、战列舰两艘、巡洋舰3艘、驱逐舰10艘。

根据以往岛屿守备的经验教训，日本在战术战法上也有了一些新的设想。即改变以往歼敌于水际滩头的指导思想，采取纵深梯次的配置，沿岸以火力给敌人以巨大杀伤，纵深构筑据点阵地，遏制对方的进攻，然后集中海、空军消灭美军海上舰艇，最后由岛上的陆军将已经登陆的美军歼灭。

No.3 "誓死效忠天皇"

日、美双方之所以都把菲律宾作为重要军事基地，主要是这里的地理位置十分重要。菲律宾群岛由7,000多个岛屿组成，离亚洲大陆约500海里，在台湾以南230海里。它从棉兰老岛起向北延伸，通过最大最重要的岛屿吕宋，共长1850公里，其中棉兰老岛和吕宋岛占陆地总面积为23%以上。特别重要的是，菲律宾是防卫日本本土的最重要的屏障。

日本发动珍珠港偷袭的同时，也向菲律宾袭击，在此之前菲律宾一直是美军在亚洲的重要军事基地之一。日本法西斯要建立所谓的"大东亚共荣圈"，菲律宾就是其重要的战略目标之一。

而日本人也早已经知道麦克阿瑟已经把他的"枪口"对准了菲律宾，但不能确切地知道他究竟会先从哪里开刀。而他们首先想到的就是莱特岛，因为莱特岛是菲律宾群岛的心脏，它的海湾宽广，是招引海上进攻的好地方。

日军指挥机关认为莱特一失，菲岛防务就会动摇；而菲岛一失，从南洋输往日本的石油、橡胶、锡和大米等将被切断，日本的战争手段也将丧失掉。

为了加强菲律宾的防务，大本营决定把新加坡的征服者、人称"马来之虎"的山下奉文大将调来全面指挥防务。

　　山下奉文在马来战役中立下赫赫战功，本以为会得到军部的重赏。然而，在他的死对头东条英机的秘密操纵下，山下奉文竟然连进京向天皇奏战况、表忠心的机会都没有捞着。1942年，山下第三次被"流放"到中国东北，任关东军第1方面军司令，重新拿起屠杀中国人民的罪恶的刀。

　　如今，大日本帝国危在旦夕，天皇才突然想到流落在中国东北的这只"猛虎"，于是立即将其召回，并任命他为驻菲律宾的第14方面军司令。

　　"辛苦！帝国的安危重任，皆落于驻菲部队之肩上……"

山下奉文毕恭毕敬地低着头，"聆听"裕仁天皇的指示，他终于有机会晋谒天皇了，可是，此去却非表功，而是要领受死亡任命。

米内光政海相也对山下讲："菲岛是'天王山'（丰臣秀吉击败明智光秀的古战场）。请好好干吧。"

山下奉文低着头，按照侍从官教授的礼节，静静地缓步退出去，耳边似乎还响着天皇那尖细而明显打颤的声音。在门口的时候，他最后一次仰望了一眼远处端坐着的这个消瘦而衰老的天皇，深深地行了一个叩拜礼。山下心里一片凄凉，他知道，他此去恐怕是再也见不到这个人了。

1944年10月6日，山下神情落寞地抵达了设在马尼拉附近麦金利堡的司令部。在即将到来的日美大决战中，日本军阀希望他能再次创造奇迹。

"创造奇迹？拿什么创造奇迹？"山下在抵达司令部前看了看被美军轰炸得七零八落的机场和船厂，心情无比沉重、眉头不展，忍不住辛酸地摇了摇头。

两个冤家对头又要再次交手了，麦克阿瑟显然决心要报3年前的山下奉文将其赶出菲律宾之耻。

当年的那个"拿破仑"气势更甚往昔，可是此时的山下奉文却早已全无当年之傲气，如今手下部队仅有28万人，飞机也只剩下200余架，要靠这点部队来阻挡美军的强大攻势已经是不可能的了。

山下耳边又回响起大本营给他下达的死命令，"山下君，请以死报效天皇，不得临阵脱逃，否则军法论处。"

"以死报效就能解围吗？"山下心里忍不住叹了口气，"唉，也别无退路了，当下只有孤注一掷、破釜沉舟、背水一战了。"

他知道这是一场毫无胜利希望、毫无悬念、完全一边倒的战役，但他又不想让他的下属知道自己的处境。他挺了挺胸，深呼了一口气，调整了一下自己的情绪，然后步伐稳健地走入司令部。

指挥部里的人唰地一下整齐地站起身来，崇敬地望着这位传奇般的英雄人物，在他们的眼中，他就是战无不胜的战神，大家忍不住气势高涨起来。

山下很满意大家这股气势，摆了摆手，让大家坐下，环顾了四周这些充满激情和渴望的脸，沉声说："诸位，日本帝国的命运就寄托在这场关键性的战役上了！在即将到来的战斗中，全体将校都负有责任，要坚持战斗！大家记住，日本陆军必将取得最后的胜利！"

"是，誓死效忠天皇！"众人群情激昂地齐声喊道。

身经百战的山下奉文立刻开始着手防御，他调整了吕宋岛上日军的部署，把仅有的兵力全部调出，决定集中力量在吕宋岛上与美军打一场持久的防御战。在中央平原以北、克拉克以西和马尼拉以东的地区，部署了三道牢固的防线，准备依靠山地的复杂地形进行抵抗。

此时，山下大将并没有料到麦克阿瑟会来得这么快，并把攻击的矛头直指向他的心脏——莱特岛。

第3章
CHAPTER THREE

激战在
锡布延海

★按照预定作战计划，一场进占莱特岛的战斗拉开了序幕。这是当时太平洋战场规模最大的作战行动，也是麦克阿瑟和尼米兹动用所有的部队舰船、以及海外轰炸部队，第一次大的联合作战行动。

★上午10时40分，美军确认了栗田舰队的准确位置，立刻，12架SBD"无畏"式俯冲轰炸机和18架TBD"掠夺者"式鱼雷攻击机在36架格鲁曼6"恶妇"式战斗机的掩护下，向栗田舰队发动了第一波的攻击。

↓美军潜艇航行在暮色的大海上。

No.1 强弩之末

麦克阿瑟担任进攻莱特岛的总指挥。9月21日，他签发了进攻莱特岛的战役计划。根据作战安排，登陆行动将由克鲁格的第6集团军6个师近20万人来实施。金凯德第7舰队的700艘舰艇负责运送和掩护，哈尔西的第38特遣舰队提供空中支援。进攻莱特岛的地面作战分为四个阶段：第一阶段，以小规模的先遣队登陆，先把位于莱特湾的一些小岛拿到手；第二阶段，在杜拉格和塔克洛班之间发动主要攻击，占领机场后，迅速向莱特各地推进，同时攻入圣胡安和帕纳翁海峡；第三阶段，实施陆路和对岸作战，完全占领莱特与萨马岛南；第四阶段，进一步占领萨马岛的其他部分，最终全部控制菲律宾中部。

为了支援、掩护后续主力部队登陆，美军把中太平洋战区的第3舰队和西南太平洋战区的第7舰队全部集中到了菲律宾东部海域，总兵力达12艘航空母舰、18艘护航航空母舰、12艘战列舰、20艘巡洋舰和104艘驱逐舰，舰载飞机1,280多架。美军自恃兵力雄厚，根本没有考虑到参战兵力实施集中统一的指挥，也没有建立统一的指挥部，第3舰队和第7舰队仍分属中太平洋战区（由尼米兹指挥）和西南太平洋战区（由麦克阿瑟统领）统辖。

美海军第7舰队由金凯德中将指挥，除两栖作战编队外，还有两个编队：炮火支援编队——辖有6艘老式战列舰，若干艘巡洋舰和驱逐舰，由奥尔登多夫海军少将指挥，其任务是对登陆兵实施舰炮火力支援，同时阻止日军舰沿苏里高海峡冲入莱特湾；另一个是空潜警戒编队——配置在莱特湾外偏东约70海里处，由斯普拉格海军少将统一指挥的3个护航舰母小队组成，辖有18艘护航舰母，以及若干艘驱逐舰，其基本任务是实施对空、对潜警戒，以及对己方的登陆部队进行控制支援。

第3舰队位于第7舰队的警戒编队以北，由哈尔西将军指挥。由于其部分兵力已转隶第7舰队，因此哈尔西当时只有第38特混舰队，下辖4个特混大队，拥有航空母舰16艘、新式战列舰6艘，以及若干艘巡洋舰和驱逐舰。第3舰队的基本任务是防止日军舰艇穿过圣贝纳迪诺海峡，从北面冲入莱特湾。

9月27日，尼米兹签署了"8-44"作战计划，规定哈尔西的主要任务是"在西南太平洋部队攻占菲律宾群岛中部的作战中，给予掩护和支援"。但在给哈尔西第3舰队的命令中，尼米兹又要求他，一旦出现或可以创造消灭日军舰队主力的机会，消灭敌方舰队就是他们的主要任务。这样的命令很适合外号"公牛"的哈尔西的胃口。

按照预定作战计划，一场进占莱特岛的战斗拉开了序幕。这是当时太平洋战场规模最大的作战行动，也是麦克阿瑟和尼米兹动用所有的部队舰船以及海外轰炸部队，第一次大的联合作战行动。

→ 时任美第6集团军司令的克鲁格。

10月17日，日军大本营收到第16军发来的急电，得知美军一支部队正向莱特岛前进，几个营的别动队发动了一系列登陆行动，占领了莱特湾入海口周围的一些岛屿，美军海军扫雷部队正在莱特湾出海口扫雷。至此，日本人才确切地知道美军进攻的方向。日军大本营发出了"捷1号"作战的预先号令，并令各部队做好出击准备。于是，第1游击部队于18日1时离开林加锚地，驶往文莱待命。在萨川湾补充燃油的第2游击部队，于18日离开奄美大岛驶往马公待命。机动部队的舰载机在台湾海域航空战期间已经消耗大部分，所剩下的部分还在陆上基地进行训练，它的一些警戒舰只也分散于多处。为了做好出击准备，机动部队立即集结警戒部队，并把正在陆上序列的舰载机向母舰上集中。

18日，莱特岛遭受猛烈的炮击和轰炸，莱特湾内出现许多军舰。盟军的企图已经很明显，根据海军军令部总长及川的指示，丰田副武联合舰队司令官于当日17时30分正式下达实施"捷1号"作战的命令。

根据莱特湾的地理情况，联合舰队司令部将作战计划作了具体的调整，其主要思路就是：

一、第1游击部队经由圣贝纳迪诺海峡突入莱特湾，歼灭盟军的登陆编队；

日军其实十分清楚，残存的日本海军根本不是美国两个舰队的对手。因此，他们放弃了与美军舰队决战的指导思想，决定以打击美军登陆输送舰为主，支援莱特岛的抗登陆作战。针对美国强大的攻势，为了通过莱特湾的南北两个海峡口，日军联合舰队精心设计了一个诱人的"诱饵"，即用小泽舰队率领联合舰队剩下的所有航母为诱饵，将美海军主力——美军第3舰队诱至北方，然后栗田舰队乘机冲入莱特湾，全歼登陆美军。

为了打击美军在莱特岛的登陆，实施东京大本营捷1号方案，海军大将丰田副武决心进行一次孤注一掷的大赌博，把日本海军所有舰只都投入战斗，这一方案得到了天皇的批准。

于是，在莱特岛周围海域连续发生了多次情况复杂并且又互相关联的海空战斗。美军将这几次战斗统称为"莱特湾海战"，而日军则将其称为"菲律宾海战"。

20日，栗田健男中将率领舰队驶入文莱锚地，并做好了战斗准备。他和西村中将指挥舰队，定于25日凌晨一起冲入莱特湾。其行动方案是：他率领"大和""武藏"等5艘战列舰，还有10艘重型巡洋舰、两艘轻型巡洋舰、15艘驱逐舰组成栗田舰队，从巴拉望西岸北上，经过锡布延海、穿过圣贝纳迪诺海峡，冲向莱特湾。西村海军中将指挥"山城""扶桑"号战列舰、1艘重型巡洋舰、4艘驱逐舰组成西村舰队，经过苏禄海、穿过苏里高海峡，侧攻莱特湾。志摩舰队也同时南下助战，3支舰队对莱特湾形成钳形攻势。

同日，小泽舰队沿着丰后海峡开始机动。小泽和官兵心里都十分明白，"歼灭美军航空母舰编队"云云只是字面上的任务而已，而牺牲本队，保障栗田等主力舰队作战才是真正的目的。小泽舰队看起来阵势堂堂，但绝对只是徒有其表的"纸老虎"，因为其虽有航空母舰多艘，但舰载机却只有108架，还不够几艘航空母舰编制数的一半，并且飞行员都是缺乏训练和实战经验的新手，缺少了足够高质量战机编队的航母编队无异于被拔掉了毒牙的毒蛇。因此，其战斗力可想而知。

21日，正在南下的志摩舰队接到"从苏里高海峡向莱特湾冲进"的命令。22日清晨，日本联合舰队的战列舰驶出文莱。中午时分，联合舰队在罗洲北海岸外茫茫海面上分路行进，采取两面夹击的战术攻击莱特湾。丰田大将命令他们，要在10月25日拂晓开进莱特湾，消灭美军的两栖舰船。

双方都调集各自精锐、行军布阵，一场针尖对麦芒的恶战即将上演，只是，作为麦芒的日本此时似乎更像是强弩之末。

↑哈尔西在前线指挥战斗。

No.2 诱饵，小泽航母舰队

10月22日，栗田舰队由文莱湾出发，经过巴拉望西方海面北上。

栗田中将是在瓜达卡纳尔岛海战之后担任联合舰队第2舰队司令的。他的舰队火力相当强，其中，包括了两艘世界上最大最强的战列舰"大和"号和"武藏"号，总共有5艘战列舰、14艘巡洋舰和19搜驱逐舰。

"大和"号和"武藏"号，从名字听起来，就知道非同寻常，它们，可谓是日本人的骄傲。

但是，尽管有这么强大的实力，尽管它们负载了日本军国主义分子深切的厚望，厄运还是首先降临在这支日本的主力编队头上。

1944年10月23日凌晨4时许，巴拉望岛西部海面。

凌晨的巴拉望海面还笼罩在一层轻薄的淡蓝色晨雾之中，水面波涛不兴，辽阔的海面上只有几只海鸟在翩翩起舞，一切都显得那么安详静谧。巴拉望海峡是一条暗礁密布的海峡，素有"危险的浅滩"之称。

在碧波荡漾的海面下，有一艘潜艇像一条巨大的鲸鱼一样，悄无声息地行驶在漆黑得颇有些诡异的海洋深处，艇后部的螺旋桨不时旋动起黑黝黝的海水，激起海中无名的鱼类上下翻窜。和外部安静诡异的气氛相比，潜艇的内部显得异常活跃并充满生气，狭窄的甬道里人来人往，不大的指挥室里也满是人，有人戴着耳机在聚精会神地听着各种声响，还有人专心致志地看着各种仪表板，不时报出一些数据，一位挂着美国海军中校肩牌的中年男子正认真地听取从潜艇各处传来的信息。突然，有人大叫一声："舰长，有了，发现不明舰群！"潜艇的雷达荧光屏上出现了阵阵回波，这是一大群军舰。

这艘潜艇正是在这一海域巡逻的美国海军"海鲫"号，很快，"海鲫"号驾驶指挥塔报告：雷达发现目标，距离3万米，目标不明。指挥塔上的舰长麦克林托克中校马上就感觉到，见鬼，这肯定是日本舰队。

"保持航速，通知'鮸鱼'号！"他命令道。

"鮸鱼"号舰长是克拉杰特中校，他一听，立刻迫不及待地大喊道："我们去干掉它。"

凌晨5时左右，两艘潜艇悄悄浮上水面，确定好目标后，又悄无声息地沉入水中，渐渐接近日舰，在其基准航路前方数海里处下潜，占领攻击阵地。潜望镜小心翼翼地伸出水面。两位舰长聚精会神地注视着灰色的海平线下。舰上全体人员都已进入战斗岗位。

晨曦中，麦克林托克通过潜望镜看到一队日军舰队正迎面开过来，东南海面出现另一队战列舰、巡洋舰和驱逐舰，飘扬在桅杆上的红太阳旗帜隐约可见。

迎面驶来的灰色舰变得越来越大，为首的是一艘巡洋舰。潜艇上所有的鱼雷发射管都已经做好准备。

23日黎明（约6时30分），栗田在旗舰"爱宕"号重巡洋舰上下达了"规避潜艇曲折航行"的命令。但是，此时日舰在距离不到1000码时突然向西转，正好转成了美潜艇极为理想的发射角度。麦克林托克一声口令，6枚鱼雷向日舰猛射过去。

正在舰桥上指挥的栗田及参谋长小柳宣次突然感到脚下一阵强大的震撼，舰体猛然而连续地抖动了4次，"爱宕"号中弹了。

"海鲫"号第一次发射的鱼雷有4枚击中了航行在最前面的日军旗舰"爱宕"号，该艇的前、后部各被击中1枚鱼雷，中部被击中两枚，开始严重向右倾斜。随即，这艘巡洋舰开始快速下沉。巡洋舰上乱成了一团，栗田命令右后方的"岸波"号驱逐舰靠上旗舰，将船员接下，但因为旗舰横倾迅速增大而无法靠近，只能停在距离它200米的海面上。栗田只好下令："全体船员弃船。"日本水兵们像下饺子一样从正在不断倾斜的舰身上往下跳。栗田在小柳等人的保护下也跳下了水，朝"岸波"号驱逐舰游去。随后，栗田把旗舰转移到了战列舰"大和"号上。

与此同时，"鲦鱼"号则对日军的右路纵队实施攻击。这一路的前导舰是"妙高"号巡洋舰，在其后跟进的依次是"羽黑""摩耶"号两艘巡洋舰和"大和号""武藏"号两艘

↓航行中的日本舰队。

战列舰。"鲹鱼"号舰长克拉杰特自6时54分开始进攻，连续发射了6枚鱼雷。"妙高"号和"羽黑"号都发现有鱼雷的航迹向它们冲了过来，于是迅速右满舵，躲了过去。而重型巡洋舰"摩耶"号发现左舷80度800米处出现鱼雷航迹时，舰长立即下令"左满舵"，但航海长以为口令下错了，便改为"右满舵，全速前进！"在转向过程中，该舰左舷锚舱和1号炮塔底部等处各被击中1枚鱼雷，该舰立刻起火燃烧、并向左急速倾斜，8分钟后就沉没入深不见底的大海之中。

舰群被浓烟和火焰所笼罩，几艘驱逐舰忙着前来营救，本来杀气腾腾的军阵顿时乱成一团。

"鲹鱼"号的舰长悠闲自得地在潜望镜里欣赏着这一场景，口中大呼小叫："天哪！这景色真是太激动人心了！""鲹鱼"号里也是欢声鼓舞，水手们纷纷击掌相庆。

一会儿，克拉杰特大声下令："他们过来了，前面的一艘让它过去，那是个小家伙。全体注意，瞄准后面的那个大家伙，发射！"

他们随即听到鱼雷击中日舰的强烈爆炸声。18分钟后，重型巡洋舰"高雄"号也被两枚鱼雷击中，该舰向右倾斜约10度，数个机舱都进了水，失去了机动能力。栗田不得不赶紧派

两艘驱逐舰护送"高雄"号撤离战区。

清醒过来的日军舰队疯狂地向海上投掷深水炸弹。本来还想扩大战果的克拉杰特急忙下令："急速潜航，赶快离开这个鬼地方！"深水炸弹不断在海洋深处爆炸，在辽阔的海面上激起一层层巨大的水柱。"海鲫"号虽然被炸弹震得剧烈摇晃，但终于还是逃出了深水炸弹袭击区，而"鲦鱼"号则没有那么幸运，在匆忙躲避深水炸弹的过程中不小心触礁沉没。

离莱特湾还有近两天的航程，日军不敢恋战，只好鸣锣收金，调整队伍，战战兢兢地驶向莱特湾。整整一个晚上，栗田舰队都是在对潜防御的恐惧中度过的。天亮后，栗田下令将指挥部转移至"大和"号上。坐在这艘当时世界上最大的战列舰上，栗田的心里似乎才有了一点平衡的安全感。

这场历史上规模最大的海战就这么掀开了第一幕，对栗田来说，这实在是出师不利，还没有和对方的水面舰队直接交手，自己就损失了3艘重型巡洋舰（2沉1伤），还得抽出驱逐舰护卫受伤的军舰返航。而且，最严重的是，己方的出击行动肯定已经被这些潜艇报告给了对方的指挥部。日军不仅暴露了自己进攻的主力，而且美国快速航空母舰部队随时会前来突袭。这样，美国人赢得了具有决定性意义的第一回合的胜利。

栗田知道自己的航线已被发现，但是，除了继续前进，也别无选择了。况且，他的杀手锏——战列舰"大和"号和"武藏"号还在，作最后的拼死一搏还不知道鹿死谁手呢。

中午，他收到联合舰队司令部发来的一份电报，电报告诉他"敌人很可能知道了我们集中全部力量的情报"。栗田拿着这份电报，脸上露出一丝苦涩的笑容，"早知道了！"他心里想，对这点，他要比他的司令官知道得更清楚，"但我又能怎么办呢？"

电报被他捏得有些变形了，电报末尾的字迹也变得有些模糊，但是，丰田大将生硬古板的声音仿佛在他耳边回响："继续执行我原预定计划。"

"只有拼了！"他默默地遥望着碧蓝的大海，任手中变了形的电报慢慢顺着发白的指尖飘落在指挥室的甲板上。

哈尔西从"海鲫"号潜艇22日夜里发回的电报中得知，不久将有一支庞大的日军舰体编队，从北面向美军莱特岛登陆部队发动袭击。他仔细琢磨着"海鲫"号发回的电报："发现舰艇多艘，其中3艘属战列舰"。那么日军的航空母舰在哪里呢？这才是哈尔西此时最关心的核心问题。

7点40分，派出去执行侦察任务的巡逻机报告说，日军舰艇抵达民都洛南端。

在"新泽西"号旗舰的指挥室里，哈尔西带着一群参谋们，正紧张地制订一场即将开始的大战部署计划。

24日，哈尔西将前一天派往乌利西岛加油的第38特混舰队，其中一个分队部署在菲律宾群岛东面入口的480公里海域，另外3个分队也按照他的指示迅速向菲律宾靠拢。它们以扇形向西展开，到达了指定的海域。

哈尔西将军通过高频无线电对讲机，向这100多艘军舰发布了战斗命令："开始准备攻击！准备攻击！预祝你们旗开得胜！”

24日上午9时左右，驶入锡布延海的栗田舰队被第38特遣队的侦察机发现。此时，另一支日军舰队也通过圣贝纳迪诺海峡向莱特湾扑来。

在"新泽西"号作战室的作战海图上，也已标出日军舰队的全部行动部署，只缺少敌人航空母舰的分布情况。这使得哈尔西很着急。拂晓时分，他派出更多的巡逻机出海搜索。

已发现的两支日军舰队，显然是企图对莱特湾的美军运输舰进行一次钳形进攻。于是，哈尔西将军决定，他率队迎击栗田的中路舰队，博根少将的第2特混大队和戴维斯少将的第4特混大队，则准备迎击南路的敌人。莱特湾海域则由金凯德海军中将的第7舰队予以保护。

美国海军太平洋舰队总司令尼米兹上将也发现，这么多的日军舰艇出现在美国航空母舰攻击的范围内，日本人必然也会使用航空母舰。但是日军的航母部署在什么地方呢？尼米兹估计，这些航空母舰很有可能在小泽治三郎的率领下，由北面来形成一支北路舰队，配合南路舰队和中路舰队对莱特湾进行三面夹击。

而哈尔西也做了相似的推测。10月24日下午1时34分，他发报给米切尔将军："敌航空母舰位置不明，务必注意观察北面。"

而此时作为诱饵的小泽航母舰队，正缓缓地行驶在离吕宋岛320公里的海面上，等着被哈尔西发现，以便引诱第3舰队驶出莱特湾。

No.3 海上的坟场

24日拂晓时分，栗田站在"大和"这艘超级巨无霸战列舰上，视线投向了海天之间那道朦朦胧胧的交界线上，他的面容显得格外严峻，眼神中流露出一丝不安和恐惧。多年的海上生活和征战生涯使他对即将到来的危险总是保持着一种本能似的警觉，此时，他的舰队摆出了一幅极其严密的阵形：舰船组成两个圆形阵，彼此相距7海里，第一组以"大和"号和"武藏"号为中心，第二组以"金刚"号为中心，两组之间摆出一副若即若离、可攻可守的架势。但是，这样辉煌的气势并不能让他有所安心，他的舰队已经驶过了民都洛的南端、驶入了锡布延海，马上就要进入菲律宾的大门——圣贝纳迪诺海峡了。此时，他的不安感变得更加强烈起来，他沉声下令道："全体保持高度警戒！"

他的不安和恐惧很快就得到了应证。

上午10时40分，美军确认了栗田舰队的准确位置，立刻，12架

← 日军栗田健男中将。

SBD"无畏"式俯冲轰炸机和18架TBD"掠夺者"式鱼雷攻击机在36架格鲁曼6"恶妇"式战斗机的掩护下，向栗田舰队发动了第一波的攻击。

当美军飞机飞临栗田舰队的上空时，栗田几乎没有一架飞机在空中拦截，只好靠舰上强大的防空火力来应付。

美军飞行员第一次见到这么庞大却又笨重的战列舰群，它们像被砍了獠牙的大象一样在左右摆动着，徒劳地躲避着雨点般的炸弹，同时，还疯狂地用高射炮向空中射击。在日军的炮火攻击下，很快就有8架美军飞机被击毁，但美军飞机还是成功地突破了严密的火网，突入敌人的舰队中央，向两艘超级战列舰狂冲过去。

面对猛扑过来的美机，"武藏"号开动它全部的152门大小火炮一齐开火，在巨舰上空编织出一张严密的火网。但是，仍无法阻挡美军轰炸机的进攻。很快，两枚炸弹和一枚鱼雷就击中了"武藏"号巨大的前舱壁。对于有400毫米厚装甲防护的巨型战舰来说，这就像"大象"被"蚊子"叮了几口一样。"武藏"号舰身抖动了几下，依然照常向前行驶。这艘巨舰的结构比它的姊妹舰"大和"号还要坚固，人称"宫殿"，日本人相信这艘巨舰是无法被击沉的。

但是，为它护航的"妙高"号重巡洋舰可没有幸运，它也被轰炸机击中了，舰身立刻燃起了大火，被迫退出了战斗，返回文莱。

12时整，还没等栗田舰队喘口气，第二波的36架TBD"掠夺者"式鱼雷攻击机和24架"复仇者"式鱼雷攻击机，又在18架"恶妇"战斗机的掩护下，对栗田舰队进行了第二次空袭。美军纷纷瞄准两艘巨舰投弹，在纷纷坠落的弹雨中，又有3枚重磅炸弹和两枚鱼雷击中了"武藏"号，其中1枚穿透两层甲板后爆炸，造成了巨大的破坏。

此时的栗田心急如焚，他不知道他的战列舰如果得不到空中掩护，还能顶得住多长时间的连续进攻。于是，他急忙向吕宋岛上的空军基地发去求援电报："我们遭到敌舰载机攻击，请立即出动飞机攻击敌舰。"

电报刚发出去不到15分钟，在栗田还在焦急地等待己方飞机支援的时候，美军的第三波攻击紧接着又来了。这次，美军出动了42架飞机，其中29架轰炸机全部把攻击目标锁定在了"武藏"号战列舰上。

美军飞机的攻势越来越凶猛，先是由轰炸机俯冲投弹，接着是战斗机俯冲扫射甲板，在"武藏"号的周围，投下的炸弹激起了一两百英尺高的水柱，把甲板上疲于躲避战斗机扫射的日本兵冲得东倒西歪。

"武藏"号上绝望的日本兵拼命地向空中扫射，甚至连船上的厨子也跑到甲板上，拿起枪支盲目地向疾掠而过的飞机开枪，很快，就被紧跟上的战机扫倒在血泊之中。

在袭击中，日舰"大和"号也中了两枚炸弹，舰体开始倾斜；另一艘"长门"号战列舰也被炸弹掀掉了一座炮塔。此外，两艘驱逐舰也丧失了战斗力。

"武藏"号再遭劫难，又有3枚MK-13型新式鱼雷击中了"武藏"号的右舷，剧烈的爆炸几乎把右舷的外装甲全部撕裂。此后，4枚重磅炸弹又命中了同一部位，使海水大量涌入，舰首开始出现下沉。

眼看着身边的舰艇一个个中弹，栗田眼中都快冒出了血来，他命令不停向航空基地发报，请求战机支援，可是，一样没有得到任何回音，吕宋岛的航空机场早在米切尔的先期进攻中就被炸了个底朝天，而小泽航母舰队虽然还有一百多架舰载机，可是也无法及时赶来助战，而且，即便赶来，也只是杯水车薪。

其实，栗田不知道，在他的舰队遭受攻击的同时，日军派来支援的飞机也遭到了拦截，损失惨重。日军能够派出的飞机本来就极为有限，日本海军原来部署在菲律宾的岸基飞机早已消耗殆尽，只剩下40架左右，紧急从别处调来的海军飞机也只有200多架。负责统一指挥这部分航空兵力的福留繁海军中将认为，只有用"围魏救赵"、以飞机直接攻击来袭的美军航母的方法才能为栗田舰队提供最大的支援，因而，他放弃了为栗田舰队提供空中掩护，而是紧急从克拉克机场派出180架飞机，去袭击谢尔曼指挥的第3航母大队。

美国航空母舰第3特混大队，为袭击锡布延海日军舰艇的飞机即将起飞的时候，从雷达荧光屏上发现一批日机正向自己飞来，谢尔曼立即命令准备起飞的轰炸机和鱼雷机返回机库，出动所有的战斗机迎战。

出击的美国飞行员都是具有丰富实战经验的老手，而来袭的日本飞行员却大多都是新手，还没有掌握娴熟的技巧，而且日机分为好几个团队行动，让美机可以从容地各个击破。很快，来袭的日机就被一一击落。

↑正在投弹的美军飞机。

就在美军飞机准备返回的时候，一架在云层上方盘旋的日本彗星式轰炸机突然向"普林斯顿"号航母俯冲过去，它所携带的250公斤炸药穿透了"普林斯顿"号航母飞行甲板的中部，在机库甲板和中甲板之间爆炸，引起大火，火势在机库迅速蔓延，引燃了机库中那些原本准备起飞轰炸日舰的鱼雷机，鱼雷机上的鱼雷连续爆炸，此后，又引燃了其后弹药舱，使该舰发生大爆炸，也重创了在其舰尾的"伯明翰"号巡洋舰，大爆炸又使火势向"普林斯顿"号的其他弹药库蔓延，已无可救药，谢尔曼只好恼火地下令巡洋舰以鱼雷将"普林斯顿"航母击沉。因而，谢尔曼舰队上午并没有按照哈尔西的命令去袭击栗田舰队，这样，美军在前几次空袭中出动的舰载机数量其实并不多。

但这也无法挽救栗田舰队和"武藏"号所面临的危险境地。

14时30分至40分之间，美军的第四波攻击又席卷而来。65架轰炸机和战斗机以雷霆压城之势向在海面上东倒西歪的日军舰艇扑来。仅"武藏"号就遭到近40架SBD"无畏"式俯冲轰炸机和TBD"掠夺式"鱼雷攻击机的攻击。

被逼红了眼的"武藏"号第二舰桥的炮长越野请示舰长猪口敏平上将允许他启用18英寸的大炮——这是当时世界上口径最大的炮，发射一种名为三式弹的特种开花弹。猪口上将没有同意，因为，这种炮弹属于低空强爆炸弹，刚装备在"武藏"号上，还处于试验阶段，只要发射十几发，就会彻底损伤炮膛，无法再发射一般的炮弹。

但"武藏"的情况越来越严重，在美军的狂轰乱炸之下，"武藏"号又连中8枚炸弹、1枚鱼雷，其中一枚炸弹在指挥所内爆炸，立刻摧毁了炮台，这艘巨舰的上层建筑全部被破坏，上面的军官几乎全部被炸死，舰长也负重伤，舰首继续下沉。

急红了眼的越野再次请求在主炮上使用三式开花弹，企图利用这种秘密武器给低空飞行的美军来个突然袭击。在他和副舰长的一再要求下，猪口将军被迫同意。

"武藏"号还是第一次使用主炮发射这种炮弹。几座炮台同时对着美军飞机开火，炮声震耳欲聋，炮台附近的炮兵险些都被抛了出去，战列舰也剧烈地抖动着，在周围的水面激起了一个个的水柱，这种炮弹其实是伤敌一分、伤己十分，绝对是自杀式的，"武藏"号此时受到的震动，远远超过了美军炸弹直接击中它造成的损害。

但是，"武藏"号的绝望反击并没有任何效果，几十发炮弹射了出去，却连一架美军飞机都没有击落，此时，又有几枚鱼雷击中了它的船舷，舰身开始大幅倾斜，而且，主炮炮台在反击中也几乎悉数被破坏。

"大和"号也受到了美军的重点攻击，情况严重，一枚炸弹落入了"大和"号左锚链舱中，结果炸穿了舰舰的好几层甲板，并在其左舷水线下的外壳板上炸出了两个2平米和8平米的大口子，海水直涌进来，舰船的前部灌进了3,000吨海水，使舰船下沉了近80公分。

尽管"大和"号遭受重创，但依然可以保持航速前进，而此时的"武藏"号情况却要严重得多，受伤的"武藏"号无法正常航行，远远地落在队伍后面的好几海里处，而且船上的电力系统已经中断，连正常通讯都无法实现，"武藏"号舰长只好命令水手用旗语向旗舰"大和"号报告自己损失严重，左舷倾斜15度，第一舰桥中弹，舰桥上全体人员殉职；舰身中弹5枚、鱼雷12枚，舰长受伤，目前舰船只能以15海里的航速前行，已无法继续跟上大部队，请求指示。

"大和"号上的栗田眉头紧锁，默默地听着参谋汇报"武藏"号发出的旗语内容，一言不发。他知道，要是别的任何军舰遭到这样的沉重打击，早就支撑不住、沉入海底了，而这艘浑身中弹的超级巨舰仍能继续行驶，舰队离不开这艘超级战列舰呀，没有了它，成功的希望起码要减少三分之一，可是，它的情况这么严重，恐怕再也经不起另一波的攻击了，而且，它也已经不能同编队一同行动，此时的它无异于是只摆在了盘子上的羊羔。

"两难啊！"栗田再次看了看远远落在后面、还冒着浓烟的"武藏"号，"没办法了，不能让这艘帝国的骄傲就这么被毁了。"他果断地命令"清霜"号驱逐舰和"利根"号重巡洋舰紧急护送它经科龙港撤向马公。

可是，显然美军不准备给它留下任何活路，15时，惊魂未定的日军舰队又迎来了第五波攻击。下午15时之后，共有90多架美机先后从"富兰克林"号和"企业"号航空母舰上起飞，去攻击栗田本队，"长门"号战列舰被击中3枚炸弹，多门副炮不能使用，锅炉舱严重受损；"滨风"号驱逐舰等也遭到严重的攻击。

从"无畏"号、"卡尔伯特"号和"埃塞克斯"号航空母舰上起飞的22架美军飞机也向"武藏"号气势汹汹地袭来，飞行大队长史密斯海军中校指挥机群对着"武藏"号狂轰乱炸，顷刻间，就有12枚重磅炸弹和11枚MK-13型鱼雷击中了"武藏"号，"武藏"号一下子就被鱼雷和炸弹所激起的冲天水柱和团团浓烟所包围。"武藏"号此时只能以微弱的炮火进行反击，绝望的日本水兵站在甲板上用各种枪支盲目地朝着飞掠而过的飞机开枪，但很快就被炮火炸飞上天，甲板上死伤藉藉，到处都是尸体、残肢和鲜血。

那些垂死挣扎的日军，只好用谎言来欺骗自己，副舰长突然大呼："敌舰队被消灭，万岁！万岁！"以此来欺骗自己，激励舰上的官兵，被这些口号重新燃起希望的日本官兵刚准备跃起庆祝，就被美军飞机一阵猛烈的炮火给炸了回去。

1个小时后，海水迅速涌入"武藏"号的舰舱，紧急排水已经无法阻止舰身的下沉。它现在连返回港口都做不到了，猪口船长再次用旗语向栗田报告，怎么办？无奈的栗田只好下令，"武藏"号以最快的速度后撤，在最近的岛屿搁浅，把它变成陆上炮台。

猪口船长试图执行命令，可是正不断倾斜下沉的舰身只能在原地打转。

18点40分，这艘1937年动工，用了5年时间才秘密建成的号称"永不沉没的战舰"终于顶不住美机的连续攻击，至黄昏时分，开始下沉。

猪口舰长下令全体人员集中在甲板上，甲板上人满为患，垂头丧气的活人和被毛毯裹起来的死人都拥挤在一起，场面显得格外凄惨。18点50分，"武藏"号的舰首全部浸入海水中，机械全部停止了运转，此时的它看起来更像是个海上坟场，前部两座炮台像墓碑一样露出水面。

夜幕降临，晚霞在西边天际映下了血红的一缕残阳，"武藏"号倾斜已经超过25度，随时都有沉没的危险。猪口把主要士官召集起来，凄凄惨惨地举行了诀别仪式。他把写着自己遗嘱的小本交给了副舰长加藤，把军刀交给了一位年轻的少尉，此时，他最后独自来到船

↑中弹起火的日军巡洋舰。

舱，决定同"武藏"号一同葬身海底。

"全体弃船，"加藤副舰长挥泪下令，"各自逃生去吧！"

一幕"泰坦尼克"式的悲剧上演了，船上的人争相逃命，局面乱作一团，逃命的人争相往漆黑的海中跳下，再拼命地向前面的大舰队游去。19时35分，庞大无比的"武藏"号像一条死去的鲸鱼一样，翻转着长达263米的庞大身躯，带着遍体鳞伤沉入了锡布延海，长眠在海草丛生的海底，为它陪葬的还有猪口船长和1500多名舰员。

还没有开始行动，栗田舰队就损失了1艘战列舰、4艘重巡洋舰和2艘驱逐舰，可是栗田舰队仍然保持了相当的战斗力。他命令其他的舰只继续向圣贝纳迪诺海峡开去。

下午4时左右，参谋人员提出，现在离天黑还早，美军完全有可能再次发动袭击，没有空中支援的舰队只会成为漂浮在海面上的活靶子，根本无法躲避。无奈的栗田只好接受部下的意见，决定暂避锋芒，他一面向联合舰队司令部发出电报，要求暂时撤出敌机航程之外，等待日军岸机给敌人决定性一击之后再行定夺，一面命令舰队撤回联合舰队司令部所在地。

哈尔西闻报大喜，他断定敌人损失惨重，正落荒而逃，因而决定放弃空袭，转而全力以赴地搜寻日军的航空母舰编队。

恰好在此时，小泽舰队不失时机地送上了4艘航空母舰这份大餐，17时，当那些曾经参加过偷袭珍珠港的宿敌一出现，报仇心切的哈尔西就一下红了眼，立即率舰队扑了上去。

"公牛"哈尔西此时真正变成了一头牛，被小泽牵着鼻子离开了栗田舰队的航道。

夜幕降落，栗田舰队向西返航了约1个小时，此时，仍没有看到美军飞机的出现。他估计要么美军有另外的行动，要么就是美军已上当，放弃追击他的舰队，转而去吃诱饵了，而且，看情况后者的可能性更大一些。他判定，不管如何，如果他再冒一次险，就可以连夜穿越圣贝纳迪诺海峡，次日凌晨就可以抵达莱特岛海岸，如果小泽舰队已经把美军第3舰队引诱到很远的地方，他就可以迅速对美军运输舰发动攻击。

于是，5时15分，栗田下令舰队排成纵队，调转舰头，向莱特湾杀去。两个小时后，东京发来激励电："仰仗神明保佑，全军猛进袭击！"

午夜，月沉西海，天海都笼罩在一片黑暗之中，只有点点的星火像鬼火一般照着惨淡的海峡。栗田舰队像幽灵一样，一艘接一艘地从吕宋岛和萨马岛之间狭窄的海峡中钻了出来。

眼前的一切让他惊喜万分：辽阔的海面上万籁俱寂，海峡出口处连一条警戒的船只都没有，也没有他担心已久的水雷阵，雷达扫描周围50海里的洋面，一无所有！

"太好了！真是天佑吾皇呀！"栗田大喜过望，重新燃起了希望之火，他没想到好运竟然来得这么快。

此时，他需要做的就是等待西村舰队一道，共同夹击莱特湾美军运输机，胜利就在眼前。

可是，他万万没有想到，此时西村舰队正陷入伏击，不久就要葬身海底，而他马上就要到手的馅饼也会立刻不翼而飞，留给他的只有死亡和恐惧。

第4章
CHAPTER FOUR

破浪，
苏里高海峡

★联合舰队虽然命令这两支部队协同行动，但是，西村和志摩两人原先不在同一个指挥系统下作战，又从未联系过，加上西村舰队实行了无线电静默，志摩无法和西村直接取得通信联络，所以，两支舰队实际上是在各自为政，并不知道对方的情况。

★志摩站在舰桥上，心惊胆战而又犹豫不决。他不能违抗命令，虽然西村舰队全军覆没，但是他还必须继续北上，参加进攻莱特湾的战斗。然而，眼前的场景让他实在没有勇气把自己的舰队再送到虎口上。

↑一架执行完任务的美军飞机，准备降落回航空母舰上。

No.1 请君入瓮

　　夜色苍茫，几颗寒星在漆黑的夜幕上闪露着暗淡的星光，苏禄海的海面上一片死一般的寂静，只有波浪像忍受不住死寂和沉闷一般发出阵阵嘶喊，在遥远的夜空不断回响起伏。

　　突然，在苏禄海寂寞的洋面上，出现了一支庞大的舰队，杀气腾腾而又悄无声息地快速驶来，仅有的几盏灯火反而把这些黑漆漆的船只衬得好像传说中的鬼船一样。

　　就在栗田舰队强忍饱受重创的痛楚、浴血杀向莱特湾的同时，南路的志摩舰队正向莱特湾杀去。

　　按照日军大本营的计划，日军分兵两路，企图从南、北两个方向对莱特湾登陆地域实施对进突击。受命从北面向南突击的是第1游击部队的栗田编队，拥有日军的秘密武器——"大和"号和"武藏"号战列舰，这是日军真正的杀手锏；而从南面向北突击的是第1游击部队的其他兵力和第2游击部队，其中，第1游击部队的其他兵力包括旧式战列舰两艘、重巡洋舰1艘和驱逐舰4艘，由西村祥治海军中将指挥，称为西村编队。西村编队由于两艘战列舰的航速较低（最大航速也只有24.7节），不能随同栗田舰队一起航行，奉命取道苏里高海峡，与第2游击部队协同行动。

西村舰队比栗田舰队晚8个小时出航，于22日15时30分离开文莱，和多灾多难的栗田舰队相比，西村舰队的运气要好得多，出航后没有受到任何潜艇的袭击，顺利地于23日1时30分通过巴拉巴克海峡，进入苏禄海，然后转向东北航进。

但是，此时的西太平洋几乎全部都是美军的天下，不再是日军可以为所欲为的"自家后院"，要想不被美军发现几乎是不可能的事情。24日9时，西村舰队进入到苏禄海东部，一路上保持高度戒备和无线电静默状态。但是，此时西村并不知道，离他不远处，就有一架美军快速航空母舰部队第4大队派出的侦察机。

丹尼·拉瑟少尉此时正坐在侦察机上百无聊赖地盯着下面的海面，并不时把情况向指挥部汇报。他已经搜索了近4个小时，还一无所获，要知道，想要在茫茫大海上发现舰只，有时候真的跟大海捞针一样，哪怕是一支庞大的舰队，也要费很长的时间、再加上一点运气才能找到。此时，拉瑟已经准备返航。突然，坐在驾驶位的威廉姆斯中士指向飞机10点钟的方向，"发现不明舰队。"

拉瑟立刻来了精神，"太好了，一定是日本舰队。"

他一边向指挥部报告，一边召唤附近的另一艘侦察机前来。

日本舰队越来越近，此时，可以看到最前面的是担任前卫的2艘驱逐舰（"满潮"号和"朝云"号），另有两艘驱逐舰（"时雨"号和"山云"号）负责舰队的侧翼，围在中间的是两艘战列舰（"山城"号和"扶桑"号），最后是1艘重巡洋舰（"最上"号）担任后卫。

不久，另一架美军侦察机也赶了过来，看到这支舰队没有舰载机护航，两架飞机迅速将情况向前线指挥部作了报告，并在指挥部的同意下先行对这支送到嘴边上的日本舰队下手，给它们来个下马威。

两架飞机悄无声息地埋伏在舰队必经的航路上，静静地等待"鱼儿"自动送上门来。

此时的苏禄海海面一片宁静，蔚蓝色的海面波涛不兴，宛如一块巨大而璀璨的蓝宝石，天空上浮云朵朵，变幻着奇特的形状，一直保持高度警觉的日本水兵也不由得放松了下来，欣赏起美丽的云朵和蓝天，想起家乡和风如煦的春日和美丽的富士山。突然，两架飞机像地狱使者一般，猛然从云层中俯冲了过去，直扑向日本舰队，机身处喷射出耀眼的火舌，扫向舰艇上一时被惊得目瞪口呆的日本水兵，同时，在接近日本舰艇的上空时，又投下了一枚枚炸弹，"最上"号首先受到机枪的猛烈扫射，立刻就有8名士兵中弹倒地，美机投下的1枚炸弹也命中了"扶桑"号舰尾，舰上立刻腾起一股黑烟，两架舰载侦察机起火燃烧，火势不断向四周蔓延，船上的日本军官们声嘶力竭地指挥士兵冒着烈焰扑灭大火。"时雨"号的1号炮台也被美机的炸弹击中，引发了四周的炮弹，在炮弹剧烈的轰炸声中，这架炮台顿时被炸得面目全非。

在旗舰"山城"号上指挥的西村以为受到了空袭，迅速命令各舰随时做好对空战斗准

备，应付美军飞机的突袭。

当这两架美军飞机在肆虐一番扬长而去之后，西村才发现来袭的只是两架美军侦察机而已，而西村舰队已经显得阵脚大乱。西村站在指挥室中一动不动，眉头紧锁，盯着远方的海面默默不语。这一刻，他的心中不由得升起一种"虎落平阳被犬欺"的感觉，大日本皇军的雄风大减、威风不再，连区区两架侦察机都敢对他的舰队下手，而且还能在骚扰一番后毫发无损地离开，大日本帝国真是有日薄西山之势啊。

西村定了定神，显然，美军已经知道了自己舰队的行踪，下一步何去何从先不考虑，美军即将到来的空袭显然会让没有任何舰载飞机保护的舰队陷于万劫不复的深渊，自己的这支老旧破残舰队根本经不起美军航空兵力的强大攻势。但除了硬着头皮拼死顽抗之外，西村也别无他法。

但是，奇怪的是，几个小时过去了，并没有蝗虫一般的美军飞机来袭，舰队又安全地前行了很长一段距离，西村的心头充满疑窦，不知美军打的是什么算盘。他不知道的是，此时，哈尔西为了集中航空兵力打击实力强大的栗田舰队，没有功夫理会西村这支小舰队，也没有再向保和海和苏禄海方向派出突击机群；而且，更重要的是，美军的一支舰队——第7舰队——已经在苏里高海峡布下了口袋、摆好了阵势，正虎视眈眈地等待着它们自投罗网。

上午11点的时候，西村舰队进至巴拿旺岛一带。保持着高度警戒状态的"时雨"号驱逐舰突然在前方发现美军的鱼雷艇，西村立刻命令舰队火力全开，猛轰美军鱼雷艇。美军的鱼雷艇在数量上和火力上显然要逊一筹，但是依然毫无畏惧地一次又一次向西村舰队发射鱼雷，对日本舰队进行轮番突击。这些鱼雷艇显然缺乏实战经验，多次攻击后也未能给日舰造成直接损伤，而西村舰队则打得有条不紊，结果击中了其中的两艘美军鱼雷艇，获得了小胜。

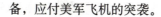
← 美军飞机飞离航母，前去执行任务。

251

就在西村舰队后面30海里，还有志摩清英中将指挥的一支舰队。它有两艘重型巡洋舰（"那智"号和"足炳"号），1艘轻巡洋舰（"阿武畏"号），以及4艘驱逐舰（"曙""潮""霞"和"不知火"号）。它的任务是配合西村舰队冲进莱特湾。

在接到"从苏里高海峡向莱特湾冲进"的命令后，志摩舰队于24日黎明从哥伦湾出发，由苏禄海南下，准备与西村舰队在棉兰老岛会师。

志摩舰队另一部分兵力为第21驱逐舰大队的3艘驱逐舰（"若叶"号、"初霜"号、"初春"号）。这个大队在23日9时从马尼拉出发，经过塔布拉斯海峡南下，计划在班乃岛以西海域加入第2游击部队。但是，它也和其他日本舰队一样出师不利，在24日航行到塞米腊腊群岛附近的时候，被美军飞机发现，随后，美军出动战机轮番进行空袭，"若叶"号很快就被击沉，"初霜"号中弹受伤，独木难支的"初春"号只好打捞起幸存的舰员，护卫着受伤的"初霜"号向马尼拉返航，这样，志摩统领的第2游击部队本来就比较薄弱的兵力更加显得薄弱，还没有开战，战斗力就过早地受到了削弱。志摩率领的"那智"号等舰等不到第21驱逐舰大队的会合，只好先行前往苏禄海，以期和西村舰队协同行动。

24日傍晚，由于没有收到栗田通知推迟攻击的电报，西村和志摩两个舰队经过暮色茫茫的棉兰老海，按照预定的攻击时间，向莱特湾挺进。此时，西村舰队领头，志摩舰队在后，相距30海里。

联合舰队虽然命令这两支部队协同行动，但是，西村和志摩两人原先不在同一个指挥系统下作战，又从未联系过，加上西村舰队实行了无线电静默，志摩无法和西村直接取得通信联络，所以，两支舰队实际上是在各自为政，并不知道对方的情况。

两支友军对彼此的了解，还不如此时的"猎人"对它们的了解程度，此时，这个"猎人"正虎视眈眈地守候在峡口、准备把它们一网打尽。

早在志摩舰队还在苏禄海航行的时候，美军第5航空队的侦察机就发现了它，随后又跟踪发现了西村舰队。美军侦察机迅速把西村和志摩两支舰队先后横渡苏禄海的情况向前线指挥部作了报告。此后，美军鱼雷艇又对日舰发动攻击，虽然没有能给日舰造成直接损失，不过，却进一步掌握了日军的实力、行踪和动向。

指挥莱特湾登陆作战的是第7舰队司令官金凯德将军，他镇守着南门。他是个谦虚而稳重的人，但在关键时刻头脑清晰、判断准确。自开战以来，他的侦察机、潜艇和驱逐舰一直在跟踪着西村和志摩舰队。他判断，这两支舰队属于一个编队，这两部分日本舰只都将经由苏里高海峡突入莱特湾，对美军的运输舰发动突然袭击。金凯德确信，哈尔西的第3舰队必将会有效地打击从北面来犯的日本舰队，因此，他命令第7舰队全力封锁苏里高海峡，并由奥尔登多夫负责具体指挥。

奥尔登多夫将军自然非泛泛之辈，他精于海战，战功赫赫。奥尔登多夫手中拥有老式战列舰6艘、重型和轻型巡洋舰各4艘，驱逐舰21艘、鱼雷艇39艘。在接到金凯德的命令后，他迅速在苏里高海峡由远处及近，布设了鱼雷艇、驱逐舰和战列舰3道防线，准备用伏击战法歼灭这支舰队。

奥尔登多夫首先将39艘鱼雷艇配备在苏里高海峡南部，构成第一道防线。这些鱼雷艇每3艘编成一组，共分为13组：其中3个组在海峡南口与保和海相连的水域巡视，5个组在海峡南部的航道上巡逻，其他的5个组则在航道附近的隐蔽处等待。

第2道防线由20多艘驱逐舰组成，部署在海峡北部待命。

第3道防线由奥尔登多夫亲自率领6艘战列舰和8艘巡洋舰，在苏里高海峡北口相机行动。"加里弗尼亚""密西西比""田纳西""宾夕法尼亚""马里兰"和"西弗吉尼亚"号战列舰分列在其左右两翼。这里的水域较宽，便于己方舰只机动，而从狭窄海峡来袭的日舰却行动受限，等于是布下了个口袋，专等日舰来钻。美军的这几艘战列舰多是曾在日军袭击珍珠港时被击沉或受伤、后来又修复的旧舰，此时，正摩拳擦掌、准备一报血仇，虽然是旧舰，但士气非凡，反观日舰，"山城"号等日舰也非常陈旧，而且士气低迷；在数量上，美方也占有巨大的优势。根据侦察机报告的情况，奥尔登多夫已成竹在胸，不仅有把握阻击这些日军舰只突破苏里高海峡，而且还要力争将其全歼、一雪当年之耻。

No.2 完败，西村舰队

下午4时30分，西村舰队顺利地通过10海里宽的入口处，进入苏里高海峡。在他北面的50公里处，集结在一起的美军运输舰群就是他攻击的目标。

就在西村舰队的正前方，金凯德强大的第7舰队借着夜幕的掩护，恭候着日军舰队的来临。

入夜，月亮慢慢升起，银色的月光像纱一样照亮了海面。但很快，一大片灰色的云雾笼罩了过来，天空顿时变得一片漆黑，凝重得宛如铅幕一般，压得人透不过来气。偶尔，一道道闪电掠过海面，在刺耳的嘶喊后很快消失于虚无，天地间又陷入无尽的黑暗，四周静得像死寂的墓地一般。

10月25日凌晨2时30分，美军第一批鱼雷快艇突然出现在海峡北口，气势汹汹地向西村舰队扑去。顷刻，海上冒出一个个海豚一样的物体，一枚枚鱼雷像箭一样向日本舰队袭去，爆炸声连成一片，美军的鱼雷快艇迅速地发射鱼雷，然后又迅速地四散开去，打了西村一个措手不及，但是，

↓美军发现了航行在海上的日舰，立刻发动猛烈的攻击。

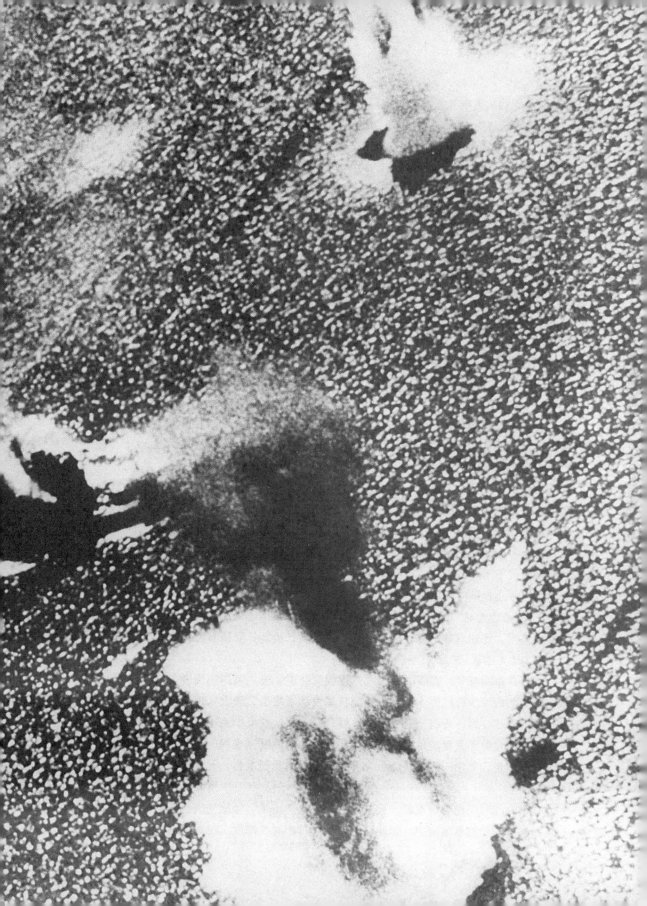

这些鱼雷艇的火力毕竟太弱，日舰经过简单的规避之后没有受到什么伤害，并迅速向这些"侏儒"们开火，炮火在鱼雷艇四周溅起一个个高大的水柱。由于日舰用探照灯和速射炮联合抗击，使美军的鱼雷艇不能有效地发射鱼雷，勉强发射的鱼雷也都没有命中目标。但是，美军的鱼雷艇在攻击的同时，却将西村舰队的情况随时向奥尔登多夫作了报告。

随后，西村舰队不顾这些鱼雷艇的骚扰，继续以20海里的时速前进。25日凌晨2时50分，奥尔登多夫下令鱼雷艇部队放弃攻击，撤出战斗，开始组织驱逐舰部队实施攻击。

此时，不明敌军底细的西村不免也有些心慌，他下令用雷达侦察一下港湾的情况。在日舰雷达的屏幕上，出现了复杂的回波，但因为四周散布着许多小岛屿和礁石，无法从中辨认出守候在苏里高海峡的美国驱逐舰队。

西村舰队以单列纵队阵形前进，进入海峡，走在最前面的是4艘驱逐舰，接着是两艘战列舰"山城"号和"扶桑"号，然后是重巡洋舰"最上"号。

奥尔登多夫下令驱逐舰部队开始攻击。首先出动的是第54驱逐舰大队，它分为两个战斗组出击：甲组由卡伍德海军中校率领3艘驱逐舰沿着海峡东岸扑向日军，乙组两艘驱逐舰则在菲利普斯海军中校率领下沿着海峡西岸南下突袭。"里来"号一马当先，冲向了日舰，舰长迅速下达了发射鱼雷的命令。此时，日军驱逐舰"时雨"号上的观察哨发现了美军驱逐舰，日军旗舰立刻发射照亮弹，顿时，漆黑的海面上燃起了耀眼的白光，将海面和天空照得有如白昼一般，美军准备发动突袭的7艘驱逐舰顿时现了形。双方这时已经离得非常近，日舰只好用高射炮射击，强劲的火舌迅速喷向美军驱逐舰。甲组迅速对"扶桑"号发射了鱼雷，3时10分，乙组也对"山城"号等舰实施了鱼雷攻击。甲乙两组在发射了47枚鱼雷后，迅速施放烟雾，撤出了战斗，所以，虽然日舰猛烈进行炮击，但是美军的舰只却没有一艘受伤。

不等日军喘口气，美军的第二批驱逐舰又扑了上去，第24驱逐舰大队在麦克明海军少校的率领下，迅速向日军发动了攻击。该大队也分为甲、乙两个战斗组，每组个有3艘驱逐舰，沿着海峡西海岸南下，对西村编队迅速发射了大量的鱼雷，日军走在前面的3艘驱逐舰躲闪不及，全部中弹燃烧，其中一艘很快沉没，另外两艘也遭受到重创，无法再投入战斗。

日军的战列舰也受到重创，最悲惨的是旗舰"山城"号战列舰，它被美军发射的数枚鱼雷击中，迫使它航速减到每小时5海里。美军又迅速组织驱逐舰对准"山城"号狂轰，"山城"号浓烟四起，火光冲天，几分钟后，海面腾起一道耀眼的闪光，随后是一声可怕的巨响，在隆隆的爆炸声中，"山城"号迅速沉入海底，舰队指挥官西村还没来得及逃生，就和几千名官兵随着舰船一起消失在漆黑的苏里高海峡之中。失去了舰队指挥官，日军顿时阵脚大乱，残余的舰只四处乱开火，还有的舰只开始准备夺路而逃。十几分钟之后，驱逐舰"满潮"号也在一声爆炸声中沉没。此时，另一艘战列舰"扶桑"号也中了一枚鱼雷，但仗着"皮厚"，依然强撑着前进，并不断向美军发射炮火，在"扶桑"号舰长坂匡海军少将的掩护和指挥下，残存的日本舰只很快稳定下来，一边不断向美军舰只开火，一边继续沿海峡北上，向莱特湾内冲人。

但是，当坂匡率领残存的战列舰、重巡洋舰和一艘驱逐舰继续北上，抵达海峡口的时候，这位日本海军少将顿时惊呆了，美军强大的战列舰和巡洋舰编队，已经在海峡口一字排开，组成了一个弧形的炮火圈，正张着炮口等待着这份丰盛的"夜餐"送上门来。

凌晨3点51分的时候，西村残部进至距离美军巡洋舰1.4万米的水域，奥尔登多夫命令巡洋舰一起开火。两分钟后，6艘战列舰也从约2.05万米的距离对日舰开炮。顿时，一道道弹火铺天盖地地向日舰扑去，海面响起惊天动地的巨响，浪花四溅，火光冲天，半圆形的炮火大多都集中在同一个目标上，这就是走到最前面的战列舰"扶桑"号。曾参与这场海战的美国人后来回忆说："这种火网是护航的驱逐舰指挥官从来没有见到过的最美景色，那头顶一串串令人睁不开眼的电光弹弧线就像一列又一列灯火通明的火车疾驰在丘陵上。"

炮弹如雨，映红了夜空。美舰炮由雷达控制射击，炮弹在黑夜中像长了眼睛一样，准备无误地击中了日舰。

日军舰只被突如其来的密集弹火打懵了。就在不到18分钟的时间里，美军共发射了300多发400毫米和350毫米的炮弹、以及4,000多枚200毫米和150毫米的炮弹。密集的炮火迅速摧毁了"扶桑"号的一半炮塔，上层舰桥也被炮火完全撕掉，舰上燃起了熊熊大火，但是摇摇晃晃的"扶桑"号依然用残存的炮台不断反击。

跟在"扶桑"号后面的重巡洋舰"最上"号，接连被美战列舰、巡洋舰的炮弹击中，其舰桥前部被完全炸掉，航速减至不到5海里/小时，失去了战斗能力，舰长见大势已去，急忙命令舰只掉头南撤，"最上"号拖着破烂不堪的舰身艰难地向南逃去。

驱逐舰"时雨"号算是最幸运的了，它正处于"最上"号附近，受到了美军炮火的"重点关注"，美军数以百计的炮弹狂泻向它，在它四周激起了一座水墙，震耳欲聋的炮弹所产生的冲击力，震碎了舰上所有的精密仪器，巨大的声波同时也震碎了炮台上许多水兵的耳膜，他们捂着耳朵滚下了炮台。该舰见形势不妙，立刻随着"最上"号掉转船头，向港湾外逃去。虽然被炮弹击伤，但是幸运的是，并没有造成致命伤，舵机发射出了故障，但人工操舵依然可以使用。周围到处是炮火和水柱，舰长雨野一片茫然，几乎失去了感觉。他指挥舰只用人工操舵单独返航，竟然幸运地逃了出去。在"时雨"号的身后，西村舰队的残余舰只大都已经沉没，只有一、两艘还在水面上露出个头，缓缓地将舰上的水兵拉入漆黑的海底。至此，西村编队已经荡然无存，只留下一片片火光和一块块漂浮在水面上的机油。

美军损失却极为轻微，只有一艘驱逐舰受伤，而且，还是由"同室操戈"造成的。美军的第56驱逐舰大队本来计划在巡洋舰和战列舰开炮之前实施鱼雷攻击，但是战场情况的变化却使鱼雷和炮火攻击交织在了一起，致使在激烈夜战中出现了同室操戈的不幸。斯马茨指挥的甲组战斗组发射鱼雷后立即向北退避，却不巧被夹在双方炮舰对射的中间，两面挨打。在它前面的两艘驱逐舰总算是从南北夹击的的炮火中逃了出去，垫后的"阿尔伯特·格兰特"号竟然被击中炮弹19发，其中有11发都是自己这方巡洋舰打的，其余8发是"扶桑"号击中的，该舰在密集的炮火攻击下，遍体鳞伤，失去了机动能力。这是美军在此次战斗中损失的唯一一艘军舰。奥尔登多夫得知自己的驱逐舰遭到误击，命令战列舰和巡洋舰暂停射击，给了残余日本舰只一个天赐的良机，日舰拼命夺路而逃，美军停止射击10多分钟，就使得"最上"号和"时雨"号两艘日舰驶出了美军舰炮的有效射程。

No.3 全线溃散

就在西村舰队受到美军驱逐舰第一次攻击的时候，志摩清英指挥的第2游击部队也已经进至苏里高海峡南口，由"潮"号、"曙"号两艘驱逐舰在旗舰左右前方担任前卫，旗舰"那智"号和"足炳"号两艘重型巡洋舰居中，"阿武畏"号轻巡洋舰和"不知火""霞"号两艘驱逐舰垫后，小心翼翼地驶入海峡。

不幸的是，志摩舰队也像西村编队一样，立刻就遭到了美军鱼雷艇部队的攻击，垫后的"阿武畏"号左舷前部中雷，舰首开始下沉，航速减少到不足10节，不得不退出了战斗。志摩率领其余舰只以26节的航速继续北进，此时天上突然下起了暴雨，雨水狂泻而下，海峡口的能见度降到了不足5米。

此时，志摩仍然没有收到西村的电报，不知道西村的旗舰、巡洋舰和驱逐舰已经中雷沉没，还以为战斗仍在激烈地进行着，心里焦急如焚，又不由得心惊胆战。他命令舰队排成战斗队形，由旗舰"那智"号打头阵，重巡洋舰"足炳"号和4艘驱逐舰紧紧跟随，准备迎战美军舰队。

雨越下越大，天际一片漆黑，能见度此时几乎降低到了零。突然，前方的海面出现两个火团，耀眼得夺人二目，顿时把整个海峡都照亮了起来。冒着火光，志摩发现这两个剧烈燃烧着的庞然大物是两艘船，志摩心中一凉，心想，"山城"号和"扶桑"号两艘重巡洋舰都完蛋了（实际上，这是"扶桑"号的首尾两截漂浮在海面上）。他急忙用无线电话告诉西村他已经进入战斗地点，然而，西村却久久没有回音。志摩只好硬着头皮继续率舰前进。

志摩舰队一头冲进浓烟滚滚的战区，以为自己闯入了修罗地狱，周围到处都是烈焰和火光，硝烟弥漫，海面上布满死尸和残骸，黑漆漆地难以辨认，空气中也弥漫着火药和血腥的味道。突然，雷达在正北方25度方位、大约6海里的地方发现不明物体，志摩判断这一定就是美军的舰队。"那智"号和"足炳"号两艘重巡洋舰立刻发射了几枚鱼雷，然后迅速转向后撤，同时命令随行的驱逐舰继续向目标接近，前去实施抵近射击。"潮"号等驱逐舰以34节的最大航速迅速向前冲过去，透过硝烟才看清楚准备攻击的目标并不是美军军舰，而是一处断崖，也就是希布松岛，此时日军真是风声鹤唳、草木皆兵。突然，又有一团火焰从舰队的右前方卷了过来，等志摩舰队靠近一看，原来是一艘燃烧的日本巨舰，而且正是西村的"最上"号。此时，志摩心中明白，西村舰队肯定已经全军覆没了。

志摩命令舰队掉头后转，采取防御阵形，并且随时做好逃离这片屠场的准备。"那智"号在发完8枚鱼雷后，准备驶离，躲到火光四散的"最上"号后面，哪知等"最上"号驶近，志摩才吃惊地发现"最上"号的舰首冒着层层浪花，而且正以8海里的时速迎面撞过来，还没等"那智"号发出信息，"最上"号已经慌不择路地撞了过来，只听一声巨响，"最上"号重重地撞上了"那智"号的右舷前部。

两艘舰船"如胶似漆"地纠缠在一起，好半天都分不开，随着海水的慢慢漂移，两船并行了好一会儿才得以分开。这时，舰首的左面已经被撞掉了好大一块儿，航速降至18节以下，而"最上"号本来就非常严重的伤势变得更加危急。

志摩站在舰桥上，心惊胆战而又犹豫不决。他不能违抗命令，虽然西村舰队全军覆没，但是他还必须继续北上，参加进攻莱特湾的战斗。然而，眼前的场景让他实在没有勇气把自己的舰队再送到虎口上。

身边的参谋们在七嘴八舌地催促他：

"阁下，西村舰队肯定已经全军覆没了，请命令舰队撤退吧！"

"是啊，阁下，再前进只会是无谓的牺牲呀！"

"而且美军显然已经早有准备，没准正在前方等待伏击我们呢！"

"是的，还是等栗田舰队到来再一同发动进攻吧！"

"若不采取措施，我舰队也将落入美军的包围，必将遭到全军覆没的下场啊！"

志摩何尝不知道自己的舰队独木难支，再往前肯定是死路，但是他根本不知道栗田舰队目前身在何处，也许他们也已经跟西村舰队一样遭到了美军的伏击，没准还全军覆没了。或者，栗田甚至没准想以他们为探路石，好为自己开路也不一定呢。前进肯定是不行了，以卵击石不说，能否活着回去见妻儿都不一定。

此时，志摩已经失去了进攻的信心，但是就这么逃回去肯定会受到军部的处罚，临阵脱逃的罪名是少不了的，自己的一世清名也会荡然无存。也许部下们的强烈要求可以当作是个理由，没办法了，三十六计，走为上策。

"联合舰队有无消息？"他问身边的参谋。

"阁下，据收听到的出击部队发给联合舰队的电报，似乎栗田部队在锡布延海已经转向西撤。"

"噢，是吗？"他愣了一下，久久不语。然后又问，"那小泽机动部队呢？"

"目前尚无攻击敌人的任何消息。"

志摩心里掂量，既然第1游击部队已经停止了向莱特湾冲击，那么第2游击部队再单独强行突破也起不了多少作用，还是尽快退出海峡，与敌舰脱离接触，保存所剩兵力、另寻有利战机才是上策。

他下定决心，沉声命令道："立刻收缩本队舰只，收容西村舰队残余舰只，在天亮之前撤出战斗区域。"他顿了顿，又觉得不够威严，补充道，"等栗田舰队到来，再一鼓作气杀入莱特湾。"

志摩舰队迅速掉转船头，率部继续南撤，在南撤途中遇到被鱼雷艇击伤而掉队的"阿武畏"号，这艘巡洋舰经过抢修终于可以达10节航速向战场开进，正好与主队相遇，就一同转向南行。

此时，奥尔登多夫通过雷达得知日舰开始后撤，立刻派出驱逐舰和巡洋舰南下追击，并请求金凯德派出飞机予以轰炸和拦截。

志摩率领残舰败兵刚逃到海峡南进口处，就遭到了美军鱼雷艇的袭击。刚拼尽全力击退这些鱼雷艇，美军的两艘轻巡洋舰和3艘驱逐舰又追赶过来，准备拖住日舰。日军边战边逃，受伤在身的驱逐舰"朝云"号在追击舰队的围攻下，很快就沉入了大海，而"最上"号又被击中数枚炮弹，虽然仍可继续航行，但情况危在旦夕。

就在日舰捉襟见肘的时候，黎明时分，追击的美军军舰突然北撤，惊魂未定的日舰急忙驶出海峡。25日天明，残余日舰成功地逃离出海峡，志摩根据受伤舰只的航速把所有的船分为3组向西撤退。

正在志摩暗自庆幸摆脱了海上追击的时候，突然，美军飞机又赶了过来，对准逃窜的日舰一阵狂轰乱炸。一群美军"复仇者"式轰炸机发现了掉队的重巡洋舰"最上"号和其护卫舰"曙"号，它们正企图横渡保和海，就围着"最上"号狂轰滥炸。"最上"号和"曙"号极力反击，虽然终于击退了美军飞机，但是"最上"号伤势过重，已经完全丧失了自航能力，"曙"号在接到命令后含泪将"最上"号用鱼雷击沉，收容了该舰的舰员后向马尼拉驶去。西村舰队至此只剩下唯一的一艘舰只——驱逐舰"时雨"号。

"阿武畏"号在"潮"号的护卫下安全地驶往保和海西部的达皮丹港进行抢修。第2游击部队的其余舰只经过苏禄海撤向科龙湾，途中又遭受到了几次空袭，所幸损失不大。苏里高海峡海战至此结束。这是当今世界上最后一次战列舰之间残酷的夜海厮杀，结果以日军的惨败告终。

西村编队只有"时雨"号没有被击沉，第2游击部队的基本兵力除了"阿武畏"号以外，其余均可作战。"阿武畏"号在达皮丹港抢修后可以达到12节航速，26日6时，"阿武畏"号出港，在"潮"号的护卫下沿着内格罗斯岛海岸向西北航进，在航行途中，遭受美军飞机多次轰炸，终于在当日中午支撑不住被击毁，沉入蔚蓝的海洋。

此时，在莱特岛海岸上，大批飘扬着美国国旗的运输舰正在不断向滩头卸载作战物资和兵员，岸边到处都是堆积如山的物资，而防守这片极易受攻击的登陆滩的，却只有金凯德的8艘老式战舰。难道上天就这么垂青大大咧咧的美国人，不给"勤于谋划"的日本人一点点机会吗？

第5章
CHAPTER FIVE

战火洗礼
萨马岛

★6时27分，海浪渐渐平息了下去，天色越来越亮，海天之际的云雾后面冒出了一轮明日。6时45分，栗田编队行进到了苏禄安岛以北约70海里处。栗田发布了新的命令，舰队进入防空航行队行。

★栗田的参谋长小柳拿着望远镜观察了半天，跑了过来向栗田报告说："阁下，目前形势混乱，我已失去和第一进击舰队的联系，先头部队似乎被敌人甩掉，是否停止攻击，集结舰队为好？"

No.1 美军的失误，日军的良机

正当奥尔登多夫在苏里高海峡旗开得胜、大歼来犯日军舰队之际，第7舰队接到巡逻飞机的报告：在萨马岛东北海域，出现了一群日舰，正沿萨马岛海域急速南下，其中包含有多艘战列舰。战局似乎突然之间紧张了起来。

金凯德舰队司令闻讯有如五雷轰顶、霎时惊得目瞪口呆，要以他微薄的力量击退这么强大的来犯之敌，显然败多胜少，他心急如焚，急忙向哈尔西多次发出急电，请求第3舰队务必要截住这股敌人。可是，此时的哈尔西已经发现了主动送上门来的小泽舰队，正杀得兴起，早把栗田舰队和莱特湾忘了个一干二净。

当金凯德得知第3舰队此时远在吕宋岛东北、短时间内不可能得到它的支援时，不由得大惊失色。除了远在苏里高海峡的奥尔登多夫舰队以外，他没有任何可以用来支援的舰队。无奈之下，金凯德急忙电令奥尔登多夫率领其舰炮火力支援群放弃追逐西村和志摩舰队残部、火速返回莱特湾，以便防守蒙洪岛南北两侧的入口。

奥尔登多夫接到命令后，惋惜地看着冒着浓烟的日舰群渐渐远去，下令停止追击，开始集结部队。这样，就使那些在苏里高海峡败退的日舰侥幸得以逃生。考虑到退却的日舰仍有可能杀个回马枪，等美舰离开后回过头来再闯入苏里高海峡，袭击登陆地域，奥尔登多夫指派了一部分兵力据守海峡北口。然后，自己亲率其余舰只疾速向东北方的萨马岛海域急进，前去阻击来访日舰。

来访的日舰队正是栗田舰队。栗田舰队在24日经历美军飞机接连5波的攻击后，损失了"武藏"号等利器，无奈之下紧急撤退。

夜幕再次降临，黑暗笼罩着栗田舰队，也笼罩着栗田的心头。栗田舰队向西返航了大约1个小时后，仍没有见到美军飞机出现。他开始后悔起来，重新考虑作出撤退的决定是否正确。如果再冒险，他就可以连夜穿过圣贝纳迪诺海峡，次日清晨就能抵达莱特岛海岸，那时，小泽舰队应该已经把美军的第3舰队引诱到北面很远的地方，他就可以迅猛地攻击美军运输舰。于是，5时15分，栗田舰队命令舰队排成纵队，掉转船头，继续执行原先的计划。

但是，兵家最忌优柔寡断，此时的他再杀回去，还能取得预期的效果吗？

其实，那天晚上，栗田倘若坚持冒着炮火继续前进，突破美军舰只的阻击，与正向苏里高海峡驶来的西村和志摩舰队会合成功的话，那么这场海战的结局显然会来一个大逆转，也许还能使日薄西山的日本帝国再苟延残喘一时。他的6艘战列舰和10艘重型巡洋舰再加上西村和志摩的兵力，应该能够轻而易举地打垮金凯德的舰队，因为扼守滩头重地的金凯德司令只有6艘旧式战列舰和3艘重巡洋舰，兵力显然大逊一筹。

而在栗田撤退的时候，哈尔西将军也接到了报告：遭到沉重打击的栗田舰队，于下午4时40分开始全速向西逃逸。与此同时，他又接到了一份新的报告。自己一直担心的日军航空母舰编队，终于在吕宋岛以西305公里的海面上，被美军的巡逻机发现了。他兴奋不已，深信自己已经掌握了日军舰队的所有动向，必须紧紧抓住这个机会，一举歼灭残存的日军航空母舰。

当然，他也考虑了栗田杀个回马枪的危险，但是，他又想，根据情报，栗田舰队已经受到了重创，正向西返航逃逸，谅他也没这个胆儿，何况，即使栗田真地胆敢不自量力杀回来，还有集结在莱特湾的金凯德第 7 舰队等候着他，以金凯德将军的实力和指挥能力，打败栗田舰队不成问题。

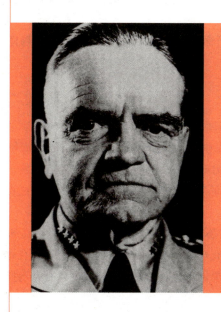

—— 胜利在望，但哈尔西却在这一刻轻敌了。

而根据尼米兹将军给哈尔西布置的任务，一旦有机会歼灭日军航母编队，就不要放弃战机，所以，晚上 7 时 5 分，兴高采烈的哈尔西急忙电告太平洋舰队总司令："据战报报告，日军主力舰队已损失惨重。另，我侦察机在北部海域发现日军航母编队，为此，我将率领第38特遣舰队3个分舰队北上，拂晓时分对敌航空母舰编队发动攻击。"

正如丰田所料，"公牛"哈尔西果然中计。他哪里知道，貌似强大的日军航空母舰编队其实只是个诱饵，一个十足的纸老虎，因为在它们的甲板上，舰载机的数量总共加起来也只有不到100架飞机，根本不足以对美军发动有效的攻击。在这里，哈尔西将军还犯了一个错误，险些酿成大祸。

就在下午3时30分，哈尔西的旗舰发出一个无线电命令，指示用 4 艘战列舰组成的第34特遣舰队，由李海军中将指挥。第34特遣舰队的主要任务就是防守圣贝纳迪诺海峡，同时还将在广泛范围内参加决战。其余舰只保持机动。这样，一旦发现敌来犯舰队，可以一支防守、一支反击。但这只是一个预备命令。

可是，当哈尔西发现了仇人——日本航空母舰编队——的时候，顿时红了眼，他决定立即率领舰队向北航行，全力以赴彻底歼灭日本的航母力量。他认为已经没有必要把他的舰队分开，再留下第34特遣舰队留守圣贝纳迪诺海峡了。而在来来往往频繁的无线电电报中，尼米兹和金凯德之间也产生了误会，他们都以为哈尔西在北上追击日军航空母舰的时候，至少会留下一支航空母舰分队守卫圣贝纳迪诺海峡的出海口，可是，他们却想不到性急的"公牛"哈尔西报仇心切，不知是轻敌大意还是急红了眼，早把圣贝纳迪诺海峡和莱特湾抛在了脑后。

这样，美军的一个严重失误为杀了个回马枪的栗田舰队提供了一个天赐良机。

No.2 牺牲，为舰队争取时间

此时的栗田舰队，正钻入北面200海里开外的圣贝纳迪诺海峡。这个海峡比苏里高海峡更加狭窄。由于这里的海水流速高达每小时8海里，即使是在大白天，单独一艘舰只航行都很困难，更何况这么庞大的一支舰队。而栗田就要在伸手不见五指的漆黑之夜，带领着他的23艘军舰穿越这片海峡。

栗田内心十分紧张，让他紧张的并不是湾窄水急，而是似乎无所不在的美军飞机和舰艇。在这狭隘的圣贝纳迪诺海峡是否会有水雷？哈尔西的战列舰是否已经在海峡出口处排好了"T"字阵形、正等着他钻入口袋？栗田越想越恐怖，但是，他也别无选择，只能"仰仗神明的保佑"了。

此时随编队航行的尚有战列舰4艘（"大和"号、"长门"号、"金刚"号、"榛名号"）、重型巡洋舰6艘（"羽黑""鸟海""熊野""铃谷""筑摩""利根"号）、轻巡洋舰两艘（"能代""矢矧"号）和驱逐舰11艘，栗田命令整支编队做好在海峡口炮战的准备。接着，栗田又向全体官兵发出了一道措词直率的命令："冒全军覆没的危险，猛进突破，一举歼灭敌军。"神情紧张、面容憔悴的日本水兵登上炮位，茫然地望着海峡口，不知道等待他们的将是什么。也许大家都明白，此行胜利与否，自己恐怕都是凶多吉少，再也见不到家乡盛开的灿烂樱花了。

25日凌晨0时35分左右，栗田舰队平安地驶出了圣贝纳迪诺海峡。雷达迅速扫描了周围50海里的海面，没有发现任何美军舰只，连一艘警戒的舰船都没有。栗田闻讯又惊又喜，不敢相信自己竟然会有这么好的运气，他的担忧一扫而尽，希望之火再次熊熊燃烧，他立刻下令：沿萨马岛东岸南下，直抵莱特湾！

为了防备遭到潜艇的袭击，上述日舰驶出海峡后列成防潜队形，以95度航向前行。4时，转入150度航向，向萨马岛东南航进。5时20分左右，他相继接到西村编队全军覆没和第

2游击部队撤离战场的电报。但栗田此时决心已定，准备经过苏禄安岛以东海域，于11时突入莱特湾。

25日天明，天气变得越来越差，天空中积雨云低垂，好像要压到了漆黑的海面上一般，时不时有雷暴划破天空中的黑幕，刺向冰冷的海水，并发出震耳欲聋的巨响。海面上波涛汹涌，一浪高过一浪，撕扯着日舰，炮台上的日兵都死死抓住扶手和炮架，唯恐被扑上甲板的浪头给卷入地狱般的深海。

6时27分，海浪渐渐平息了下去，天色越来越亮，海天之际的云雾后面冒出了一轮明日。6时45分，栗田编队行进到了苏禄安岛以北约70海里处。栗田发布了新的命令，舰队进入防空航行队形。

突然，旗舰"大和"号上的日军瞭望哨发现东南水平线不到20海里的地方似乎有4根耸立的桅杆，接着，又在同一个方向的空中看到了两架飞机。栗田和参谋人员惊喜过望，他们一致判定这一定是哈尔西的航母编队。继续接近后，他们确实这是一群军舰，其中有航空母舰，而且正在组织舰载机起飞。此时，栗田觉得命运的天平又倒向了自己，他判断，航空母舰的防御薄弱，遇上他强大的舰炮，简直是不堪一击，这真是天赐良机，他立刻命令舰队："抓住天赐良机，保持现有队形，立即突击。"他决定将其歼灭之后再向莱特湾冲入。

栗田编队立刻以受伤的"大和"号所能达到的最高速度拼命向前行驶。

日本人以为他们面前出现的是美国的快速航空母舰部队，其实，这只不过是美国快速航母编队中第7舰队所辖的护航航空母舰的一部分。它的基本任务只是为登陆作战部队提供空中掩护和支援，而不是和对方的水面舰艇交战。它的兵力也就是18艘护航航空母舰，另外还

↑日军用舰炮向美军战斗机进行还击。

有9艘驱逐舰和14艘护卫舰专为护航航母担任警戒。

　　这41艘舰只被编成了3个大队，布置在莱特湾外，其中第1大队在迪纳加特岛东南，第2大队在苏禄安岛东北，第3大队在苏禄安岛北面偏东水域。而栗田编队遇上的正是由克利夫顿·斯普拉格海军少将指挥的第3大队，代号为"塔菲3号"，拥有航空母舰6艘、驱逐舰3艘、护卫舰4艘。

　　栗田想的确实没错，这些护航航母战斗力确实有限：它们都是由油船或商船改装的，航速不超过18节，舰载战斗机也只有12至18架、俯冲轰炸机也不过11至12架，而且没有装甲，火力不强，几乎不具备对海作战能力。这种航母舰体外部很薄，难以保护容易爆炸的汽油、弹药和鱼雷舱，水兵们戏谑地把它们叫做"番茄罐头"。

　　因此，当得知日舰正从西北方向驶来，斯普拉格立即率队以17.5节的航速东进，并命令各舰组织所有飞机起飞。同时，还用明码电报向上级金凯德报告，并请求友军速来支援。

　　而指挥第7舰队的金凯德本来就一直觉得有些不对头，还在奥尔登多夫的战列舰在凌晨4时前后消灭了西村舰队的时候，他就有一种预感，感觉日军舰队或许正驶进菲律宾海。他越想越不踏实，于是，在凌晨5时，他又通过无线电询问哈尔西的旗舰"新泽西"号：圣贝纳迪诺海峡是否已有新建的第34舰队守卫。由于当时"新泽西"号无线电通讯发生混乱，两个多小时后，他等到了回音，不禁大吃一惊。

　　7时25分，也就是第3舰队司令哈尔西回电否定有第34特遣舰队存在的几分钟后，金凯德最担心的事终于被一连串紧急情况证实了。最早的消息是从最北端一组护卫航空母舰上发来的，它们的反潜巡逻机队在离莱特岛登陆滩160公里远的地方发现日军水面舰队，共有战列舰4艘、巡洋舰7艘、驱逐舰11艘，正向莱特湾方向驶来。

　　当时，斯普拉格少将接到报告后以为是飞行员弄错了，萨马岛沿海怎么会突然冒出来一支强大的日军舰队呢？不久，这一消息就得到了证实，金凯德和斯普拉格都意识到他们的处境极为危险，但是他们很快就镇定下来。他们明白，必须采取一切措施来阻截栗田舰队，否则，一旦让他们冲入莱特湾，后果必将是灾难性的。为了恐吓日军，金凯德在明知哈尔西回援不及的情况下，于7时3分用明码电告哈尔西："请求快速航空母舰立即出击。"

　　与此同时，金凯德命令在南门追歼残敌的奥尔登多夫立刻返航，可是奥尔登多夫却回电说："此时油弹不足，尚需补给。即使不补给，也要两个小时以后才能赶到。"

　　两个小时以后？两个小时以后第7舰队可能早就被日军舰队消灭了，莱特岛的运输舰和堆积如山的滩头物资可能早就化为轻烟了。怎么办？金凯德心急如焚。

　　他只好命令斯普拉格率领护航航母千方百计、不惜一切代价截住敌人。

　　于是，各种虚张声势的花招纷纷出手：斯普拉格命令炮兵把装了五颜六色液体的炮弹向日军经过的水域射去，在海面上构成了一幅恐怖的景象；舰载机则冒着日军严密的火网劈头盖脸地向日舰狂扔炸弹和鱼雷，扔完了弹药，就把武器库中能找到的所有东西——门把手、铁锤、铁钉、甚至钥匙——往下扔，最后干脆让再也没有什么可扔的飞机在日军头顶来回转悠，假装进攻。与此同时，斯普拉格舰队开动全速，"落荒而逃"，他们知道，一定要全力拖住日舰，哪怕是多坚持一刻钟，把日舰吸引过来，延缓它们对莱特岛的袭击，直至援兵到来。

站在"大和"号舰桥指挥塔上的栗田对这些情况全然不知，他只相信，这一定是上天赐予他、赐予大日本帝国的一份厚礼。见到猎物要逃，他急令下属各战队司令官自行指挥，多路进击，以期尽快将其围歼。于是，各战队争先恐后地冲向目标。

6时59分，日军旗舰"大和"号的主炮首先开始怒吼。1,460公斤重的巨型炮弹，在40秒钟内飞跃了32公里，轰地一声巨响砸向美军舰只，水面上激起了50多米高的水柱。其他日军舰艇也随后开炮，456毫米、400毫米和356毫米的炮弹在美舰附近连连激起巨大的水柱。那些在海面上颠簸多日、一路上不停被动挨打的日军水兵，此时来了精神，恶作剧似地对着眼前的"美食"大打出手。

日军舰队的炮兵为了确定弹着点的位置，向美军各个航空母舰发射装了各种颜色的炮弹，顿时，美军航空母舰四周绿色、紫色、黄色、红色等颜色的水柱四溅，构织出一幅恐怖怪异的图画。日军利用这些水柱来判断射击距离和角度，搜索在驱逐舰施放的烟幕掩护下的航空母舰。

此时，突然雷雨大作，这可帮了斯普拉格的大忙，他急忙率队避入暴雨之中，再加上舰队施放的烟雾，足足为自己争取了15分钟的宝贵时间。同时，也让甲板上剩下的飞机得以全部起飞。但是可惜的是，这些舰载飞机都没有穿甲弹，因为，谁会想到"番茄罐头"航母竟然会和甲厚弹强的战列舰激战呢？"复仇者式"轰炸机只好装上鱼雷攻击，鱼雷用完再用深水炸弹和杀伤弹，然而，这些炸弹投到战列舰的甲板上就像"蚊子叮大象"一样，没有丝毫的摧毁力。

日军一面向空中发射密集的高射炮火对付美军飞机，一面用主炮猛烈轰炸15英里以外的美军航母。战斗打响10分钟后，其他护卫航母分队上的舰载机才赶来助战。来袭击的飞机增多，使栗田更加相信他们是在和强大的美军第3舰队作战。其实，这只是从南面赶来支援的护卫航空母舰第1和第2分队。

斯普拉格明白，他的这些舰只在强大的日舰面前跟破铜烂铁差不多，再也经不起这种重炮的轰击，哪怕再打5分钟，航母就可能彻底玩完。此时正好利用暴风雨的掩护，把日舰引到别的地方去。他相信，奥尔登多夫的舰炮火力支援群一经获悉他处境危险，一定会火速赶来，如果向莱特湾方向开进，就有可能在途中获得支援，于是，他立刻命令舰队将航向从90度调整至110度。这支护航航母大队一从雨中驶出，就立刻被日舰发现。但是，日舰没有去切断美舰的航路，而是沿着原来的航向继续向东急行，企图占据上风阵位，阻止航母迎风航行，使其舰载机不能起降。

7时20分，几艘日舰从护航航母的后面追来，还有几艘日舰从其左后方接近，斯普拉格只好迅速将航向转向西南，不久，又发现一队日舰从右后方逼近，大有包围之势。眼看日舰越来越接近，炮火越来越猛烈，斯普拉格果断地下令以驱逐舰实施自杀性反扑攻击，阻碍日舰的攻击。

他命令3艘驱逐舰"约翰斯顿"号、"霍尔"号和"希尔曼"号反攻，牺牲自己来为舰队争取一些时间。同时命令塔菲3分队转身向南，向塔菲2分队和机群靠拢。

斯普拉格的这一招果然有用，为了躲避鱼雷，日舰不得不降低了航速。

在"约翰斯顿"号的带领下，3艘驱逐舰冒着追击者的炮火，一面开炮还击、一面拼死向日舰扑去，并且一进入8,000米有效射程后立即实施鱼雷攻击。"约翰斯顿"号在英勇的舰长、印第安人埃文斯的指挥下，冒着日军密集的炮火，对着日军巡洋舰战队的先导舰连发10枚鱼雷，其中1枚击中了"熊野"号的舰首，迫使它减速离开了队列。但是勇敢的"约翰斯顿"号也付出了相当大的代价，被日舰击中356毫米和400毫米炮弹各3发，后锅炉舱和机舱破损，航速降至17节。眼看就要成为迎头扑上的日舰的盘中餐，幸好此时来了一阵大雨，借着雨水的掩护，免遭日舰的集中射击，同时抓紧时间进行抢修，恢复了动力，使它得以再投入战斗。

"霍尔"号是第一个冲向日军战列舰战队的，在冲过去的途中，它多次被日舰击中，舰上的前炮塔几乎全部被摧毁，但它依然一头冲入日舰当中，引起日舰的一阵慌乱。它的左方是战列舰群，右方是巡洋舰群，舰长金伯格中校不畏强敌，决定向较大的一队冲去、扑向日军的战列舰战队，并对着日舰"金刚"号等猛烈开炮，击中了"金刚"号的舰桥，然后又冲着它连发4枚鱼雷。"霍尔"号自己也被击中，在它完成鱼雷攻击转向时，被日舰的炮弹击中，后透平机被炸毁；但是"霍尔"号毫不畏惧，用剩余的一部机器又向巡洋舰战队扑去，在离日舰94米的时候，冲着巡洋舰战队的前导舰"羽黑"号把剩下的所有鱼雷都悉数发射了出去。重巡洋舰"羽黑"号在转身躲避鱼雷时，舰舵被一颗炮弹击中，使得它早早退出了关键性的战斗。

此时，给敌人造成很大混乱和伤害的"霍尔"号驱逐舰也被日军重巡洋舰团团包围，舰身至少中了50多枚炮弹，早已经遍体鳞伤，举步维艰了，但它仍然坚持对着敌舰打了500多枚炮弹，最后，"霍尔"号最后的一台发动机也被击毁，舰艇完全停了下来，在浪中起起伏伏，接着弹药库又被击中着火，舰身开始下沉，舰长金伯格中校这才下令全体弃船。

"希尔曼"号在本大队的另一侧，它绕过己方的护航航母之后实施了攻击，它首先向"羽黑"号发射了7枚鱼雷；然后，又冲向了战列舰战队，对"榛名"号发射了剩余的3枚鱼雷。此时，日军的战列舰"金刚"号、"大和"号和"长门"号集中火力猛轰"希尔曼"号，但是竟然未中一炮，它奇迹般地从敌舰的围攻中逃脱。

当日舰再次接近的时候，斯普拉格只好再命令"赛缪尔·罗伯茨""雷蒙德"和"丹尼尔"号3艘护卫舰冒死拦击。这种护卫舰只能携带3枚鱼雷，舰炮火力也不强。而且它们通常的主要任务是对潜作战，这次却奉命冲向比自己大得多的巡洋舰。但是，它们却毫不畏惧强敌，不顾雨点般砸向自己的密集炮火，殊死地向日本巡洋舰发射鱼雷，这种拼命三郎的架势把一向自夸勇猛的日本"皇军"也吓得胆战心惊，为了避开这6艘美军舰艇的反击，日舰被迫不断改变航向，因而延误了时间，使美军赢得了宝贵的时间。在这几艘护卫舰的顽强攻击下，巡洋舰"鸟海"号、"羽黑"号等都受到了它们的鱼雷攻击，尤其是旗舰"大和"号，发现有4枚鱼雷从它的船身右侧掠过、两枚鱼雷擦着它的左侧掠过，着实让栗田捏了一把冷汗。他可不想让自己宝贵的超级巨舰受到如此严重的威胁,更何况这种威胁竟然还是来自不堪一提的小小驱逐舰和护卫舰,栗田甚至没有给其他日舰发出指令,就径直率领战列舰战队掉头向北驶去。

这样,美舰发动的两次反击收到了奇效,它们大大延迟了日军的追击行动,迫使"大和"号和跟在其后面的"长门"号战列舰放弃继续逼近,远离交战水域,从而大大减缓了美军护航航母舰队第3大队的危机,也错过了各个击破、逐一消灭美军护航航母的良机。

No.3 误 判

几艘驱逐舰和护航舰的自杀式攻击行动虽然拖延了日舰的追击,但是美军的护航航母也被赶到了下风方向,已经不能再利用烟雾掩护自己。而此时,日军摆脱了美军护卫舰的纠缠,又向斯普拉格的航空母舰扑去,斯普拉格的6艘"番茄航空母舰"围成一个圆形阵,在滂沱大雨的掩护下,一边开火一边躲避。日军的战列舰离它们只有10海里远,而日军的巡洋舰也从东北方向围了过来。日舰朝美军护航航母猛烈开炮,很快,"甘比尔湾"号后部就被日军的炮弹击中,飞行甲板和飞机库起火,火势不断蔓延,后来,它又被几颗炮弹击中舰舷,导致机舱水线以下的舰壳破裂进水,开始不断向右侧倾斜,不久,就在滂沱的大雨和弹雨中沉入太平洋的海底。

斯普拉格的旗舰"方肖湾"号也无法幸免,它连中4颗203毫米的炮弹和两颗靠近弹,舰体严重受损,但是依然能保持航速继续战斗;"白平原"号也被数枚152毫米炮弹击伤,"基特坎湾"号也被靠近弹炸伤,但是仍然能坚持战斗。

相比之下,"加里宁湾"号的情景要更危急一些,它受到日军战列舰战队密集炮火的攻击,先后被15颗203毫米的炮弹击中。但是,"加里宁湾"号依然顽强地用仅有的127毫米火炮进行还击,同时抓紧时间进行抢修,不久,又有一枚炸弹击中它吃水线以下的舰身,导致它前部轮机室进水,航速急剧下降,被迫脱离了队形。

斯普拉格的护航航母之所以大部分都还能继续与日舰周旋,离不开警戒舰和驱逐舰的忘我牺牲和殊死反抗。驱逐舰"约翰斯顿"号本来已经受到重创,舰长印第安人埃文斯中校也受了伤,但是,他们依然顽强地战斗着。当埃文斯发现日本重巡洋舰"筑摩"号正在猛烈炮击"甘比尔湾"号轻型航母的时候,立刻命令本舰冲上去,并且大声命令:"开炮射击这艘该死的巡洋舰，把它的炮火引开。"

"约翰斯顿"号拖着受伤破损的舰身，以最高的速度向"筑摩"号冲去，在离它7,000米的地方，连续开火，击中对方6枚炸弹，"希尔曼"号等也不顾敌人的炮火直扑了过来，终于迫使"志摩"号停止对"甘比尔湾"号的炮击，但是为时已晚，"甘比尔湾"号终于因中弹过多，开始沉入水中。"约翰斯顿"号又扑向另一艘日本巡洋舰"矢矧"号，不让它有时间向美国航母发射鱼雷，"约翰斯顿"号对着它一阵猛轰，击中了它12枚炸弹，迫使"矢矧"号提早发射鱼雷，结果没有击中一艘美国航母。

日舰对英勇的"约翰斯顿"号恨得直咬牙，4艘驱逐舰和巡洋舰一起把炮口对准了它，倾泻去雨点一般的炮弹，尽管埃文斯中校和官兵奋力反击，但是寡不敌众，"约翰斯顿"号终于在层层的炮火中缓缓沉入海洋，全舰300多人只有100多人获救，英勇的埃文斯却永远地和他的爱舰葬身在深不见底的海洋。

美军驱逐舰在此役中奋勇硬拼，是悠长的海战历史中最感人的行动之一，而护航航空母舰的飞行员也不甘后人，在全无协调配合的情况下，拼命轰炸敌舰。

在发现日舰来袭时和交战之初，第3大队的所有舰载机全部起飞，不停骚扰日舰，迫使日舰频频改换航向，这样，日舰不仅不能发挥速度上的优势，而且也很难瞄准，影响了射击的准确性。

根据斯普拉格发出的求援电报，护航航母群第1和第2大队也派出了所有的鱼雷机、轰炸机和战斗机。在栗田编队上空作战的美军飞机越来越多，它们交替投入战斗，一次又一次地进行攻击，使日舰叫苦不迭，3艘巡洋舰先后受到重创。"鸟海"号在遭到空袭前本来已经被美军的驱逐舰击中了右舷，现在又受到了飞机炸弹的袭击，炸弹落入其前机舱后爆炸，给它造成毁灭性的打击。"筑摩"号也被飞机投放的鱼雷击中了舰尾，顿时，舰上燃起了熊熊大火，浓烟包围了整个舰身，它的尾部开始下沉，舵机完全损毁，只能在海上漂泊。"铃古"号在和水上舰队交战时，左舷后部遭受重创，无法正常航行，因而开始掉队，正好成了美军飞机的盘中餐，30多架美军轰炸机恣意对着它狂轰乱炸，使它的中部受到巨大破坏，不久，它后部的鱼雷发射管中的两条鱼雷也在火中爆炸，给它来了一个"窝里反"，顿时，船舱里一个爆炸接着一个爆炸，被烧得满身是火的日本水兵哇哇乱叫着争着往海中跳去，但是，很快就被这艘巨舰沉没时造成的巨大漩涡给卷入深深的海底。

栗田编队在方圆30多海里的洋面上各自为战，由于能见度很低，许多舰只都不在旗舰的视野范围内，再加上"大和"号派出的侦察机也被美军的飞机给击落，"屋漏偏逢连夜雨"，"大和"舰上的无线电话也出了故障，栗田此时真快成了瞎子，根本弄不清战场上的态势，他认为，己方舰只相当分散，再这样打下去队伍很难集结。而且，"大和"号也连续两次受到飞机的鱼雷攻击，虽然都躲了过去，但是着实让人捏了把冷汗。

栗田的参谋长小柳拿着望远镜观察了半天，跑过来向栗田报告说："阁下，目前形势混乱，我已失去和第一进击舰队的联系，先头部队似乎被敌人甩掉，是否停止攻击，集结舰队为好？"

栗田沉吟了一下，点头说："嗯，命令舰队立刻停止攻击，开始集结。"

小柳建议还是立即前往莱特湾，栗田同意了。于是，在上午9时11分，栗田命令所属各部立即转向东进，迅速和本旗舰会合，整理好队形再战。

10时30分，栗田编队集合完毕，开始南下，11时20分，航向东南，向最终的目标——莱特湾杀去。

12时30分，栗田和参谋们在商议完后，对战场情况做出了最后的判断：

1. 因为与美航空母舰交战而耗费了时间，失掉了策应苏里高海峡方向部队的时机，因而不到午后不能冲入莱特湾；

2. 在午前的战斗中，根据截听到的美军"请求支援"等电报分析，美军舰船不在莱特湾内的可能性很大；

3. 随后，通过进一步窃听电报得到：美方命令航空母舰飞机在塔克洛班基地着陆，又在莱特岛南部集中以多艘航母为主体的舰队，日本如果贸然冲入莱特湾，在狭小的海面上将无法自由行动，并将受到美军大量飞机的集中攻击，战况对日方十分不利。

基于这样的判断，12时，栗田下达了"全舰队北进"的命令，他准备在莱特湾外与赶来支援的美军舰队决一死战。

在莱特湾内，美军防守的力量极为薄弱，而哈尔西的优势兵力又回救不及，可是栗田却做出了一个错误的判断，放弃了最后一次良机。至此，日军大本营派往莱特湾阻止美军登陆的3支舰队中，西村舰队被全歼，志摩舰队受重创撤离，而栗田舰队胜利在望却放弃了快到手的"馅饼"、命令"全舰队北进"。3支舰队没有一支冲入莱特湾内，这样，湾内的美军有惊无险、从从容容地卸载下堆积如山的战斗物资。

站在"方肖"号舰桥上的斯普拉格，眼看着几艘日军的巡洋舰就要追上自己，还有两艘战列舰（"金刚"号和"榛名"号）也从远处追来，正以为在劫难逃的时候，突然看到追来的日舰转向北行，并且越来越远，他又惊又喜，都不敢相信自己的运气竟然这么好。喜出望外的斯普拉格立刻抓住这个机会，迅速率队向莱特湾驶去。

斯普拉格少将在事后的报告中就这个不可思议的结局写道："敌人……没把我们这个特遣小组一举歼灭，一方面因为我军连用烟幕成功，并且使用鱼雷反击，另一方面因为全能的上帝特别眷佑我们。"

这样，塔菲3分队不但顶住了日舰最大口径的炮击、拖住了敌人、为自己赢得了宝贵的时间，而且还在处于劣势的情况下给予强大的敌舰以重创，确实打得非常漂亮、非常顽强。

但是，塔菲3分队的灾难并没有到此为止，更惨烈的灾难不久就要降临到他们头上了，一种全新的"战法"、一种史上最疯狂的战斗方式——"神风"——正等待着他们去头一个品尝。

第6章
CHAPTER SIX

绝望之下的
计划

★在大西的一再坚持下，201海军航空队司令山本荣大佐最终被迫同意大西进行尝试，他立即召集全体飞行员，向他们宣布了自己的主意，飞行员反应非常强烈，他刚一说完，许多飞行员就纷纷请愿，争相要为"天皇陛下牺牲"。

★猪口挺直腰，走到没有被选入第一批的飞行员面前，激动地说："诸君，今天晚上我在营房中。如果你们有谁愿意参加'神风特攻队'，请晚上来我住处。不来者我也为他保密。我们只要无牵无挂的人。你们完全可以自愿。听明白了吗？"

No.1 再现六百年前的“神风”

进入1944年，即第二次世界大战结束的前一年，战争局势对日本愈加不利，特别是在太平洋海战场上，日海军更是连连受挫，节节败退。1942年5月的珊瑚海海战，日海军遭受自发动战争以来的第一次挫折；接着，6月的中途岛海战，10月的圣克鲁斯大海战，11月的瓜达尔卡纳尔海战，日海军都大败而归；在随后的俾斯麦海海战、库拉湾海战、布干维尔海空战、吉尔伯特海空战、马里亚纳海战中，日海军无不以惨败而告终。此时，号称“世界第三海军”的日联合舰队已是日暮途穷，危在旦夕。然而狂热的日军并不甘心失败，就在马里亚纳失守之后，日海军把战备的重点转到了特攻作战上。

1944年10月17日，“捷1号”作战在即，刚刚就任日本第一航空舰队司令的大西泷治郎中将匆匆赶到菲律宾，企图挽救日本帝国日薄西山的命运。

大西是个自视甚高的人，一向非常狂妄。他是山本五十六的心腹，也是策划偷袭珍珠港的核心人物之一，就是他，在一般人认为难以设想的时刻，断然采用航空攻击的战术偷袭珍珠港，获得了完全的成功，在日本海军航空界素有“瑰宝”之称。但是，由于他一向性情耿直，满脑子只有革新思想，不懂得逢迎拍马，不懂得宦海沉浮的秘诀，而且，由于一向言语咄咄逼人，锋芒毕露，常常给上司难堪，这也影响到了他的升迁。

如今，日本帝国面临危亡的残局，又重新启用这位能力出众、战功赫赫的名将。但是，“巧妇难为无米之炊”，虽然他能力超群、并力图挽救日本败亡的命运，可是此时的第5基地航空部队可投入战斗的飞机还不到100架，而且这些飞机的性能极差。更糟糕的是，由于在此前多次重要海战中，日本精英飞行员几乎消耗殆尽，现有的飞行员都是东拼西凑成的，没有受过多少训练，更没有多少实战经验，低劣的驾驶技术达到了惊人的程度。

眼看日本可能马上就要面临全线崩溃的危局，几近绝望的大西突然想到了在萨马岛海战中，关行男大尉指挥4架飞机，在萨马岛外同时攻击了3艘美国航空母舰，两艘被严重摧毁。其中关大尉直接撞击了敌舰“普林斯顿”号航母，使该舰发生了大爆炸，火焰高达300米，这艘航母仅仅20分钟就沉没了，舰上的近千名舰员也随之葬身海底。在大西看来，关大尉可比栗田的“大和”舰威力大多了，他迫不及待地想让海军上层接受自己的这个想法，但是，即便是在第1航空舰队的精华——第201海军航空队内部，也有不同的声音。

10月19日夜，马尼拉近郊的克拉克机场指挥部，第201海军航空队会议室。

一辆美制吉普车辗过克拉克基地的荒草，开到跑道的尽头。它绕了半个圈，向站在会议室门口的杉本瑞泽中佐和小林多闻少尉这边开来，在离他们20米处就嘎地刹了车，从里面走出一位穿白色海军将官服的人。

“呀，大西中将，您好！”杉本向来者打招呼。小林眼中也冒出了激动的火花，他忍不住轻声说：“大西将军，这可是策划偷袭珍珠港的名人哪！”

他们向中将行了军礼，然后，毕恭毕敬地站着。大西的肩很宽，胸部微微前倾，富于男性魅力。

大西虽然战功卓著，却升迁很慢，到现在才当了第1航空舰队的司令官，还没等上任，第1航空舰队又改成了第5基地航空部队，由三川军一中将指挥。三川虽是萨沃岛海战中的英雄，然而两手空空，他把志摩的澎湖舰队交给西村以后，手头连一艘驱逐舰也没有了。他只能指挥大西和福留繁，驻守台湾的福留繁中将是第2航空舰队的司令官。虽然大西一向郁郁不得志，然而，他的才气和智谋却为世人所公认，像杉本、小林这些中下级军官，对大西简直佩服得五体投地。

杉本和小林毕恭毕敬地把大西迎入会议室，会议室里，201航空舰队司令山本荣正和一群参谋等待着他的到来。

见到大西的到来，会场上的人立刻齐刷刷地站了起来，大西摆了摆手，示意大家坐下。他环顾了一下与会的人，直接开门见山地说："诸君，想必大家都已知道，目前战局危急，美军已经占领摩罗泰岛，并随时准备对菲律宾和台湾发动进攻，倘若菲律宾不保，我日本帝国神圣的本土势必遭受敌人攻击。"

与会的人纷纷点头表示赞同，大西接着说："我舰队将按照预定的'捷1号'计划行动，打击任何有可能在莱特湾登陆的美军舰只。但是，我一上任，却发现手头仅有300架各种各样的飞机，有的还是古老的双翼机。我到处跑，发现只有1/2能升空，这简直是开玩笑！用这么几架破飞机能保卫菲律宾，保卫日本帝国，鬼都不信呢。"

小林等人不由得低下了头，是啊，这就是空军的现状。

大西用犀利的眼神环顾了所有与会的人，坚定地说："'罗马不是一天建成的'。我没有时间，没有飞机，没有汽油，训练只是走过场。诸位，有谁能在一夜之间变成'赤城'号渊田美津雄或'飞龙'号友永丈市那种空中老手？不可能呀！不久，我又接到了掩护'捷1号'作战的任务。我心想，用不了两天，这几架飞机就会在'大和'舰上空消耗光。我认为我们与其消极地防御，不如直接攻击美军舰队。当然，我们再也不会像以往那样愚蠢地送死了。我们必须实施特攻。"

"特攻？"山本荣惊愕地问。

参谋们也反射性地问，其实他们心里很明白。

"就是用零式机携带250公斤的炸弹去撞击敌舰。"

顿时，会场上一片死一般地寂静，所有人都沉默无语。他们正在想的是，大西要来真格的了，他毕竟是大西呀。

"是的，诸位，"大西坚定地说，"要最大效率地使用我们的微薄力量，唯一办法就是组织由'零'式战斗机编成的敢死攻击部队，每架带上250公斤的炸药，俯冲撞击敌航母，只有这样，才有可能阻止住美军的锐利锋芒以挽救危局，此外，别无他法。"

玉井中佐瞪大眼睛，掩饰不住自己的惊讶。大西一生中只见过两次这种表情。第一次是三年前，当时他奉山本五十六之命找源田实少佐商议攻击美国太平洋舰队的事情。他刚说出"珍珠港"三个字的时候，源田也是这副表情。

大西不理会玉井等人的惊愕，继续说："我认为，用1条命换800条命，以1架飞机的微弱代价换取1艘航空母舰，这才是日军逆转乾坤的关键。"

　　"我向南云中将说过这办法，也和古贺大将以及丰田大将商讨过此事，但是，无人理睬，因为他们认为这是不道德的战术。"

　　"他们倒很道德，可是结果呢，总是在打败仗。"大西不屑一顾地说。

　　会场上的人谁也不敢接茬，公开批评长官显然不合适，谁也没有大西的这个胆量和魄力。

　　"我认为，战争只有胜败，没有什么道德不道德。"

　　年轻的参谋们暗自点头表示赞同。

　　大西的想法虽然没有得到海军上层的赞同，但是却得到了许多狂热日本飞行员的欣赏。

　　大西略带些悲伤地说："日本新飞行员的轰炸技术真是让人感到羞愧，尤其是在瓜达尔卡纳尔岛战役中，日军用300架飞机居然炸不沉一艘敌人的航空母舰。"

　　大西说得都有些声嘶力竭，不得不停下来，稳定了一下自己的情绪，努力压住内心的激动说："在瓜岛战役之后，海军的惨重损失也慢慢透露出来，日本海军官兵们议论纷纷：只有用带炸弹的飞机去撞击美舰，战争才有希望。因为美国佬有无穷无尽的资源，对他们来讲，人比军舰宝贵，而日本却恰恰相反。"

　　他把目光转向猪口平参谋，对他说："平君，请你说说这种撞击战术的效果吧。"

　　此前，大西专门请了猪口平参谋计算了一下这种撞击战术的效果。猪口显得很兴奋，迫不及待地一下站起身来，激动地说："效果非常好，这种撞击起码要使美舰修理好多天，而且，撞击的命中率比投弹和鱼雷攻击高得多，因为驾驶员随时可以调节飞机的航向。"

↓战斗前，日军飞行员纷纷写下诀别书。

大西满意地点了点头。山本荣则埋怨地瞪了猪口一眼，显然，大西和猪口都没有告诉过他这件事。

在大西的一再坚持下，201海军航空队司令山本荣大佐最终被迫同意大西进行尝试，他立即召集全体飞行员，向他们宣布了自己的主意，飞行员反应非常强烈，他刚一说完，许多飞行员就纷纷请愿，争相要"为天皇陛下牺牲"。

这样，10月19日深夜，大西召集第1航空舰队的精华，成立了以寻歼航母为目标的特别攻击队，在给这支敢死队命名时，有人提出用"敢死队"这个名字，大西表示反对，因为他觉得乃木希典将军在旅顺口的203高地上已经使用过了"敢死队"这个称号，他不想重复。猪口中佐建议用"神风"二字。他拍案叫绝，认为这个叫法太好了。因为他认为，六百年前那场所谓的"神风"刮翻了蒙古人的东征舰队，保住了日本。今天，日本"热血的青年"用自己的躯体和精神的"神风"，也会"刮翻美国佬的舰队，拯救皇国的"。他立即表示同意。

"神风"的典故源于公元15世纪中叶，元世祖忽必烈先后两次派出强大的船队攻打日本九州等地，每次都是在眼看日本就要被征服时，海上突然刮起强烈的台风，使蒙古人船毁人亡，全军覆没，日本因此转危为安。素来崇尚神灵的日本国民便把这两次使元军葬身鱼腹、于转瞬间挽救了日本的暴风称之为"神风"。现在正值日本法西斯气息奄奄、危在旦夕之际，他们又幻想得到天助神佑了。

"神风"特攻是一种实施自杀性"肉弹"攻击的作战方法，就是在轰炸机和战斗机上装上大量的烈性炸药，并且置于飞行员座舱之前，一旦发现目标，就连人带机撞下去，其机头触及坚硬之物立即发生剧烈爆炸。它们不以空战或轰炸敌舰为己任，而是往往以超低空飞行的方式接近敌舰，再猛然撞上去，给敌舰造成致命损伤。

这种作战方法在太平洋战争中已频频出现，早在美日战争的第一天，也就是在偷袭珍珠港的战斗中，板田房太郎中尉就曾驾机撞向美军机场机库。

首次有组织的自杀性攻击出现在1944年5月的比阿克岛登陆战中，日本为夺回其与南洋交通线上的要地与美军发生了激烈战斗，27日，陆军第5飞行战斗队队长高田胜重少佐断然率4架飞机向驶近的美舰撞去，击沉了美舰。战后，日将此举通报全军，引起了军内外的震动，此次行动也成了"神风"特攻战术的先导。

No.2 神风特攻队

10月25日，菲律宾，一个风急云乱的的黎明，曙光照亮了五颜六色的野花。在一栋乳黄色的西班牙风格建筑物前，站着一队"神风"特攻队飞行员；他们都是年轻人，怀着热烈的赴死之情，目光中毫无畏惧。他们有人结了婚；有人有未婚妻，然而并不牵挂。他们的许多同时代人已为帝国效死在沙场上，他们也不贪恋自己的生命。虽然他们没有飞过几个起落，技术很差，根本无法攻击防卫森严的美国军舰，可是，现在他们却负起了保卫天皇的重担。

他们短暂的生命，正如那鲜艳的、然而转瞬就凋败的野花呀。

"神风"特攻队分为4个小队，分别取名为"敷岛""大和""朝日"和"山樱"，这些名称都是日本的象征和日本人的骄傲，他们显然希望这种绝望的战术真地可以挽救日本帝国的命运、挽救天皇的颜面。

这4个小队一共有24名飞行员，他们吃过了丰盛的早餐，留下了绝命书和遗物，甚至抓紧时间洗了一个澡。

作为帝国的军人，他们随时都有战死的可能、而且也随时做好了牺牲的准备。但是敢死队是另一码事儿，而特攻队则是第三码事儿。战士有死有活，敢死队员偶然也会活下来，而神风队员肯定是死。死就是他们的使命。

想到必然要死，他们就意识到生命的美好。他们在世界上活的时间太短了。他们正在念书，正在恋爱。他们也曾有过各种各样的理想、幻想和梦想。有谁打算过在20来岁时就去死呢？

可是，现在，天皇要他们去死，日本要他们去死，指挥官要他们去死。他们的兄弟们，从遥远的莫尔兹比港、阿留申、塔拉瓦、英帕尔，一直到莱特湾，纷纷变成了鬼魂。他们要向美国佬复仇。可又是谁把他们送到这些连听也没听到过的异国的土地上呢？他们能活下来的兄弟姐妹们，在同情他们的牺牲的同时，难道不该谴责发动战争、把日本民族和其他民族投入血海的那个混蛋军部吗！

大西走近他们，同他们一一握手，然后发表演说。

大西略带悲伤地说："诸君，按照我自己的本意，就是要准备和特攻队员一同登上飞机。然而，我老了，还要留下来鼓励下一批特攻战士，所以后走一步，请大家在神国里等着我吧。"

大西像一个施催眠术的巫师，突然话锋一转，开始了他激动人心的慷慨陈词："诸君，日本民族面临着多事之秋。能够理解和分担国难的，并不是重臣、大将、军令部长，或者像我这样的老军人。能为我们祖国承担命运的正是你们，正是你们这些精力充沛、天真纯洁的年轻人。所以，我代表日本国民，代表全军将士，恳求诸君。祝各位马到成功。"

他越说越动情，声音颤抖，难于自已："诸君，你们已经是神啦！你们不惜一死以报君恩，在悠久大义中永生，是日本人最景仰的军神。正因为你们成为神，你们才不留恋这个污浊而可悲的尘世。

"如果说各位还有什么愿望的话，那么，我猜想大家是想知道自己的攻击换取的相应代价，你们唯一的遗憾恐怕是这件事吧？因为自己的长眠而无法得知此事。各位请放心，我虽然无法通知各位，但我会如实地报告给我国和天皇陛下。你们的战功将传遍全世界，因而诸君的灵魂将得以安息，安息在我们国民顶礼膜拜的神社之中。"

他突然向特攻队员鞠了一个深深的躬，深情地说：

"各位，那就拜托啦！"

大西言毕，眼里饱含着泪水，喉头呜咽，几难成声。

飞行员们也受到了感召，情绪非常高涨，24个人几乎同时转身，面向日本本土皇宫的方向，齐刷刷地挥动臂膀，高呼道："我等七世尽忠，报效天皇，宁可玉碎，绝不瓦全。生为皇军，死为军神。武运长久，决战决胜！万岁，万岁，万岁……"万岁声久久没有平息。"七世报国"是第2航空战队的旗舰"苍龙号"舰长柳本柳作大佐在偷袭珍珠港时所说的名言，此后传遍日本三军，此时这些年轻的飞行员们大概也希望能用自己的血肉铸造出另一个奇迹和辉煌吧。

　　眼含热泪的大西猛然转过身去，静默了半分钟，然后转身走到每一个特攻队员面前，以海军中将的身份，向每人深深地鞠了一个90度的躬。未见过世面的特攻队员被感动得泣不成声。

　　站在一旁的猪口中佐也激动难耐，热血沸腾，他站了起来，声嘶力竭地向飞行员们宣讲着日本武士的精魂，就是要誓死保卫天皇，他们的灵魂将长存不灭，百世受人敬仰。

　　"诸君，值此我等伟大的民族面临着亡国灭种的危险，而拯救日本只有靠各位以生命殉国，就拜托各位了。"

　　他也深深地向出征人员鞠了个躬，久久没有起身。飞行员们也纷纷向他和大西鞠着躬，泪流满面。

　　猪口挺直腰，走到没有被选入第一批的飞行员面前，激动地说："诸君，今天晚上我在营房中。如果你们有谁愿意参加'神风特攻队'，请晚上来我住处。不来者我也为他保密。我们只要无牵无挂的人。你们完全可以自愿。听明白了吗？"

　　"是，明白！"剩下人异口同声地回答说，许多人都激动得泪流满面。

　　6时，特攻队员开始穿上飞行服，头上扎着书有"大和魂"的白丝带。他们一个个同基地长官和地勤人员告别，饮上一碗日本酒，然后跨入"零"式机的座舱。机械师早在副油箱的挂架上挂了一颗250公斤炸弹，并把保险装置接到座舱中，他们特地叮嘱飞行员："撞上敌舰之前，千万别忘了打开保险装置呀！"

　　"神风"队员挥挥手。机械师帮他们合上座舱盖，出舱门也随即被卡死了。而且，他们都没有带降落伞。

　　10分钟后，24架飞机的发动机"卟卟"响起来，飞机爬上天空，在机场上空环绕了3周，接受基地全体军事人员的立正行礼。然后，他们朝向东方飞去。他们是永远也不会回来的了。

　　第一批"神风"特攻队就这样出击了，断了后路的"神风"队队员，像被一股无形的力量驱赶着，杀气腾腾地飞向莱特湾，在莱特湾

↑神风特工队员即将面对人生中的"最后一战"。

外，正有大批的美国舰只焉然未知地"等待着"它们。

此时，让我们再把镜头拉到莱特岛海湾。镜头的不远处，就是刚刚"拣回来一条命"的塔菲3分队。

它们刚刚摆脱了栗田率领的庞大舰群，幸运地从日本战列舰的炮口下拣回了一条命，但是，他们的灾难并未结束，刚平静一个多小时，突然，编队又拉响了战斗警报。

10时50分，此时的莱特湾海面一片寂静，突然，美"方肖湾"号护航航母的瞭望哨发现9架日机直奔美航母编队而来，由于日机飞得很低，雷达没有发现，瞭望哨赶紧拉响了舰上的警报，就在美战斗机升空实施拦截时，日机一下子爬到好几千英尺的高空。不一会儿的功夫，只见5架"零"式战斗机从天空你追我赶的混乱中出现，朝着航母编队的方向俯冲下来，其中1架"零"式战机扫着机枪朝"加里宁湾"号护航航母冲了下来，此时"加里宁湾"号上的舰员们还认为它会再次拉起来，不料它却直冲着航母左舷的狭窄通道撞去，只听一声巨响，飞机炸成碎片，"加里宁湾"号甲板上顿时血肉横飞。另外2架则咆哮着冲向"方肖湾"号航母，显然也是要撞击它，庆幸的是"方肖湾"号上的舰面火力将其击中，飞机在临近航母的刹那间解体。最后2架日机则对准了"怀特普莱恩斯"号航母，在"怀特

普莱恩斯"号猛烈的舰面火力的打击下，2架日机均被命中，然而其中一架却拖着长长的浓烟，一个右转弯向着"圣洛"号航母冲了过去，似乎是要降落，但在着舰的瞬间，飞行员把飞机一翻，轰隆一声坠毁在"圣洛"号的飞行甲板上，停机甲板上顿时成为一片火海，继而引起舰内一连串剧烈的爆炸，久经海战片甲未损的"圣洛"号航母却因此葬身海底。

24日6时30分，日军还进行了另一次攻击。6架自杀飞机在4架护卫机的掩护下从棉兰老岛向北飞去，一架击中"桑提"号护航航母，引起连续的骇人大爆炸，而另一架击中了"苏旺尼"号护航航母，导致"苏旺尼"号航母舰体严重受损。

大西并不就此善罢甘休，26日、27日他又相继派出了27架"神风"特攻机。"神风"机在升空对敌舰进行攻击时，一般分为战术小队，一个小队通常有特攻机3架，支援机2架。支援机从事领航、掩护与拦截美机作战、观察战果等任务，由老练的飞行员担任，特攻机专事"玉碎"。

在整个莱特湾海战过程中，日本"神风特攻队"共出动"神风"机55架，击沉美航母1艘，重创4艘，轻伤1艘；击沉巡洋舰1艘，重创1艘，另击沉、击伤其他各种小型舰船若干。莱特湾之战首开有组织的自杀飞机攻击的恶端，此后，"神风"特攻愈演愈烈。

No.3 捣毁"鼠窝"，根治"鼠患"

此刻，面对渐渐下沉的美舰残骸和火浪中滚动的尸体和残肢，美国人给吓懵了。当得知这一消息后，久经杀场的麦克阿瑟也不由得一脸愕然，问助手说："日本佬是有意冲撞的吗？"

"报告将军，他们完全是有意冲撞的，事先并不投弹，而是直接就向我方军舰冲了过来。"助手如实地汇报说。

"他们是不是疯了？"麦克阿瑟鏖战沙场多年，应付过不计其数的局面，但还是被这种丧心病狂的战术给惊呆了，他们真的发疯了？"这群疯子，他妈的，都是疯子，日本佬简直就是一群野兽！野兽！"

麦克阿瑟的异常激动让助手也忍不住有些呆了，不过他们知道，麦克阿瑟一定又想起了他终身引以为恨的"巴丹死亡行军"，他的手下在这次死亡行军中饱受蹂躏、死伤惨重，在世界战争史上，日本人书写了最为惨绝人寰的一页。他没想到日本人对战俘这么狠，对自己也这么狠。

"他妈的，他们真不是人！"麦克阿瑟怒吼道，"自己不想活了就一定要拉着别人下地狱，真他妈的不是人！"麦克阿瑟骂声不绝。

"可是要怎么才能对付这种自杀式攻击呢？"麦克阿瑟痛苦地想。想比之下，美军的战术都显得那么"仁慈"，那么"脆弱"。麦克阿瑟心里明白，这绝对是战争的怪胎，只有日本民族这种极端的性格才会孕育出这样极端的行为，更令人恐惧的是，你无法想象得出这些战争疯子还会想出多少其他更惨绝人寰、灭绝人性的"战法"来，文明在这些疯子面前显得那么苍白、那么脆弱。

就像麦克阿瑟无法阻止"巴丹死亡行军"的发生一样，他也无法阻止日本人发动这样疯狂的攻击，他不能，所有人都不能，只有日本人自己能，可是，已经陷入丧心病狂的他们会自己停止下来吗？麦克阿瑟心里明白，他们是绝对不会的。此时的麦克阿瑟已经暗下决心，有朝一日一定要彻底整肃这种死亡情结、这种疯狂的军事主义，这种走向了极端的文化。"二战"结束后，借着占领之机，他终于做到了，可是，眼前的他却和所有美国人一样、和世界上所有爱好和平的人一样，束手无策。

"神风"出击取得巨大成功的消息一传到日本大本营，大本营里的战争狂魔顿时欣喜若狂，手舞足蹈，自以为找到了逆转乾坤的钥匙。其中，最高兴的也许就是新上任的小矶国昭首相了。"神风特攻队"的成功奇迹，为他的老脸增添了一抹亮色。

在最高战争指导会议召集重臣们商讨"神风特攻队"问题时，面对他人的恭贺和吹捧，他得意洋洋地宣称："帝国今后采取的主要反攻手段就是'肉弹'战术，特攻队员应由海军航空兵和空军扩展到陆军航空兵上。"

日本狂人的军国主义分子自以为找到了扭转战局的神兵，却不知道这只是把他们向地狱更加推进了一步而已。

在内阁的暗示下，日本大小报章也大肆鼓噪说：

"大东亚圣战全面反攻指日可待！"

"大日本帝国健儿身冒百死，武运长存，战果空前！"云云。

可是，有良知、有意识的日本人都知道，这下，日本真是要彻底完蛋了。

美国人彻底愤怒了！于是，有人向罗斯福总统呼吁成立自己的敢死飞行队，对日本人以牙还牙、以血还血。还有不少人主动请缨、要求加入敢死队。

深秋时节，白宫外的草坪落上了片片美丽的黄叶。

此时，年迈的罗斯福紧闭双眼、靠在轮椅上默默不语。他的左手上拿着麦克阿瑟发来的电报，告诉他日本"神风特攻队"给美军舰只造成的严重伤亡，右手上拿着几封民众发来的电报，要求组建自己的敢死队去报复日本人。他的膝盖上盖着一件厚厚的毛毯，但是还是抵挡不住内心的阵阵寒意。

他闭上双眼，竭力让自己镇静下来。

他什么风浪没见过？空前的全国经济大危机，他经历过，在他两届任期中，通过实施"罗斯福新政"，美国的经济不但恢复了过来，而且借着大战的东风又大赚了一笔，国力日益强盛，国际影响力变得举足轻重；希特勒发动突然袭击，攻陷西欧，他经历过，在美国的领导下，盟军不断在各个战场上取得胜利，解放西欧只是个时间问题；日本突袭珍珠港，他经历过，他不但巧妙地化解了突袭给美国带来的巨大伤害，而且更借机加入"二战"，为美国登上历史高峰、左右世界局势奠定了基础。

可是唯独这回，却真的很让他感到伤脑筋，日本人——也许包括整个东方人——文化中的这种极端行为、偏执行为，实在不是"头脑单纯"的美国人所能理解的，更不要说去接受了。

眼看美国的拳头就要触到日本本土了，却突然杀出这样一群不怕死、甚至渴望死亡的疯子。

罗斯福思考了许久，凡是东京方面能在战争中干得出的，华盛顿也全能照干，但是唯独这一招儿，把本国人民当成"肉弹"，凌空撞向钢筋铁板，撞得鲜血累累、死伤惨烈，东京那帮人能干得出来，而且干得这么绝，可是华盛顿的决策者却无论如何都干不出来，这和人的本性、和人类的道德意识完全相悖。

这完全是两种截然不同的生死观和价值观：在东京这帮武夫看来，在危难之际用生命敲开死亡的大门，是每个武士道者神圣而光荣的职责，是种荣耀；可是在华盛顿看来，在危难之际拒死神于门外，才是明智、理智的选择。生命是可贵的，越是在灾难的时刻就越是应该明白生命的可贵、并进而珍惜生命的价值。

"不行，美国人不是弹药！"罗斯福刷地睁开双眼，露出一道迫人的寒光，斩钉截铁地大声说。他按下桌上的铃，叫秘书进来为他起草一份声明和电报，声明是致美国人民的，电报是给麦克阿瑟的。

12月初，正为"神风"攻击导致舰队伤亡惨重而忧心忡忡的麦克阿瑟突然接到了罗斯福总统的一份电报：

"惊悉前线'鼠患成灾'令人不安。遗憾的是，华盛顿也没有灭'鼠'的良药。我一直为此而苦恼，已经连续失眠多个昼夜。

"现在，我可以告诉你一个'灭'鼠的良方：只是忙于痛打爬到你床上的'老鼠'，只能治标、难以治本。长久之计在于，全力以赴捣毁附近的几个'鼠窝'，才能从根本上遏制'鼠患'。"

麦克阿瑟顿时眼前一亮，茅塞顿开：就是呀，老是这么提心吊胆地防着哪是个头啊？只有主动出击、扼杀敌人于萌芽之际才是良方呀！麦克阿瑟欣喜若狂，这个罗斯福，确实不简单，难怪能在选举中一胜再胜呢，果然具有非凡的智慧和眼力。

麦克阿瑟不敢懈怠，立刻急令哈尔西将军和肯尼将军派出800多架舰载机，对菲律宾、帛琉群岛和附近的日军机场实施毁灭性轰炸，彻底把"鼠群"消灭在老巢中。经过两天两夜的多次轰炸，十几个日军机场上的"神风特攻队"飞机还没有来得及升空，就变成了一堆废铜烂铁。麦克阿瑟也长舒了一口气。

"神风特攻队"的登场，并没有能挽救日军在莱特湾海战的惨败，更无法挽救日本帝国的沉沦，它只是在人类历史上写下了丑恶的一笔。很快，它还将见证到日本海军的最后实力、仅有的"精华"力量在莱特湾海域附近几乎被美军消灭殆尽。

↓美军轰炸机编队起飞，目标是日军机场。

第7章
CHAPTER SEVEN

恩加尼奥角
海战

★日本大本营认为，如果能设法将美第3舰队引离莱特湾战场，那么，第1和第2游击部队就可以利用优势兵力冲破第7舰队的防御，突入莱特湾，摧毁美军运输舰和堆积在海岸上的战斗物资，从而阻止美军在菲律宾登陆，再以其为基地攻击日本本土。

★庞大无比的"瑞凤"舰正在进行垂死前的痛苦挣扎，浓烟几乎完全把它遮盖住了。它的甲板沿纵轴倾斜度越来越大，把火灾中残存的乱七八糟的破飞机和弹药一古脑儿抛入海里。四艘日本驱逐舰正在用它们密集的鱼雷向3.3万吨的"瑞凤"号射击，企图减少它死亡前的痛苦。

No.1 小泽成为合适人选

日本人清楚，日本舰队能否破坏盟军在菲律宾登陆，最大的障碍就是美国的第3舰队——快速航空母舰编队。

日本大本营认为，如果能设法将美第3舰队引离莱特湾战场，那么，第1和第2游击部队就可以利用优势兵力冲破第7舰队的防御，突入莱特湾，摧毁美军运输舰和堆积在海岸上的战斗物资，从而阻止美军在菲律宾登陆，再以其为基地攻击日本本土。

于是，根据"捷1号"计划，联合舰队授命担任机动部队的小泽航母编队出海充当"诱饵"，不惜一切代价吸引美军第3舰队的注意，把它引向莱特湾以北，使之不能参加莱特湾的海空战斗。

10月20日凌晨，小泽治三郎海军中将率领机动部队离开位于濑户内海的伊予滩，开始南下。

23日18时，这支部队进至吕宋岛东北端的恩加尼奥角。

在恩加尼奥角，吕宋岛的晚风吹拂着静逸的洋面，也吹拂着站在舰桥上的小泽的脸庞。晚风如絮，落霞如染，天际海边的红日还是那么地光彩夺目，但是小泽却丝毫没有心情去欣赏这美丽的景色。在小泽的脚下，是大名鼎鼎的"瑞鹤"号，它曾经参加偷袭珍珠港等多次重要的战役，记录着日本海军的荣耀，也记录下了日本海军的败辱。在他的身后，是一支空前庞大的舰群，舰群分为两支行进，从高空中看仿佛就像一只巨大无比的螃蟹，只是，小泽心里清楚，不管是螃蟹还是鲨鱼，这支舰队都是给人吃的、而不是要去吃人的。

小泽手中几乎集中了日本海军航母力量的所有精华，共有4艘航空母舰，分别是"瑞鹤"号、"瑞凤"号、"千岁"号、"千代田"号，此外，还有航空战列舰两艘（"伊势"号、"日向"号），巡洋舰3艘（"多摩"号、"五十铃"号、"大淀"号），以及驱逐舰8艘。但是，偌大一个航母编队舰载机却少得可怜，只有战斗机52架、战斗轰炸机28架、攻击机20架、轰炸机7架。这107架飞机，显然不是美军快速航母部队的对手。

其实，小泽既是这次任务的合适人选，又不是一个恰当的人选。

说他合适是因为他是水面舰艇军官出身，一直指挥重巡洋舰队，初次指挥航空母舰机动部队，上手就率领4艘航空母舰——日本海军有史以来的最强阵容，投入赌国运的恶战，而且发挥了自己的想象力；而说他又是个不恰当的人选则是：这样一个耻辱的任务实在不应该由战功赫赫、能力超群的他来完成，他应该比优柔寡断的栗田更适合去指挥杀入莱特湾的任务。

小泽成名很早。他最早成名还是在太平洋战争初期。当时山下奉文中将的第35军将要在马来半岛的宋卡、北大年等地强行登陆，由于日本海军的航空母舰紧张，一时调配不过来，分配给南遣舰队的只有5艘重巡洋舰。但英军有"威尔士亲王"号和"反击"号两艘战列巡洋舰，显然不是对手。连一贯勇于冒险的山本大将也主张先用航空兵干掉英国两艘战列舰后再登陆。南方军总司令寺内寿一大将和山下中将急不可待，生怕消息走漏英军加强防御。陆军为乞得海军掩护，伤透脑筋。小泽中将站起来说："陆军的决定是勇敢而有理由的。我愿担任掩护任务。就是全军覆没我也敢同山本长官一赌，由我率舰好了。"他终于率舰队护航成功。陆军将士要为他请功，他却说：

"战争这东西不是光凭推理的，不真打打谁也难料胜负。陆军固然常常胡来，但当时别无他途。山下等所有将士有必胜决心，所以我也准备一死去干罢了，谈不上什么伟大不伟大。"

在印尼作战中，小泽掩护今村均中将的第26军，又面临同样情况。今村一个军的大船队，仅有10艘驱逐舰护航，而盟军方面却有6艘重巡洋舰。今村急得团团乱转，派人到南方军总部交涉加强护航兵力，遭到痛斥："事到如今才进行胆怯的交涉像什么话！"他转求小泽，小泽立刻命令栗田去护航："不管如何，不让你们平安地登陆爪哇怎么行！"栗田舰队有4艘重巡洋舰，它们果然与盟军舰队在爪哇海上大战了一场，盟国舰队败北，今村均部队顺利登陆。从此，陆军尊崇小泽治三郎中将为"大明神"。

而且，凡是有辱日本海军军威的那些大海战：珊瑚海、中途岛、瓜达尔卡纳尔海战，均无小泽参加，海军上下都对他抱有一线希望：他一定能行。

小泽已经抱定了牺牲本部队的决心，他的心中仿佛又想起联合舰队司令发出的"仰仗神明保佑，全军猛进突击"的号令，是啊，是他亲口把这个命令通告给所属舰队所有官兵的，但其实他真是有苦难言，他不能把此次出击的真正使命向官兵们讲明，而且，还得使他们充满胜利的信心。

他转头问站在他身后的作战参谋："美军快速航母部队目前在何处？"

参谋回答说："应该在此地以南不远的海域待机，阁下。"

小泽点了点头，他推断，自己的编队在此之前应该已经被敌潜艇发现，己方的行动应该已经被对方查知，24日必将发生双方航空兵之间的战斗。

那么美军的快速航母部队究竟在什么地方呢？我们前面已经提到，美军快速航母编队的第2、3、4大队位于吕宋岛东南海面，并且在24日对锡布延海中的栗田编队进行了5次空袭，击沉了被称为"帝国瑰宝"的"武藏"号；第1大队在补给的途中获知栗田编队前来袭击莱特湾，也立即掉头向战场航进。

可是，哈尔西的快速航母编队一直忙于对栗田编队进行攻击，并没有立刻发现"诱饵"小泽舰队。

24日，为了更好地吸引美军的注意，小泽把舰队分为前卫和本队两个舰群进行活动。但

↑ 行进中的日军舰队。

是，并没有被美军发现。晚上8时，小泽得知栗田舰队受到美军舰载机重创，已经返航，他也命令舰队收拢，向北方退避。但是，不久，他又收到联合舰队命令，要求他"全军猛进突击"，于是，他又率部再度折回南下。

25日6时，小泽舰队的本队和前卫部队在预定海域会合，此时，小泽舰队还是没有引起美军的注意。

为了吸引美军的注意，小泽派出10多架飞机在115～220度扇面上搜索，发现了一支航母特混大队，但是，因为云雨天气，它们又把目标跟丢了。在3个小时后，小泽根据岸基侦察机报告的目标方位，又派出60多架舰载机，去袭击美军特混大队，在途中，和美军战斗机发生激战。其中只有个别飞机袭击了美军的航母，半数以上的飞机全部被美军击落。

虽然仅有的100多架飞机又少了几十架，但小泽舰队也是够"倒霉"的，还是没有引起美军的重视，因为日机袭击的是美军快速航母第3大队，这个大队是哈尔西第3舰队的最北翼，负责搜索北面海域，在日军袭击的时候它正忙于协同其他大队袭击栗田编队，所以，也没顾得上搜索北面海域。虽然有飞行员报告说这些日军飞机来自北方，但是并没有能引起第3大队的指挥官谢尔曼的注意。

一心想把自己"送到敌人嘴边"的小泽以为派出几十架舰载机出击，应该能把对方的第3舰队吸引过来，可谁知，阴差阳错，总是引不起美军的注意，真是"想送上门人家都不要"。

没办法，小泽只有采取新的行动。他命令舰队故意让烟囱冒烟，并频繁地使用各种频率进行无线电通信，以便引起美军的注意。此后不久，一架美军飞机飞临日舰上空，日舰虽然开炮，但是却没有把它击落，从截收到的电报得知，这架飞机已经把小泽舰队的方位坐标报告给了指挥部。

15时30分，哈尔西接到一架巡逻飞机的报告，在东北约200海里的地方发现一支航母编队。这就是小泽指挥的机动部队。这样，盟军方面就掌握了日军派出的几支海上兵力的大致

位置，并将驶向苏里高海峡的西村、志摩舰队称为南路舰队、将经过锡布延海东进的栗田编队称为中路部队，将从日本本土南下的小泽编队称为北路部队。

一直忙着攻击栗田编队的哈尔西始终心里惦记着日军的航空母舰编队，此时一接到巡逻机的报告，他大喜过望，立刻忘了自己的任务，准备全力以赴消灭仇敌、报仇雪耻。

本来在发现小泽编队之后，哈尔西可以将麾下的部队一分为二，用一部分兵力去攻击小泽机动部队，同时再留下一支部队防守圣贝纳迪诺海峡。但是，"公牛"哈尔西担心分开行动会削弱防御能力，而且，他一心想打一场名副其实的海上决战，小泽部队一出现，他便以为这是天赐良机，哪里还肯罢手？他不知道，小泽舰队其实根本就是个空架子，而且是要"调虎离山"的诱饵。他觉得，必须集中全力才能彻底消灭日本精华的航母编队，而且，只有各部统一行动，让舰船的火炮加强所属舰只的防空能力、同时还可使用航母上的舰载机加强对各警戒船只的空中掩护，才能最大地发挥突击威力。

所以，兴高采烈的哈尔西就电令各部立即会合，他先率领第2、4大队北进，第3大队和第1大队以最快速度前来会合，并于25日凌晨对小泽舰队实施集中打击。

而金凯德还以为哈尔西已经组建了第34特混大队，正在守卫圣贝纳迪诺海峡，所以，他也对北翼的防守完全放心，从而全力以赴地对付从苏里高海峡来袭的西村和志摩编队，结果却给了杀了个回马枪的栗田舰队一个千载难逢的好机会。

25日1时，美军快速航母编队的第2大队航母"独立"号派出的5架装备雷达的飞机进行夜间搜索，在2时05分发现了日本机动部队的前卫队，不久，就找到了其主队。美国快速航母编队如果继续前进，在天亮时就可能与小泽的舰队发生水面舰艇之间的战斗。

25日6时，日美航母编队都整理完毕。

此时，美国航母编队就在日本机动部队的南面，两支舰队相隔只有250海里。

而小泽也已经知道"鱼儿"马上就要上钩了，他预测最早在凌晨，就会和美军发生激战，为了表演得更真实一些，他还是决定派出舰上所有的舰载机，先行对美军航母发动攻击，好让鱼儿咬钩咬得更牢一些。

No.2 小泽选择了弃舰

天越来越亮了，"瑞鹤"舰上的飞行员们已等得不耐烦。此前，飞行指挥官已经通知他们要在凌晨对美军航母发动攻击，他们摩拳擦掌，然而"瑞凤"舰上的小泽司令官还没有下达攻击命令。

小泽很犹豫，他本想利用马里亚纳的陆基飞机减杀美军舰队的航空战力，并击沉两三艘母舰，这样，也不枉此行了。然而，塞班等岛屿机场均遭斯普拉格舰队舰载机的压制，虽然也有一些飞机进攻军舰，却一点儿作用也不起，完全是自投罗网。

他一直在焦急地等待着岸基机发来最新的袭击战报。战报终于送来了：击沉两艘美军航空母舰和1艘战列舰，击伤母舰和战列舰各1艘。

听起来似乎同他预料的差不多，然而小泽根本不信。自从中途岛海战以来，海军虚报战果成了传统，一艘油轮可以说成是战列舰，一般坦克登陆舰被吹成母舰亦未可知。小泽估计到实际的战果并不大。可是塞班受的压力大，他和其他海军将领不同，他并没有和陆军相互拆台、搞得水火不容，他一向同情陆军。此时，他必须进攻了。

日本舰队保持着17节的航速，迎风前进，终于进入了美机的攻击圈，再往前开，美机就可以来报复了。

"来吧，来得更猛烈一些吧！"

小泽心里默默念叨。他略带忧伤地回头看了看水兵和飞行员们明显稚嫩的脸庞，他们的脸上还是充满着青春的激情和无知，他们不知道自己的指挥官正要把他们送向地狱，反而以为在这位名将的带领下，他们可以铸造空前的荣耀和辉煌。

"对不起了，诸位。"小泽不由得一阵心酸，他感到一阵愧疚，辜负了这帮孩子们的信任啊！他压抑住内心的浮动，向作战参谋挥了挥手。战斗要开始了。

一面大旗突然升起，小泽终于下令旗舰"瑞凤"升起"Z"字旗。1941年，在偷袭珍珠港的战斗打响前，山本五十六就曾在旗舰"赤城"号上升起了"Z"字旗，哗啦哗啦地迎风飘扬。在更早一些，在36年前的日俄战争，东乡平八郎曾在旗舰"三笠"号战列舰上升过这面旗，一举击败了俄国的太平洋舰队。

这面旗蕴含着每一位日本海军官兵都十分熟悉的意义："皇国兴废，在此一战，全体将士务必加倍努力。"

顿时，所有看到这面旗帜的日本士兵都忍不住热血沸腾，飞行员们相互一视，"要干了呀！加油！"

杉本瑞泽同横山舰长在"瑞鹤"号上都看见了信号和战斗口号。此时天还没有亮透，"瑞凤"号航空母舰突然冒险打开了泛光灯，一架架鱼雷机和俯冲轰炸机升上天空，开始在头顶上编队。

杉本同横山开始给飞行员们打气："狠狠杀美国佬呀！多拜托啦！"

他们互相敬礼，并且紧紧握手。横山的记忆力特别强。他不但记住了一百多名飞行员的名字，还能说出他们的籍贯来。飞行员登上了飞机，他向他们招招手。有些飞行员感动得流出热泪。

"瑞鹤"号的飞机开始升空了。横山离开了飞行甲板。他要去指挥母舰，母舰根据风向不断调整，始终逆风，然后加大速度，直线航行，以利飞机起飞。这段时间是它最弱的时期，即使是一个初出茅庐的新手潜艇艇长，也有机会命中母舰长长的侧舷。

飞机大半已经飞上天空，杉本的目光无意溜到灰色的海面上。一根树枝样的东西在波谷间一闪，黑漆漆地露出一种令人恐怖至极的感觉。距离1,200米，他判断。他锐利的目光都已经瞧见了，而两艘专门执行反潜搜索任务的驱逐舰竟呆头呆脑毫无知觉。

"八嘎！"他大骂了一声，拼命绕过一排排列在甲板上的飞机、炸弹和鱼雷堆、垫木和绊机索，跑到岛形指挥塔下面，挥动着手大声喊，

"横山舰长，敌人的潜艇！"

飞机的轰鸣声、蒸汽弹射机的嘶叫声，加上"瑞鹤"主机的巨大声浪，早盖没了他的声音，横山却理解了他的手势。也许横山的精神异常集中吧，任何微小的变化他都首先同敌人的潜艇联系起来。

横山刚刚来得及拉响防潜警报。

此时，3枚鱼雷已经向"瑞鹤"射来，在水面上留下了气泡翻腾的尾迹。凡亲眼目睹过这种场面的人一辈子也忘不了，他们忍不住倒吸了一口凉气。

不过，"瑞鹤"到底是参加过珍珠港战役的老舰了。水兵动作利落，舰长指挥果断，在一片小口径火炮对鱼雷的射击声中，横山舰长打了一次漂亮的左舵，笨重的"瑞鹤"竟然躲开了破浪而来的鱼雷。甲板上的人都屏住了呼吸。

"好样儿的！"杉本大喊，"不简单，到底是'瑞鹤'舰哪！"

两艘日本驱逐舰此时才反应过来，迅速冲上去封闭了潜艇的退路，向潜艇的航向上逼近，同时向自己宽大的浪尾里丢下深水炸弹。杉本先是感到脚下的甲板一震，接着看到大团的菜花状水柱从海面升起来。

反击没有效果，发动袭击的美国潜艇下潜后逃跑了。

杉本瑞泽继续给第二攻击波的飞行员们打气："好不容易才抓住了美国佬的母舰，干掉它吧。以自己火热的进攻精神正面冲入敌阵，归根到底就是这个样子呀。"

日军的第二波飞机终于也升空了。

↑ 美军航母战斗中不幸中弹起火。

    小泽低头看了看手表，已经9点05分了。他估计第一攻击波已经到达美国特混舰队上空。美方公开宣布第58特混舰队司令是早年毕业于安纳波利斯海校的雷蒙德·斯普鲁恩斯上将，无论如何，这回得向他报中途岛的一箭之仇。这也是一场江田岛海校和安纳波利斯海校之间的决斗。

    上午10时，日本观察机发来了第一批战报：我机群在距美舰队150海里处遭到美机拦截，我战斗机队投入战斗，鱼雷机和俯冲轰炸机继续进攻。空战激烈，击落美机48架，我方损失20架。

    小泽不言不语，他明白：所谓的击落美机的数字，没有一回是准确的。空战是一种非常混乱的情景。双方互相撕咬，开了炮立刻就得逃避，战机转瞬即逝。3个人打中同一架敌机会被说成是三架。重要的不是飞机，而是美军的航母。他并不指望这么几架飞机能有多大作为，他们只是"正餐前的甜食"，但是，小泽心里却盼望着能发生什么奇迹，好歹得击沉1艘航母什么的呀。

    最后一批战报传来，小泽再次看了看表：10点45分。报告说击中了1艘美国航空母舰，可能是"列克星顿"号。美国的工业实力确实雄厚，他们在珊瑚海损失了1艘"列克星顿"，可是这么快就又造出一艘新的"列克星顿"。"日本可是打一艘少一艘啊，牺牲了这些航空母舰，也许永远都造不出新的来了！"小泽不由得心酸地想。

    突然，观察员的声音沉寂了。也许是它因为燃油不足不得不赶着飞往塞班岛去了，也许干脆被美机打掉了。

    一位新的观察员从另一架观察机上发来报告。他声音激动，操着京都腔，显然是个生手，一开头就报告击中了6艘航空战舰。小泽摇了摇头。

    突然，这名观察员声调激动地说："击中了1艘战列舰啦！啊，连中两弹，还有1枚鱼雷。我要下去看个清楚。"

突然，他又兴奋地报告说："是'南达科他'号，起了大火，没错，我弄得清它的356毫米大炮。噢，火很大，我看到舰上爆炸了。呀！连人也飞上天去了。"这位临时客串的观察员看起来一点儿也不熟悉业务，倒更像个战地记者。

小泽再次摇了摇头，他走上了舰桥的舷窗边，遥望远处的战场。他心里明白，最可能的战果就是所有的日机荡然无存，而美舰却毫发无损。这些飞行员太年轻了，他们的飞机也太少了。

在250海里之外的美军舰队明显要庞大得多。虽然第3快速航母编队只有第2、第3和第4三个大队到齐，但是实力已经远远超出了小泽编队。

第2大队共有航空母舰3艘，分别是"勇猛"号、"卡尔伯特"号和"独立"号，战列舰两艘（"新泽西"和"伊阿华"号）、巡洋舰3艘、驱逐舰16艘；

第3大队拥有航母3艘，分别是"埃塞克斯"号、"列克星敦"号、"兰利"号，战列舰两艘（"麻萨诸塞"号和"南达科他"号）、巡洋舰3艘、驱逐舰14艘；

第4大队有航母4艘，分别是"企业"号、"富兰克林"号、"圣哈辛托"号、"贝劳伍德"号，另有战列舰两艘（"华盛顿"号和"阿拉巴马"号）、巡洋舰2艘、驱逐舰11艘。

哈尔西不知道日军航空母舰所载的飞机本来就少，而且在早上出击后只有很少的几架返回了母舰。哈尔西和米切尔迅速从10艘航空母舰上派出战斗机60架、俯冲轰炸机65架、鱼雷机55架组成突击机群，飞至本部队前方约50海里的地方待机。

7时30分，美舰派出的突击机群报告说，在本部队以北130海里处重新发现目标，离空中待机的突击机群只有70多海里。

米切尔立即命令突击机群以最大的速度飞向目标。

突击机群直扑向小泽编队。8时刚过，突击机群发现了远处的小泽航母编队。

远方，海面上渐渐显露出其他两艘航空母舰的姿影。它们是小泽的旗舰"瑞凤"号和"瑞鹤"号。装甲航空母舰"瑞凤"很突出，它的直立式烟囱很像英国航空母舰"皇家方舟"号。它的飞行控制塔耸立在飞行甲板的一侧，又很像是最新的"埃塞克斯"级航空母舰。

战争初期的日本航空战舰像真正的"平顶船"，指挥机构在飞行甲板下面，视野受限。"瑞凤"吸收了所有航空母舰的优点，尤其是它的飞行甲板是150～400毫米的装甲板，又配备了最先进的损害管制系统——大多数日本航空母舰都是因为损害管制系统不良而被美军俯冲轰炸机炸沉的。"瑞凤"号是日本海军和造船工业的骄傲，它今年才刚服役，这场海战还是它第一次参战。

飞在最前面的美机迅速逼近日舰，日军战斗机也立即全部起飞迎战，可是，它们只有18架，而且技术和经验显然远远不及美军，很快，日军的战斗机就全部都被击落了。美机突破日舰严密的炮火网，对日舰实施了第一次空袭。

小泽旗舰"瑞凤"号首先被3颗炸弹击中左舷，炸弹穿透了上中下三层甲板，在锅炉舱爆炸，爆炸立刻引起舱内大火，"瑞凤"号上腾起一片黑色的烟柱。接着，美机发射的鱼雷也向"瑞凤"扑来，其中一枚击中了左舷后部，炸穿了厚厚的装甲，机舱开始多处进水，舰身开始左倾，后部下沉，舰速迅速降低。

"瑞鹤"号舰长横山舰长立刻发信号问小泽："怎么样，要不要帮忙？"

"我舰中鱼雷一枚，不要紧。"

这时候，横山看到"瑞凤"舰上升起一股黑烟。他凭多年舰长经验，感到很不祥。他用信号问小泽："我们看到你舰上的黑烟，严重吗？"

"小故障，可能是火灾。"

"'瑞鹤'号表示关注。"

"谢谢，我们能对付。"

5分钟后，"瑞凤"舰上的那股黑烟越升越高，越变越浓，淹没了舰桥上的无线电天线、信号旗、探照灯、防空火炮射击指挥仪和40毫米机关炮。横山第三次询问火灾情况，"瑞凤"的回答已经不那么乐观了。

无论如何，"瑞凤"号可是海军里损害管制系统最完善的一艘航空母舰，它下水的时候，海军中不是有人称它是"不沉的航空母舰"呀，横山想："该不会出大祸吧？"

"瑞凤"号上传来巨大的爆炸声。火灾波及了弹药库，紫红色的亮光一闪，一门127毫米高射炮连同它的九四式指挥仪一起被掀到100多米高的空中，如同轻飘飘的火柴盒。钢铁碎片和人肉残肢落入海里，溅起大片水花。一座燃油库被打穿了，燃油流满各层甲板，引燃大火，烟焰焦天。甲板上的水兵拼命同火灾搏斗，由于油火温度极高，消防水龙喷出的水立刻雾化，如同火上浇油。又有一阵爆炸声从舰腹内传出，狂风般的冲击波把飞行甲板上的九七式舰载机吹入海中。

几艘驱逐舰赶来救火，但都无济于事。大火在底舱燃烧，隔舱钢板火红，外面喷水不起什么用，横山立刻回想起中途岛海战中"飞龙"舰起火的情景。希望渺茫，为什么日本人造出的航空母舰如此脆弱！相比之下，日本的重巡洋舰、战列舰和其他轻型舰艇是多么结实呀。

当"瑞凤"号全舰官兵奋力救火的时候，相貌平平，似无大将风度的小泽治三郎中将镇定自若地指挥第三攻击波和第四攻击波飞机出击。一部升降机被烈火烧毁，小泽想用仅有的另一部升降机把"瑞凤"号舰机库中所有剩余的飞机都弄上甲板，然后起飞。浓烟烈火包围了舰桥，他似乎不动声色。多起飞一架飞机就多一份打击力量。他就是这种人。

横山还想再次询问"瑞凤"的情况，可是8时50分左右，"瑞凤"号完全丧失了通信能力，小泽命令"大淀"号暂代旗舰进行无线电通信。

此时，别的舰只情况也不容乐观。"千岁"号被7颗炸弹击中，有的穿透了飞行甲板在舱内爆炸，有的炸坏了左舷前部水线一下部分，"千岁"号舰上机器停转、大量海水迅速涌入船舱，舰身倾斜达30度。9时37分，"千岁"号从海面上静静消逝了，只留下海面上的一

↑日军航母中弹起火。

片片油污和尸体。

"秋月"号驱逐舰也被炸弹击中爆炸，舰上腾起一道高达几十米的火柱，爆炸声震耳欲聋，很快，舰体就从中部折断，6分钟后就迅速沉没了。

"多摩"号被鱼雷击中，航速锐减，开始掉队，日舰的队形已经被打乱。

8时30分，米切尔从第3、第4大队派出鱼雷机16架、俯冲轰炸机6架、战斗机14架，在9时45分对小泽舰队进行了第二次空袭，这时，小泽已经没有一架飞机能够起飞应急了。虽然高射炮火网依然严密，但是，舰船还是受到了重创，"千代田"号后部被炸弹击中，还有几颗炸弹落在舰舷近旁，受伤起火，并向右倾斜13度，彻底丧失了航行能力，小泽知道，等待它的只是沉没了。

小泽的情况也非常不妙，"瑞凤"号情况越来越严重，已经到了无可挽回的地步。但是抢修队依然冒着大火在拼命地抢修。

突然，"瑞凤"号舰的后机上升起信号旗："瑞鹤"靠拢旗舰。

横山指挥"瑞鹤"号驶近"瑞凤"号，才知道局势已经无可挽回，中央升降机附近的舰桥被大火烧得通红，里面的人全被封住，撤出已经很困难。水泵失去压力，自动喷水系统都失效了。舰桅上所有的易燃物全部烧光，只剩下孤零零的旗杆，像一根死树。天线扭曲弯折，烟囱撕裂了，火从破口中冒出来，大概，轮机舱的士兵全牺牲了。"瑞鹤"舰感受到不断传来的连续爆炸声，那都是被烧炸的长矛鱼雷和五百公斤航弹，准备送给美国佬的"礼物"，可是现在却发出可怕的声响，咬噬着"瑞凤"的肌体。"瑞凤"突然猛烈地抖动了一下，把一些甲板上的水兵和勤务人员甩到海里。

小泽中将终于决定弃船了。这是他整个海军生涯中第一次弃船。时移势易，中途岛之战中山口少将随舰自沉的先例已经无人去效法了。小泽还要继续同美国人打下去。中途岛的指挥官南云忠一就在塞班岛上，自杀解决不了问题，更无法取胜，自杀是失败者用绝望给自己修筑的坟墓。

庞大无比的"瑞凤"舰正在进行垂死前的痛苦挣扎，浓烟几乎完全把它遮盖住了。它的甲板沿纵轴倾斜度越来越大，把火灾中残存的乱七八糟的破飞机和弹药一古脑儿抛入海里。4艘日本驱逐舰正在用它们密集的鱼雷向3.3万吨的"瑞凤"号射击，企图减少它死亡前的痛苦。

一幅浓墨重彩的悲剧性画面展现在大洋上，巨舰燃烧，伤兵哀号，画面沉重压抑，任何军人都难以忍受。

小泽把指挥部转移到"瑞鹤"舰上。

他已经被消防水龙头浇得像落汤鸡，横山少将叫水兵给他拉上衣服，小泽摆摆手："横山君，这阵子栗田他们怎么样啦？"他似乎根本没把"瑞凤"号的悲剧放在心上，立刻在"瑞鹤"舰上建立了自己的司令部，协同幕僚，指挥海战。横山不由得心中一阵敬佩，这就是小泽名将啊，果然不同凡响。

No.3 惨重的失败

就在小泽舰队在北面的恩加尼奥角拼死拖住哈尔西快速航母舰队的同时，在萨马岛海域，栗田也在南面猛烈地攻击金凯德的护航航空母舰群。这两场海战几乎是在同时进行着，只是两厢的待遇却截然不同。

就在哈尔西杀得兴起时，他突然接连收到两份告急电报，一份是斯普拉格将军发出来的，告知他的轻型航空母舰遭到了日军战列舰的猛烈进攻，正在莱特湾海滩卸载物资的运输舰处于危机之中；另一份是金凯德将军的紧急电报，称莱特湾急需快速战列舰。然而，哈尔西的快速战列舰和舰载飞机已经被小泽编队引诱得太远了，远水解不了近渴。后来，哈尔西在回忆录中描写自己当时的心情，"当时，除了心里更加冒火，我无能为力。"他既来不及去援救护卫航空母舰，也来不及支援登陆滩，只能发电催促麦凯恩的第38特遣舰队一分队紧急返航。

此时，焦急的不止哈尔西一个人，麦克阿瑟也跟热锅上的蚂蚁一样，坐立不安，他已经知道哈尔西向北追击小泽的北方舰队去了，守在莱特湾入口处的只有他的第7舰队。他感到了局势的严重性。他明白，金凯德的轻型航母舰队根本不是日军大型战列舰的对手。一旦敌军占据莱特湾的入口，他们的强大海上炮火就能摧毁这个地区的所有运输舰，大量堆积在滩头的补给品也将遭到致命的破坏。岸上几万名美军也将孤立无援，等待他们的可是"马来之虎"山下奉文啊。到时，整个战役的结局不堪设想。

麦克阿瑟连续向哈尔西发去3封电报，希望他能火速赶回莱特湾解围。但是没有回音，他又立刻向尼米兹将军发电报。

尼米兹将军此刻也感到非常不安。10月24日下午，他收到哈尔西一份题为"作战计划"的电报，以为哈尔西已经组建了第34特遣舰队。当时，他认为这种战术适合目前的局势，可以把护卫航空母舰的海上护卫舰艇抽出来对付敌人的海上舰艇，同时在隐蔽的位置上保持空中支援力量。

晚上8时24分，哈尔西给金凯德发出了一份电报，并抄报美军舰队总司令和太平洋舰队司令官，通报了敌情，提出他将在拂晓随三支大队北上攻击敌军航空母舰编队。尼米兹得知哈尔西要北上和敌航母舰队决战并不感到惊奇，他了解自己的这个爱将，这完全符合他好斗、喜欢打大仗硬仗的作风。但是，尼米兹以为三支大队是指三支航空母舰大队，以战列舰核心新组建的第34特遣舰队仍然留在后方，守卫圣贝纳迪诺海峡。

10月25日拂晓，太平洋舰队司令部同时收到两份电报，一份是哈尔西发来的，报告在北上舰队以北发现日军海空母舰，美国航空母舰舰载机已经做好攻击准备；另一份发自金凯德，他报告奥尔登多夫在苏里高海峡歼灭来犯敌舰，同时报告发现日军舰艇正在逼近圣贝纳迪诺海峡，问第34特遣大队是否守在圣贝纳迪诺海峡。

尼米兹也很着急，他迟迟得不到第34特遣舰队的消息，如果哈尔西把第34特遣舰队部署在了海峡入口区域的话，那么夜晚就会和日舰接触，可是现在已经是凌晨了，还没有这方面的消息。

尼米兹也开始有些怀疑哈尔西是否组建了这支特遣舰队。如果没有的话，那情况可就糟了。他越想越急，立刻询问助理参谋长奥斯汀少校。但是少校也不知道。

尼米兹有个习惯，他对部下一向非常信任，通常，在战略部署完成之后，他很少直接过问舰体的具体部署问题，更不会直接插手干涉战术指挥官的具体指挥。他从来只是把握总体计划和战略问题，放心地让部下根据战场的实际情况灵活地指挥舰队。

但是此事非同寻常，是性命攸关的大事，弄得不好会导致整个菲律宾战役前功尽弃，更严重的话没准甚至会严重地干扰整个太平洋战场的进程。他不敢懈怠，立即命令奥斯汀少校委婉地询问一下哈尔西将军："第34特遣舰队现在何处？"

电报穿越重洋，飞抵哈尔西的旗舰"新泽西"号航空母舰。

此时，哈尔西正杀得兴起，试图一举全歼小泽的航空母舰编队，"千岁"号、"瑞凤"号等航母已经被击沉，小泽的旗舰"瑞鹤"号重型航空母舰已损坏，通讯联络中断，舰身也开始逐渐下沉，而空袭却越来越猛烈，小泽命令全体参谋人员撤离"瑞鹤"号，并把指挥部再次迁到"大淀"号上指挥战斗。此时，美军飞机把注意力都集中在了第4艘航母"千代田"号上，一颗又一颗的炸弹纷纷落在它的甲板上，"千代田"号宛如羔羊一般毫无还手之力，舰身四处中弹起火，并且开始严重倾斜。

为了歼灭被舰载机击伤的日舰，米切尔还命令杜波斯率领一支兵力高速北进，以火炮对日舰发动攻击。根据飞机提供的位置，这支舰队很快就找到了受伤瘫痪在海面难以行动的"千代田"号航母，此时的"千代田"一无舰载机，二无护航舰队，三无犀利火炮，只能绝望地用仅有的微弱炮火还击，舰上的水兵倒是勇敢，也纷纷冲上甲板用所有能找到的枪支徒劳地向美军高大的舰只开枪，很快，就在一阵又一阵巨大的炮火中被炸上了天，化作一汪碧血洒向大海。在美舰强大的火炮和鱼雷攻击下，"千代田"号很快就永远消失在这片蔚蓝的海面上。

入夜后，杜波斯舰队又追上了企图来援助"千代田"号航母的"五十铃"号巡洋舰和"若月"号以及"初月"号驱逐舰，在美军优势的炮火袭击下，仅仅十几分钟，"初月"号就被击沉，但是其余两艘舰只都成功地逃脱。

莱特湾，在栗田战列舰编队狂攻滥炸下苦苦支撑的斯普拉格向金凯德发去一份又一份的求救电报，而心急如焚的金凯德又向哈尔西发去一份份求助电报。可是，哈尔西早已杀红了眼，根本顾不得认真地分析金凯德发来的数份求救电报，他要集中全力消灭眼前这股残敌。

正在哈尔西杀得起劲的时候，"新泽西"号通讯部门把尼米兹的电报翻译了出来，联络官一看是第3舰队司令亲收的电报，就立刻给哈尔西送了过来。哈尔西这才如梦初醒。他悔恨交加、羞愧难当，立即下令火速收兵。上午10时50分，他下令李率领战列舰特遣舰队日夜兼程赶往莱特湾、增援金凯德；留下米切尔海军中将指挥第2和第3两个特混大队，继续追歼小泽舰队。

米切尔的3支航空母舰编队被留下来继续攻击日军航空母舰。在整整一个下午，美军舰载机对小泽编队连续发动了4次攻击。下午2时，"瑞鹤"号也又被3枚鱼雷击中，不久就沉没。这艘日本唯一尚存的参加过偷袭珍珠港航母的沉没，终于让美国海军彻底报了当年的"一箭之仇"。至此，日军仅有的4艘航母都已经全部被击沉。

18时，小泽舰队在暮色中开始撤退。小泽认为自己的目的已经达到，已经为栗田创造了消灭莱特湾美军运输机的良机。在撤退途中，小泽舰队又遭到美军潜艇的袭击，1艘负伤的巡洋舰又被击沉。但是，日军的两艘混合战列舰、两艘巡洋舰和6艘驱逐舰还是成功地逃离了美军的追击。

↑日军航母中弹后在滚滚浓烟中沉没。

美军虽然在恩加尼奥角海战中取得了巨大的胜利，但是并没有达到哈尔西所希望的那样全歼小泽舰队；更重要的是，在小泽的带领下，日军成功地拖住了哈尔西的航母舰队，为栗田舰队赢得了宝贵的时间。可是栗田舰队呢？

小泽在当日8时30分向正在萨马岛海面上追逐美军护航航母的栗田发出了一封极为重要的电报："诱敌成功"，可是栗田却没有收到，从而给急速变化的战局带来无法挽回的影响。

栗田用了将近两个小时才把散开的舰艇集合起来。11时20分，栗田整队完毕，准备打出致命的一拳。经过3天的激战，他的舰只已经从32艘锐减到只有15艘，但是，此时的形势对他太有利了：第7舰队已经支离破碎、不堪一击；哈尔西远在300海里之外，救援不及；只要栗田再前进几十海里，就可以看到莱特湾里束手待毙的美军运输舰了。

"捷1号"作战仿佛是胜利在即！

重新编队的栗田舰队，仍以圆形阵向南行驶、赶往莱特湾。这时，栗田突然接到报告，在莱特湾入口处以北110海里处，发现一支美军航空母舰编队。栗田不由得心中一凉，"难道哈尔西赶回来了？"其实，此时哈尔西插翅也赶不回来，但是栗田却判断这可能是哈尔西的另一支特遣舰队。大约在上午11时40分，舰塔上的观察哨报告说，在地平线上发现一艘美军战列舰和几艘巡洋舰。这更让栗田坚信，这是一支美军航空母舰编队。于是，他立即下令追击，但是却扑了空，白白浪费了一个上午。

接着，栗田又截获到一份电报，得知莱特湾的大部分美军运输舰已经撤退，便认为再进攻莱特湾意义不大，即使闯入莱特湾，在那狭窄的水域里，自己的舰队也只能任凭美军岸基飞机的攻击。于是，他再次下令："全舰队北进！"

此令一出，日军全军愕然。其实，栗田一路上被美军死缠滥打，此时已经身心疲惫到了极点，再也无心恋战，而且，冥冥中总是感觉前面有一个死亡陷阱在等着他，所以，平心而论，栗田确实不是这一任务的合适人选，在最关键的时候，他却经受不住压力，作出了一个错误的判断，使唾手可得的胜利付之东流。

但是，另一个人却几乎喜极而泣，他就是麦克阿瑟，听到栗田舰队突然北撤的消息，他简直不敢相信自己的耳朵，他忍不住大喊："上帝啊！你保佑了我！"他压抑不住激动的心情，立即登上了附近的一艘运输舰"瓦沙奇"号，想亲眼看看海战的现场，看一看挽救了整个战役的第7舰队的全体官兵。

下午6时，栗田最终下令放弃这次行动。晚上9时，这支不可一世的强大舰队已经面目全非，剩下的残部在黑夜的掩护下通过了圣贝纳迪诺海峡。小泽所做出的艰苦努力和付出的巨大牺牲却没有换取日军预想的战果。栗田没有好好利用小泽创造的这一有利战机，去争取莱特湾抗登陆作战的胜利。这样，小泽就成了白白送给敌人的诱饵，而日军舰队消灭莱特湾美军运输舰的宏伟计划最终以惨重的损失告终。

No.4 "于事无补，有去无回"

　　至此，人类历史上规模最大的海战——莱特湾大海战——终于落下了帷幕。此次海战，在许多方面都是以往历次海战所不能比拟的。

　　第一，它规模大——盟军和日军所投入的兵力共有航空母舰39艘、战列舰21艘、巡洋舰47艘，而且光是驱逐舰以上的战斗舰只就多达300多艘，舰载和岸基飞机2000多架，创历次海空战之最。

　　第二，它战场空前地广——这场海战是在以莱特湾为中心的南北1000多海里、东西500多海里的广阔海域进行的，南中国海的东南部、吕宋岛东北海域、菲律宾群岛中部以及东部海域，以及苏里高海峡、苏禄海、锡布延海等地都成为双方海空兵力激战的场所。

　　第三，它造成的损失也非常重——激战给双方造成严重损失，双方共被击沉驱逐舰级以上的战斗舰只31艘、合计高达34万多吨。其中日军损失尤其严重，日军共被击沉航空母舰4艘（"千岁""瑞鹤""瑞凤"和"千代田"号）、战列舰3艘（"武藏""扶桑""山城"号），巡洋舰9艘、驱逐舰9艘，共计30.6万吨；盟军被击沉航空母舰1艘（"普林斯顿"号）、护航航空母舰两艘（"甘比尔湾"号和"圣洛"号）、驱逐舰两艘、护卫舰1艘，共计3.7万吨。

　　日本联合舰队不仅没能达成预期的作战目的，还被打得落花流水、溃不成军，再也没有力量实施大规模海战了。小泽在战后接受审讯时说："在莱特湾海战之后，日本的海上兵力变成了不折不扣的辅助性部队；从此，日本帝国只能依赖特攻部队、陆军航空兵和陆上力量了。"

　　只是，他们的陆上力量也朝不保夕了。由于栗田舰队的溃退，使日本海军丧失了进攻能力，也就意味着莱特岛、乃至整个菲律宾群岛上的日军陷入孤立无援的境地。此时大本营精心制订的"捷1号"作战计划已经断了一条腿，它的另一条腿——"马来之虎"山下奉文指挥的27万陆军——也苟延残喘不了几天了。

　　山下是位非常有头脑的将军，他知道如果麦克阿瑟在莱特立住了脚，就会一个挨一个地把整个菲律宾群岛都攥到手心里，那时，他的第14方面军只能在各个孤立的岛屿上做垂死挣扎了。

　　他立即从菲律宾首都马尼拉派出了精锐的老牌劲旅第1师团1万人乘坐4艘大型运输舰抵达奥摩克。但是，第1师团刚一上岸，就听到了一个令人惊愕的消息：一直驻守在莱特岛上的第16师团已经全军覆没了！

　　还在运输舰卸载第1师团的作战物资的时候，美军的飞机就赶了过

莱特岛登陆后，美军立刻向纵深方向推进。

来，尽管日军的"零式"战机拼命拦截，但是美军的轰炸机仍然向运输舰冲了过去，海滩上顿时一片火光。接着，第2批轰炸机跟着又来轰炸。一颗炸弹落在"能登丸"运输舰的烟囱里，引发了一连串的爆炸。日军的大批物资、卡车、马匹、弹药仍留在运输舰上，也随着熊熊火焰化为灰烬。

11月3日，第1师团先遣队向卡里加拉推进，与迎面而来的美军第24师发生激战。随后，第1师团不断遭到美军的轰炸扫射，伤亡惨重。

11月9日，面对优势的美军兵力，绝望的山下奉文派他的参谋长武藤到南方总司令部，请求停止莱特岛作战。如果再继续打下去，只能使吕宋岛陷入困境、绝境。但是南方总司令寺内元帅根本听不进去，"我已经听了第14方面军的意见，"他说，"莱特岛战役还将继续下去。"

寺内之所以这么自信，是因为马上就要有1万名日本兵在奥摩克登陆了。

"于事无补，有去无回！"山下心中悲哀地叹道。

果然，1944年11月11日清晨，在奥摩克湾，美军第38特遣舰队约200架舰载机仅以9架飞机的微弱代价，就炸沉了日军所有的运输舰和4艘驱逐舰。那1万军队，只有几个人游过了鲜红的海面、生还上岸。

山下沮丧地叹息："莱特完了。"

12月15日，麦克阿瑟向吕宋又前进了一大步。他的两个团级编制的战斗群在吕宋岛南部的民都洛岛登陆，傍晚时分已经向内地推进了11公里。

12月7日，在西海奥摩克附近，美军第70师顺利登陆，从日军后方阵地之间猛插了进来，这样，几面受敌的日军已经处于崩溃的边缘。

美军第70师迅速向前推进，12月10日，突破日军三井联队的防线进入奥摩克；12月30日占领了日军最后一个主要港口帕隆庞，并与第77师会师，开始包围和分割岛上残存的日军。铃木将军率领的2.7万人的部队被围困在莱特岛上，已完全失去了获得援救的希望。

接着，新晋升为五星上将的麦克阿瑟坐镇"波利斯"号轻巡洋舰，指挥20万大军进攻莱特岛。

麦克阿瑟不愿耽误一分钟。1945年1月9日，在连续3天的炮击之后，他沿着当年日军进攻的方向，从林加延湾登陆吕宋，日军则退守巴丹——一切仿佛都是历史的重演，只是演员们对换了角色。两年半前侥幸走脱的人，如今又率领千军万马杀了回来。

在美军的狂攻下，到1月底吕宋岛的3大据点，已经有两个集团处于崩溃状态。山下奉文只好放弃反击，转入山林顽抗。

2月7日，麦克阿瑟终于又杀入了让他魂牵梦系的马尼拉。

2月27日上午11时，在奇迹般逃过战火洗劫的马尼拉南宫，麦克阿瑟主持了一场庄严的仪式。他头戴菲律宾元帅帽，身穿军便服，鼻子上架着太阳镜，对着麦克风深情地说：

"全体菲律宾国民们，3年多的岁月逝去了，它们是苦难的岁月、斗争的岁月和牺牲的岁月……"

他声音嘶哑颤抖，几乎难以自持。最后，他用近乎呜咽的声音结束了激动而痛苦的讲话：

"我谦卑地、虔诚地感谢全能的上帝，给予我们军队伟大的胜利。我请求在座的各位同我一起，高声诵读祷文。"

在洪亮的祈祷声中，麦克阿瑟仿佛感到在冥冥之中的上帝的帮助下，他终于回来了！

就在麦克阿瑟激动得泪流满面的时候，他的死对头山下奉文却成了一只"饿虎"，拖着干瘦的身躯，在吕宋岛的山林里昏转，上天无门、入地也无路。他明显地瘦了、苍老了，皱纹满面，嘴上的胡须和头发也白了，败军何勇呀！

7月20日，美军占领巴那威，至此，第14方面军的残部全部被包围。此时的驻菲日军真是四面楚歌！守卫莱特岛的7万名日军，也被击毙击伤了6万多人。

8月19日，南方军总司令传来停战命令，"大东亚圣战"终于走到了尽头。1945年9月3日上午，山下奉文在投降书上签下了自己的名字。

在莱特湾战役中，美军全歼了日本航空母舰编队，夺取了菲律宾海域的控制权，并进一步占领了菲律宾，此时日本的本土已经全部暴露在美军的面前。而显赫一时的日本帝国已经气数将尽，濒临死亡的边缘。

战后，日本海军大臣米内光政在评价莱特湾海战对日本帝国的影响时说："我觉得这就是终结！"